Mary Reed McCall

Après avoir étudié à l'université de Saint-Pétersbourg, elle décide de réaliser son rêve et devient écrivain. Son roman *La revanche du Templier* est élu Meilleure romance médiévale par le *Romantic Times*. Elle écrit également de la romance contemporaine sous le nom de M. Reed McCall.

La revanche du Templier

Du même auteur aux Éditions J'ai lu

LES CHEVALIERS DE L'ORDRE DU TEMPLE

Tentations
N° 8151

La revanche du Templier
N° 8894

Le Templier déchu
N° 9024

MARY

REED McCALL

LES CHEVALIERS DE L'ORDRE DU TEMPLE

La revanche du Templier

Traduit de l'anglais (États-Unis)
par Anne Busnel

J'AI LU

POUR elle

Titre original
SINFUL PLEASURES

Éditeur original
Avon Books, an imprint of HarperCollins Publishers, New York

Pour les amis et collègues de mon « autre carrière », qui me soutiennent beaucoup et s'intéressent à mon travail de romancière, Kathie, Lisa, Cathy, Pam, Andréa, Kurt, Dick (qui nous a beaucoup manqué cette année depuis qu'il profite d'une retraite bien méritée) et JoAnn (qui nous manquera tout autant l'année prochaine pour les mêmes raisons).

Que la Force soit avec vous !

Remerciements

Toute ma gratitude à :

Jean, Megan et Rebecca, qui font de chaque journée un cadeau qui n'attend que d'être ouvert...

David et Marion Reed, pour leurs critiques bienvenues page après page, leur amour et leur indéfectible soutien, en particulier dans les moments où je m'arrache les cheveux parce qu'un personnage ou une scène me donnent du fil à retordre...

Aux artistes dont la musique m'a accompagnée durant la rédaction de ce roman, Josh Groban, Sarah McLachlan, Enya, ainsi que Patrick Doyle dont j'écoutais le morceau *Non nobis Domine*, extrait de la bande originale du film *Henry V*, chaque fois que je m'attelais à une scène dans laquelle apparaissaient les Templiers...

Annelise Robey et Meg Ruley pour avoir généreusement partagé leur immense talent avec moi...

Et Lyssa Keusch pour son incroyable habileté à dénicher la minuscule pépite qui se dissimule au cœur de la roche – et pour m'avoir encouragée à la polir jusqu'à ce qu'elle brille.

Merci à tous.

« *Non nobis, Domine, non nobis, sed Nomini Tuo da gloriam...* »

« Donne-nous la gloire, Seigneur non pour nous, non pour nous, mais pour ton Nom... »

Devise des templiers

« Il n'y a pas que les damnés qui souffrent mille morts en enfer. Je l'ai compris quand on m'a livré aux inquisiteurs français – de même que des milliers de mes frères Templiers accusés d'hérésie.

Si certains d'entre eux étaient coupables, je n'en savais rien.

Pour ma part, je ne m'étais pas détourné de Dieu et je m'étais consacré tout entier à célébrer Sa gloire. Cela n'ébranla pourtant pas mes bourreaux. Au contraire, plus je clamais mon innocence, et plus ils redoublaient de cruauté afin d'obtenir mes aveux ; jusqu'à ce que, à l'agonie, je ne sois plus capable d'articuler le moindre mot.

Oui, ces tourments furent une telle épreuve que j'ignore encore aujourd'hui comment j'y ai survécu... »

Correspondance de messire Damien de Ashby
An de grâce 1315

Prologue

Château de l'Étoile, région de Montivilliers, France, mai 1308.

Le soir tombait. Il fallait en finir.

Peu à peu, la lumière pourpre qui filtrait par l'étroite fenêtre de la tourelle était mangée par l'ombre grandissante. Mais dame Alissande de Surrey demeurait muette, immobile, les poings crispés dans son giron, révoltée par la décision qu'on attendait d'elle et dont le poids l'écrasait.

En quête d'une planche de salut au milieu de ce chaos d'émotions qui faisaient rage en elle, elle leva les yeux vers sa mère, la toujours très belle dame Blanche, puis chercha le regard du père Michel, son cousin, compagnon adoré de son enfance qui venait d'être ordonné prêtre.

Leurs visages bienveillants ne reflétaient rien d'autre qu'une résignation un peu hébétée, et sans doute aussi l'espoir qu'elle choisisse enfin la voix de la raison.

Le désespoir menaçait de submerger la jeune femme. Dans un sursaut de révolte, elle s'écria d'une voix étranglée :

— Je ne peux pas, Michel ! Je vous en prie… Il doit bien y avoir un autre moyen !

— Hélas, non, mon amie ! répondit-il d'une voix lourde de regrets. Nous n'avons pas le temps de chercher quelqu'un d'autre. Vous connaissez mon frère. À moins que la loi ne l'y oblige, jamais Hugues ne renoncera à vous. Nous devons déjà nous estimer heureux d'avoir obtenu ces quelques jours de répit en venant nous réfugier ici, chez votre mère. Mais vous savez bien que ce ne peut être que temporaire.

D'un ton plus ferme, il ajouta :

— Vous devez vous remarier, Alissande. Maintenant. Avant que nous ne rentrions en Angleterre. Avant que Hugues n'ait la possibilité de vous enlever. Et, en de telles circonstances, épouser messire Damien est la seule solution raisonnable.

Damien.

Alissande ferma les yeux. Entendre prononcer ce prénom éveillait en elle autant de souffrance que de nostalgie. L'émotion enfla en elle tandis que lui revenait en mémoire cet après-midi d'été brûlant, il y avait longtemps, si longtemps, l'expression intense de son beau visage viril hâlé par le soleil dans les affres du plaisir…

Ravalant son amertume, elle rouvrit les yeux.

— Et que faites-vous de sa volonté à *lui* ? demanda-t-elle, incapable de se résoudre à prononcer son prénom à voix haute. Après ce qui s'est passé entre nous il y a cinq ans, soyez sûrs qu'il n'envisagera pas de m'épouser de gaieté de cœur.

— Messire Damien de Ashby est entre les mains des inquisiteurs depuis presque six mois. Croyez-moi, ma cousine, à l'heure qu'il est, ces histoires anciennes n'ont pour lui aucune importance.

Chassant de son esprit la vision de Damien dans un cachot humide, Alissande regarda de nouveau sa mère. À son air douloureux, il était clair que, si cela avait été possible, dame Blanche se serait volontiers chargée du fardeau qui pesait actuellement sur les épaules de sa fille.

Mais, en cet instant, personne ne pouvait aider Alissande. Personne, semblait-il, hormis le seul homme sur terre qu'elle ne voulait pas voir, et encore moins épouser.

— Mon Dieu, je préfère encore prendre le voile plutôt que de faire ce que vous me demandez, murmura-t-elle.

— C'est impossible, contra Michel. Le roi ne le permettra jamais. Sa Majesté sera déjà furieuse que vous vous soyez enfuie en France pour vous remarier sans son consentement. Dieu merci, le roi Edouard est plus humain que ne l'était son père. Il sera plus enclin à pardonner votre désobéissance s'il a l'impression que vous avez suivi les penchants de votre cœur. L'amour de jeunesse qui vous a liée à Damien de Ashby est connu de tous. Personne ne s'étonnera donc vraiment que vous l'ayez épousé si précipitamment. Alissande, messire Damien est ici, en France, et il n'est pas en mesure de décliner notre proposition. Vous avez *besoin* de la protection que cette union vous offrira. Il n'y a pas d'autre solution.

Les penchants de votre cœur...

Alissande eût-elle souhaité répondre que sa voix l'aurait trahie, elle en était sûre. Mais Michel enchaîna :

— Même si nous n'avions pas à nous soucier de la réaction du roi, mon frère demeurerait une menace. Vous représentez à ses yeux un trophée bien trop précieux pour qu'il se résigne à vous perdre. Si vous trouviez refuge dans un couvent, que ce soit ici ou en Angleterre, Hugues n'hésiterait pas à vous enlever, comme il a déjà essayé de le faire chez vous, à Glenheim, le mois dernier.

— De cela je ne doute pas une seconde, murmura dame Blanche.

— Mais cela n'arrivera pas si vous profitez de l'aubaine qui se présente à vous, reprit Michel. Certes, les années se sont écoulées. Mais Damien de Ashby est l'un des rares hommes que je connaisse qui soit capable d'affronter Hugues en combat singulier et de le battre. Messire Damien a quitté l'Angleterre pour devenir templier. Il fait partie de l'élite des guerriers. Cependant, le danger qu'il soit perdu pour nous augmente à chaque heure qu'il passe entre les mains des inquisiteurs. Il faut vous décider, ma cousine ! C'est votre vie et votre bien-être qui sont en jeu.

Alissande eut soudain la nausée.

Il était indiscutable que Hugues ne cesserait de la poursuivre si rien ni personne ne se dressait en travers de son chemin. Elle le connaissait depuis toujours, et bien qu'il soit le frère de Michel, ces deux-là n'avaient rien en commun. Hugues était aussi ambitieux et perfide que Michel était généreux et loyal.

Hugues avait toujours eu une nature violente et possessive, mais sa récente accession au titre de comte de Harwick, après la mort de son père, l'avait conforté dans la conviction que rien, désormais, ne pouvait s'opposer à sa volonté.

Or il *voulait* Alissande. Et, de fait, il avait tenté de l'enlever, purement et simplement, après la mort de son époux Godfrey Claremont, comte de Denton, avec qui elle était restée mariée durant quatre interminables années.

Certes, l'idée de tomber sous la coupe du brutal Hugues de Valles la terrifiait. Mais l'alternative proposée par Michel lui semblait tout aussi effrayante.

Comme le silence se prolongeait, son cousin reprit avec douceur :

— Il est possible que je me sois mépris sur vos sentiments, Alissande. Si vous préférez aujourd'hui devenir la femme de Hugues…

— Non ! se récria-t-elle.

Michel hocha la tête d'un air entendu.

— Dans ce cas, il vous faut épouser messire Damien. En ma qualité de prêtre, je suis en mesure de me procurer rapidement les documents nécessaires pour la procuration et de contrefaire l'acte d'absolution de l'Inquisition, indispensable si nous ne voulons pas que messire Damien soit de nouveau arrêté. Cela comportera des risques, bien entendu. Nous devrons prévenir le roi que votre mariage est légitime, et vous vous préparerez à vous retirer sur vos terres dans la plus grande discrétion, en attendant que messire Damien puisse prendre la place qui lui revient à vos côtés.

Le cœur battant, Alissande fixait son cousin qui détourna les yeux. Elle mesurait pleinement l'énormité de ce qu'on attendait d'elle et s'efforçait de retenir les larmes qui lui brûlaient les paupières.

Elle n'avait qu'à accepter et l'affaire serait faite. La procuration serait établie, et un faux acte d'absolution fabriqué. Une somme serait prélevée sur sa prodigieuse fortune afin de payer les mercenaires qui feraient évader Damien de sa prison. Puis, d'ici quelque temps, ce dernier prendrait place à ses côtés en tant qu'époux.

Son époux. Seigneur ! Il semblait si facile de le prononcer, ce « oui » fatidique. Et pourtant…

Conscient de son dilemme, Michel l'enveloppa d'un regard compatissant. Il attendit puis, voyant qu'elle se taisait toujours, il se rembrunit et abattit sa dernière carte, celle qui devait sceller le destin d'Alissande :

— J'avais espéré vous épargner ceci, ma cousine, mais je vois que le doute vous accable toujours. Pour vous aider à trancher, sachez que l'Inquisition n'est pas connue pour sa compassion lorsqu'il s'agit d'extorquer des aveux à ceux qui sont accusés d'hérésie. Et le roi Philippe le Bel étant résolu à prouver que l'Ordre du Temple dans son entier est coupable d'un tel péché, les Inquisiteurs ont toute licence d'employer les méthodes les plus cruelles pour parvenir à leurs fins.

Un vertige saisit Alissande tandis que la nausée lui tordait l'estomac.

— Je… je l'ignorais, balbutia-t-elle. J'ai entendu dire que les inquisiteurs usaient de brutalité, mais je pensais qu'il s'agissait là de rumeurs répandues par les hérétiques…

— Si seulement c'était le cas, soupira Michel. Hélas, j'ai vu de mes propres yeux les corps de malheureux qu'on avait soumis à la question ! Croyez-moi, Alissande, Damien souffre le martyre, et a déjà enduré des sévices auxquels la plupart des hommes n'auraient pas survécu. Je ne vous cache d'ailleurs pas que, même si nous réussissons à le libérer, il sera dans un état de faiblesse tel qu'il risque de ne pas supporter le voyage.

Profondément choquée, Alissande parvenait à peine à respirer. La main pressée contre les lèvres, elle luttait contre le sentiment d'horreur qui l'assaillait.

— Mais si messire Damien trépasse, qu'adviendra-t-il d'Alissande ? intervint dame Blanche, la mine soucieuse.

— Elle se retrouvera dans la situation présente, admit Michel. Mais ce mariage par procuration nous permettrait au moins de gagner un temps précieux qui servirait à trouver un autre protecteur capable lui aussi de maintenir Hugues à distance.

Conscient de ce que sa déclaration avait de cynique, il ajouta plus doucement à l'adresse d'Alissande :

— Mais nous prierons de toutes nos forces pour que messire Damien ait la force de rejoindre l'Angleterre, et qu'il recouvre rapidement sa santé et sa vitalité légendaires.

Alissande ferma les yeux, harcelée par la vision épouvantable de Damien livré aux inquisiteurs...

Elle avait le pouvoir de mettre fin à ses souffrances. Et face à cette évidence, le fait que Damien la méprisât sans doute de toutes ses forces ne pesait guère. Oui, elle devait l'arracher aux geôles de l'Inquisition. Elle ferait ensuite de son mieux pour supporter son mépris.

S'il survivait.

Dans un tressaillement, elle rouvrit les yeux et, d'une voix presque inaudible, déclara :

— Eh bien, soit, Michel. J'accepte.

Une sensation de froid balaya le visage de Damien avant que la fraîcheur bénie de l'air enveloppe son corps. Il tenta d'ouvrir les yeux. En vain. Des mains le saisissaient, le soulevaient. On l'emportait quelque part, loin des ténèbres et de la puanteur du cachot.

Mais où ? Et pourquoi ?

Si les inquisiteurs avaient jugé bon de le déplacer après tout ce temps passé dans une cellule fétide cela ne présageait rien de bon. Car, jusqu'à présent, chaque fois qu'on lui avait accordé un bref répit, il l'avait payé de souffrances pires que les précédentes.

Oui, il était au moins sûr d'une chose : au bout de la route l'attendait un sort plus cruel encore.

Cette pensée lui vrilla l'âme. Il devait l'enfouir en lui sous peine de perdre la raison.

Mais cela ne signifiait pas pour autant qu'il allait se laisser mener à l'abattoir sans lutter.

Faisant appel au peu de forces qu'il lui restait, il se cabra soudain L'un de ses ravisseurs poussa un grognement de douleur qui lui procura une immense satisfaction, puis il se raidit dans l'attente de la réponse qui ne manquerait pas de venir, priant même pour que cette fois soit la bonne et que le coup le libère enfin de cette interminable agonie.

Mais il ne se passa rien.

Maudits soient-ils !

Déterminé à les faire réagir, il prit une profonde inspiration avant de se tordre brutalement, agitant bras et jambes avec furie. Au bout de quelques secondes, à bout de force, il abandonna la lutte. Mais, au lieu de la pluie de coups à laquelle il s'attendait, il ne sentit qu'un souffle tiède contre son oreille.

— Du calme, chuchota une voix masculine. On ne vous fera pas de mal.

Pas de mal ?

Les mots résonnèrent dans le cerveau de Damien. On se moquait de lui. Il aurait voulu demander pourquoi on l'emmenait, mais il lui était impossible d'articuler le moindre mot. Il ne parvenait même pas à ouvrir les yeux pour voir qui l'entraînait ainsi au cœur de cette nuit sans fin.

Peut-être était-il proche de la mort ? Cette idée avait une saveur douce-amère. Oui, son heure était sans doute venue, et ses bourreaux s'en étaient rendu compte. Damien aurait voulu avoir l'énergie de se gausser d'eux et de leur prétendue mission. Au moins se présenterait-il devant le Créateur fort de n'avoir jamais fait preuve de lâcheté devant ses bourreaux. La mort le délivrerait de ce corps ravagé qui avait été jadis si puissant.

Ses ravisseurs continuaient leur progression et il était ballotté au rythme de leurs pas. Il se dit qu'il devait mettre à profit ce répit pour se reposer. De nouveau, il inspira profondément, savoura la sensation physique de l'air dans ses poumons avant de les vider lentement. Les battements de son cœur s'apaisèrent. S'obligeant à demeurer immobile, il se concentra sur ses forces déclinantes. Quel que soit le supplice qui l'attendait, il ne se résignerait pas. Il ne les laisserait pas le briser.

Oui, il en faisait le serment, il se battrait jusqu'à son dernier souffle.

1

Une chaumière sur la côte anglaise,
trois semaines plus tard.

Le soleil brillait. Ses rayons se faufilaient entre les branches des arbres et venaient lui caresser la peau. Il avait chaud. Il était fatigué, mais c'était une fatigue délicieuse.

Allongé sur le dos, repu, le bras replié sur le front pour se protéger de la luminosité… il la regardait.

Alissande.

Elle était si belle, assise près de lui, sa chevelure sombre répandue sur ses épaules, les mains occupées à quelque chose.

— Que fais-tu ? lui demanda-t-il avec un sourire paresseux, stupéfait quelle puisse s'activer après ce qui venait de se passer entre eux.

Elle posa sur lui ses yeux violets où brillait une lueur espiègle. Aussitôt, il sentit la flamme du désir renaître. Au lieu de lui répondre, elle tendit ses mains ouvertes ; il y avait au creux de ses paumes une poignée de feuilles vert pâle.

L'odeur de la menthe fraîche lui chatouilla les narines comme elle caressait lentement son torse chauffé par le soleil. Il grogna de plaisir. C'était bon... C'était si bon !

Il l'attira à lui, et la fit rouler sous lui avant de capturer ses lèvres en un baiser passionné...

Le soleil lui transperça les paupières, l'arrachant à la douceur de son rêve. Il grimaça, lutta pour entrouvrir les yeux en dépit de la douleur.

Il distingua une silhouette floue vêtue d'une longue robe qui poussait ce qui devait être un volet, car un flot de lumière inonda la pièce. Aveuglé, Damien laissa échapper un râle. Spontanément, il tourna la tête et voulut poser le bras en travers de ses yeux pour les protéger. Il en fut incapable. Ses poignets étaient attachés au cadre de la couchette sur laquelle il reposait.

La nausée l'assaillit en même temps que de sinistres souvenirs. Il avait porté des chaînes quand la souffrance était sa compagne au quotidien.

Un cri rauque jaillit de sa gorge comme il tentait de briser ses liens. Non, il ne les laisserait pas faire, il ne leur permettrait pas d'utiliser de nouveau leurs instruments diaboliques sur lui !

Tandis qu'il ruait et se débattait, la couverture qu'on avait jetée sur lui glissa à terre, dévoilant son corps nu. Il ne se calma pas pour autant. Il devait se libérer à tout prix, même s'il devait en mourir...

— Calmez-vous, messire Damien. Vous allez rouvrir vos plaies si vous vous agitez ainsi. Je viens de les suturer et elles m'ont donné beaucoup de mal.

La voix grave pénétra l'esprit de Damien. Il sentit qu'on drapait la couverture sur son ventre et ses cuisses. Cette voix lui paraissait vaguement familière. Oui, c'était celle qu'il avait entendue quand on l'avait emporté loin de sa cellule...

Sans souci de son corps qui protestait, il redressa la tête autant que faire se pouvait afin de dévisager l'homme qui venait de parler.

Peu à peu, sa vision devint plus nette. Il se trouvait dans une chaumière grossièrement agencée, aux murs chaulés, dont la fenêtre n'était guère plus qu'un carré découpé dans l'épaisseur de la cloison, et protégé par ce volet que l'inconnu venait de rabattre.

Damien parvint enfin à discerner les traits de l'homme. En dépit de sa voix alerte, il n'était pas de prime jeunesse. Sans doute avait-il une bonne quarantaine d'années. Il était grand, mais pas dégingandé, plutôt bâti comme un soldat accoutumé à manier l'épée, même si ses courts cheveux roux et ses joues glabres excluaient qu'il appartînt à l'ordre du Temple.

Ce n'était donc pas l'un de ses frères d'armes qui l'avait libéré.

— Où… ?

Les mots moururent sur sa langue desséchée. Sa gorge était douloureuse, comme s'il avait avalé une poignée de sable. Il déglutit, reprit d'une voix éraillée :

— Où… suis-je ? Et pourquoi… m'a-t-on… attaché ?

— Tout doux. Vous venez juste de vous réveiller après un long sommeil. Chaque chose en son temps. Vous aurez bientôt des réponses à vos questions, messire Damien.

L'inconnu vint s'asseoir près de lui et lui présenta une timbale remplie d'eau. Damien but avec avidité jusqu'à ce que l'homme éloigne la timbale de ses lèvres et la repose sur la table avec un claquement de langue réprobateur.

— Tss-tss ! Si vous buvez trop et trop vite, vous serez malade. Je vous en redonnerai plus tard, promit-il. Mais commençons par vous ôter ces liens.

Joignant le geste à la parole, il se pencha pour libérer les poignets de Damien.

— Cela fait plusieurs jours que vous vous agitez violemment dans votre délire. Vous avez la fièvre. C'est pourquoi j'ai été contraint de vous attacher afin que vous n'arrachiez pas vos points de suture et que vous ne déplaciez pas les cataplasmes que j'ai appliqués sur vos brûlures.

Sitôt libéré, Damien frotta ses poignets meurtris. Il préférait ne pas penser à ces plaies dont son corps était couvert. En silence, il observa son bienfaiteur qui s'était rassis à son chevet et inspectait une suture après avoir soulevé un pansement.

L'homme secoua la tête avec un nouveau claquement de langue.

— Je n'ai pas pu faire grand-chose d'autre pour vous ramener du côté des vivants, avoua-t-il. Quand j'ai mesuré la gravité de vos blessures, j'ai craint que vos bourreaux ne vous aient infligé les supplices les plus extrêmes.

— C'est ce qu'ils ont fait.

Damien avait parlé d'une voix sourde, presque inaudible. L'homme tressaillit, puis eut un sourire compatissant.

— C'est bon de vous entendre répondre. Cela fait si longtemps que je n'ai pas perçu le son d'une voix humaine !

— Combien de temps ? demanda Damien.

— Presque un mois. Nous sommes en Angleterre, tout près de Douvres.

Mille questions tourbillonnaient dans la tête de Damien, mais il était si épuisé qu'il craignait de perdre connaissance à tout moment, aussi préféra-t-il aller droit à ce qui, pour lui, était l'essentiel.

— Qui êtes-vous... et pourquoi m'avez-vous fait évader ?

L'homme, qui s'apprêtait à se lever, se ravisa. Il posa la main sur celle de Damien.

— Mon nom est frère Benedictus. Mais en général, mes compagnons m'appellent Ben.

À la mention du titre religieux, Damien se raidit. Frère Benedictus parut comprendre et lui adressa un regard rassurant.

— Vous n'avez rien à craindre de moi, messire Damien. Nous sommes nombreux dans les rangs de l'Église à réprouver les méthodes de l'Inquisition.

Avant que Damien ne puisse répondre, le moine s'empara de la timbale et la porta à ses lèvres, l'encourageant à boire d'un signe de tête.

— Grâce à Dieu, vous avez résisté à vos bourreaux. Vous mettrez du temps à guérir, mais Dieu, dans Sa très grande bonté, a veillé à ce qu'aucune blessure fatale ne vous soit infligée. Un jour, messire Damien, vous redeviendrez le templier fort et renommé que vous étiez autrefois, vous verrez.

Damien ne répondit pas. Les paroles du moine venaient de réveiller la colère noire et tumultueuse qui bouillonnait sous la surface. Il était dangereux pour lui de songer à la source de cette émotion, encore plus de l'exprimer à voix haute, surtout en terre chrétienne. Mais son martyre l'avait rendu téméraire et cynique. Ce moine qui l'avait arraché à l'enfer terrestre, il pouvait bien lui dévoiler les ténèbres qui hantaient son âme... si du moins il lui en restait une !

— Je ne me soucie plus de l'ordre du Temple, ni de Dieu, au demeurant. Tout cela n'existe plus pour moi.

Interloqué, frère Benedictus pâlit, puis retrouva ses couleurs.

— Cela importe peu en définitive, messire Damien. Car je puis vous assurer que Dieu, *Lui*, se soucie de vous. Sinon, vous seriez mort à l'heure qu'il est, et bien incapable de proférer de tels blasphèmes.

Son expression s'adoucit cependant et il admit :

— Je peux comprendre que les épreuves traversées vous poussent parfois à des réactions sacrilèges, messire. Sachez toutefois que d'autres n'auraient pas une telle ouverture d'esprit. Un acte d'absolution a été établi à votre nom et, grâce à ce document, vous ne risquez plus l'arrestation, dans quelque pays que ce soit. Néanmoins, je vous adjure de bien réfléchir la prochaine fois que l'envie vous prendra de clamer votre mépris de Dieu. Sinon, même ici en Angleterre, vous risquerez fort de vous retrouver entre les murs d'un cachot !

— J'y réfléchirai, consentit Damien d'une voix rauque. Mais vous n'avez toujours pas répondu à ma deuxième question.

— Qui était… ? Ah oui, vous m'avez demandé pourquoi j'avais organisé votre évasion.

Une vague de fatigue terrassa Damien. Ses paupières lui paraissaient de plomb et se fermaient toutes seules. Il acquiesça d'un faible hochement de tête. La voix de frère Benedictus lui parvenait de très loin à présent. Elle bourdonna à ses oreilles tandis que le sommeil le happait.

— Voici la réponse, messire Damien : ce n'est pas moi qui vous ai fait libérer, mais une gente dame qui a donné beaucoup d'argent et qui, en retour, bénéficie de la protection que lui confère votre nom. Car, grâce à une procuration en bonne et due forme, vous êtes désormais unis par les liens du mariage.

Alissande ne tenait pas en place. Elle passa de ses appartements au couloir, puis descendit l'escalier extérieur du petit manoir fortifié où elle avait trouvé refuge depuis une dizaine de jours.

Parvenue dans la cour, elle regarda du côté des écuries, cherchant la silhouette enveloppée de bure de son cousin Michel. Celui-ci avait franchi le pont-levis quelques minutes plus tôt. Il lui apportait des nouvelles, elle en était sûre. Mais quelles nouvelles ?

La voix de Dame Blanche s'éleva dans son dos :

— Quelque chose t'inquiète, Alissande ?

Bien que son ton demeurât plein de douceur, Alissande la savait exténuée. En effet, après leur séjour au domaine de Montivilliers, ils avaient rejoint les terres familiales du Havre avant de gagner ce manoir de Fécamp qui faisait partie de la dot d'Alissande. Ces déplacements et leurs désagréments inévitables avaient usé les forces de dame Blanche.

— Non, mère, tout va bien, assura-t-elle. Ce n'est que Michel qui rentre.

Dame Blanche hocha la tête, mais garda l'air soucieux. Alissande lui prit la main et la serra dans la sienne. Une bouffée de colère l'envahit. Elle trouvait tellement injuste que sa mère souffre ainsi par la faute d'un homme dont l'orgueil démesuré n'avait d'équivalent que l'avidité. Alissande priait de toutes ses forces pour que Hugues se soit enfin résigné et ait rappelé les sbires qu'il avait lancés à leur poursuite.

— Je vais voir Michel, je n'y tiens plus, murmura-t-elle en lâchant la main de sa mère sur une dernière pression.

Resserrant les pans de sa cape pour se protéger du vent frais d'avril, Alissande traversa la cour en hâte. Michel sortit de l'écurie au moment où elle atteignait la porte. Il avait les joues rougies par le froid, et la brise soulevait ses cheveux bruns. Son visage s'illumina à la vue de la jeune femme.

— Merci de venir m'accueillir, ma chère cousine !

Il l'étreignit affectueusement et la fit même tournoyer en l'air en une démonstration de joie qui ne lui ressemblait guère. Alissande réprima un rire et s'accrocha à ses manches jusqu'à ce qu'il consente à la reposer sur le sol.

— Vous voilà de bien belle humeur, Michel. J'espère que cela signifie que vous m'apportez de bonnes nouvelles. Hugues aurait-il renoncé à ses noirs desseins ? Fuir sans cesse et voir ma mère s'épuiser sont plus que je ne puis supporter, je vous l'avoue.

— Eh bien, en un sens, j'apporte en effet de bonnes nouvelles, car notre ruse destinée à lui faire croire que nous étions retournés en Angleterre semble avoir fonctionné. Toutefois, ce n'est pas ce que j'étais venu vous dire.

— De quoi s'agit-il, alors ?

Alissande glissa la main sous le bras de son cousin, et tous deux gagnèrent le manoir. La jeune femme s'efforçait de garder son calme et de maîtriser les battements de son cœur qui s'affolait. Une sorte de prescience lui soufflait ce que son cousin s'apprêtait à lui révéler.

— C'est au sujet de messire Damien.

Le cœur d'Alissande bondit dans sa poitrine.

— Eh bien ? articula-t-elle avec peine.

— J'ai reçu un message de mon ami le frère Benedictus. La fièvre à laquelle messire Damien était en proie est tombée. Il mettra du temps à se remettre, mais sa vie n'est plus en danger.

Tirant un parchemin de sous les plis de sa robe, il le tendit à Alissande :

— Tenez, lisez par vous-même. N'est-ce pas une merveilleuse nouvelle ?

Alissande s'immobilisa. De ses mains tremblantes, elle se saisit du parchemin.

Damien…

Le Damien d'aujourd'hui n'avait plus rien à voir avec le fantôme de l'homme qui habitait ses rêves et dont le souvenir éveillait une nostalgie lancinante en elle, ainsi que les regrets les plus amers.

Pourtant cet homme, cet inconnu, était désormais son époux et viendrait bientôt vivre à ses côtés.

Elle dut faire un effort pour continuer de respirer normalement.

— Je suppose… qu'on lui a parlé de moi ?

Michel se rembrunit :

— Non, mon amie. J'ai jugé plus sage de garder votre identité secrète pour le moment.

Prenant le bras de sa cousine, il se remit en marche.

— Cependant, messire Damien est au courant du mariage par procuration, poursuivit-il. Si j'en crois la missive de frère Benedictus, cette nouvelle n'a pas paru le frapper outre mesure. Avec le temps, je suis certain qu'il éprouvera de la reconnaissance envers la personne qui l'a arraché à ses bourreaux. Et cette personne, c'est vous, Alissande.

— Oui. Peut-être. Nous verrons…

Loin de partager l'optimisme de son cousin, elle imaginait parfaitement la réaction de Damien quand on lui apprendrait à quelle femme il avait lié son destin.

Elle le connaissait bien, elle savait qu'il n'était pas homme à faire preuve de tiédeur, dans quelque situation que ce soit. Quand il aimait, c'était avec une passion dévorante. Et une fois ses tendres sentiments envolés, son mépris vous glaçait le sang…

— Oui, nous verrons, répéta-t-elle.

Qu'importaient ses craintes et ses espoirs ! Damien allait vivre et, bientôt, il saurait que c'était elle qu'il avait épousée par procuration.

Le sort en était jeté.

2

Glenheim Castle, Surrey, Angleterre, juin 1308.

Damien tira sur les rênes de son hongre qui suivait la monture de Ben. Il leva les yeux vers le pont-levis qui protégeait le château d'apparence cossue. Il savait déjà que c'était *elle* la maîtresse des lieux, cette inconnue qui avait acheté sa liberté pour mieux le ligoter dans les liens du mariage.

Tandis qu'ils attendaient que la sentinelle revienne leur accorder la permission d'entrer, Damien observa les jolies tourelles au sommet desquelles des oriflammes écarlates flottaient au vent, en tâchant d'ignorer l'amertume qui lui emplissait la bouche.

Enfin, le pont-levis s'abaissa. D'un claquement de langue, Ben remit sa jument en marche. Dents serrées, Damien l'imita. Pour Ben, envers qui il se savait redevable, il s'était promis de supporter cette matinée jusqu'au bout.

Même s'il ne se sentait guère l'esprit conciliant en cet instant, il ne pouvait nier qu'au cours des trois mois qui venaient de s'écouler, le moine était devenu aussi cher à son cœur qu'un véritable ami.

À l'aide d'herbes et d'onguents de sa fabrication, il l'avait soigné jusqu'à ce qu'il retrouve ses forces, puis il l'avait entraîné à l'épée et au glaive, l'aidant à dérouiller ses muscles et à retrouver l'habileté qui avait fait de lui l'un des guerriers les plus redoutables de son temps.

Ben avait même tenté – en pure perte il est vrai – de restaurer cette foi ardente qui était la sienne autrefois. Oui, il l'avait ramené au monde, l'avait encouragé, grondé, harcelé, jusqu'à ce qu'il sente de nouveau la vie courir dans ses veines.

Pour ce qui était de l'affaire qui les amenait aujourd'hui à Glenheim, Ben avait plaidé l'ignorance. Il n'était au courant de rien, affirmait-il. Tout ce qu'il savait, c'était que la femme en question était une jeune veuve très riche, qui s'était vue contrainte de se remarier dans les plus brefs délais, et à un homme qui devait être non seulement imposant physiquement, mais aussi d'une grande habileté dans le domaine des armes.

Pourquoi ces critères ? Pourquoi une telle hâte ? Et pourquoi lui, Damien, entre tous les hommes, alors qu'il était accusé d'hérésie et avait déjà un pied dans la tombe ? C'était demeuré un mystère.

Ayant mis pied à terre, ils franchirent l'entrée principale du château et, tandis qu'ils cheminaient dans les couloirs, Damien passa en revue les arguments qu'il avait l'intention d'opposer à cette femme, le principal étant qu'il ne pouvait accepter de jouer ce rôle d'époux qu'elle lui avait imposé.

L'idée même lui était inconcevable.

Il exigerait donc l'annulation du mariage, ce qui ne serait sans doute pas très difficile à obtenir puisqu'une union, pour être valide, devait avoir lieu devant témoins et être consommée.

Damien n'était pas fait pour le mariage. Il avait appris cette dure vérité des années auparavant, alors qu'il n'était encore qu'un jeune chevalier tout juste adoubé, dont le cœur pur ignorait tout de la face sombre l'amour.

Il ne lui restait plus qu'à expliquer cela à la noble dame qui l'attendait, puis à décider de quelle manière il pouvait la dédommager.

Précédés par la sentinelle, ils traversèrent plusieurs salles meublées avec recherche. Les personnes qu'ils croisaient les gratifiaient de regards curieux et le malaise de Damien augmenta.

Après des mois passés à moisir dans une geôle, isolé de tous, puis des semaines avec Ben pour seule compagnie, il avait du mal à côtoyer autant de gens – des gens qui, de surcroît, le dévisageaient sans vergogne.

Évidemment, il ne pouvait guère leur en tenir rigueur. Il était à leurs yeux l'ancien templier que leur maîtresse venait d'épouser. Et même si les chevaliers du Temple n'étaient pas persécutés sur le sol anglais, la curiosité des habitants du château était légitime.

Sauf que Damien n'avait rien demandé à personne, et qu'il avait du mal à supporter d'être ainsi au centre de l'attention.

Finalement, ils parvinrent devant une élégante porte en bois sculpté qui, selon toute vraisemblance, menait aux appartements de la maîtresse des lieux.

Si l'on se fiait à l'opulence des salles traversées auparavant, cette suite serait spacieuse, confortable et propre. Il y flotterait le parfum des coûteuses chandelles à la cire d'abeille qu'il avait aperçues un peu partout en abondance.

Ben n'avait visiblement pas exagéré en dépeignant cette jeune veuve comme fortunée...

Sur la défensive, Damien reporta son attention sur le moine qui se tournait justement vers lui. Ce dernier affichait son habituelle expression bienveillante et, sans raison particulière, Damien en éprouva un vif ressentiment.

— Êtes-vous prêt, messire ? s'enquit Ben.

— Non. Mais je tiens à expédier cette affaire, aussi ne traînons pas.

La surprise, puis une pointe d'irritation passèrent dans le regard du moine qui rétorqua :

— Même si la situation n'a pas l'heur de vous plaire, vous n'avez nul besoin de vous montrer agressif.

— Vous le seriez, croyez-moi, si vous étiez à ma fichue place !

Ben pinça les lèvres en l'entendant jurer. Il l'avait maintes fois prié d'employer un langage plus châtié.

— Si j'étais à votre place, messire Damien, je changerais de ton et de vocabulaire. Rappelez-vous qu'on attrape plus facilement les mouches avec du miel qu'avec du vinaigre.

Damien s'apprêtait à répliquer vertement quand la porte pivota sur ses gonds. Le moine pénétra dans la pièce sans paraître remarquer le regard noir que lui lançait Damien, qui n'eut d'autre choix que de lui emboîter le pas.

Il n'avait pourtant qu'une envie, prendre ses jambes à son cou, et non se présenter tel un trophée devant la dame en question.

La pièce était vaste, comme il l'avait imaginée. Il n'était toutefois pas préparé à la beauté resplendissante de ce lieu inondé de lumière.

Les murs en vis-à-vis étaient percés de fenêtres à meneaux dont les vitraux en forme de losanges colorés laissaient entrer à flots les rayons du soleil qui se paraient de vert, d'orange et de bleu.

Damien s'avança jusqu'au centre de la pièce, puis s'immobilisa. Il n'y avait personne en vue en dehors du page qui leur avait ouvert la porte.

L'instant d'après, il comprit qu'il s'était trompé. Un jeune homme mince se tenait à l'autre bout du salon, près de la cheminée dont l'âtre était vide. Si Damien ne l'avait pas remarqué immédiatement, c'est qu'il portait une tunique sombre.

La soutane des prêtres.

Sa nervosité s'accentua brusquement.

Contrairement à Ben, qui était vêtu à la façon des franciscains d'une simple robe grise serrée à la taille par une cordelette, cet autre religieux portait une longue robe noire boutonnée sur le devant. Il avait la taille ceinte d'une écharpe de fine laine noire et d'un chapelet en perles d'obsidienne.

Le crucifix qui pendait au bout du chapelet attira l'œil de Damien qui, d'un coup, fut pris de sueurs froides. Ses yeux se fermèrent un instant tandis qu'il revoyait un autre crucifix, celui de son tourmenteur penché sur lui. Il était attaché sur un chevalet, à l'agonie, et devant ses yeux hébétés se balançait un crucifix doré...

D'une profonde inspiration, il chassa ces souvenirs de sa mémoire et, poings serrés, s'avança vers l'homme d'Église.

Celui-ci n'avait rien à voir avec ceux qui l'avaient torturé – de fait, la plupart des inquisiteurs étaient des franciscains, comme Ben. Mais pour l'heure ce qui importait, c'était que ce prêtre avait les réponses aux questions qu'il se posait concernant cette femme qu'il avait épousée par procuration.

Des réponses qu'il avait la ferme intention d'obtenir.

Mais à mesure qu'il s'approchait, un souvenir diffus concernant ce prêtre affleurait à la surface de sa mémoire, tel un murmure pas tout à fait audible.

L'homme en robe noire inclina la tête en guise de salut. Damien lui répondit de même, certain à présent de le connaître et cherchant où il avait bien pu le rencontrer par le passé.

Le prêtre se tourna alors vers Ben et son visage s'éclaira. Les deux hommes se donnèrent une franche accolade et se frappèrent mutuellement l'épaule avant de se séparer, souriants.

— Père Michel ! s'exclama joyeusement Ben. Par tous les saints, cela fait une éternité !

— Presque, mon ami, presque. Vous semblez en forme. L'air de la mer doit vous convenir.

Michel...

Damien se répéta ce prénom à plusieurs reprises. Des images floues commencèrent à se former dans son esprit.

Michel... Oui... Le jeune Michel de Valles, troisième fils du comte de Harwick. C'était bien lui. Le petit Michel, aujourd'hui devenu un homme...

À cet instant, le prêtre se tourna vers lui.

— Me reconnaissez-vous, messire Damien ? Je n'étais qu'un gamin la dernière fois que nous nous sommes vus. Six ans se sont écoulés depuis.

— Oui, je vous reconnais, acquiesça Damien.

Les implications de tout ceci commençaient à se dessiner. Cette fois, il était au bord de la nausée.

— Nous vous devons une fière chandelle, Ben ! reprit Michel avec chaleur. C'est grâce à vous que messire Damien s'est rétabli. Je ne sais pas si vous le savez, mais autrefois il était mon modèle. Je voulais devenir chevalier, comme lui. À l'époque où j'étais page à la Cour, c'était un champion quasi invincible ; consumé par une fureur justifiée lorsqu'il combattait ses adversaires, mais doté d'un cœur si pur que ceux qui le connaissaient le surnommaient « l'Archange ».

Le sourire aux lèvres et le regard brillant, le père Michel ajouta :

— Le temps vous a été clément, messire Damien. Vous ressemblez encore beaucoup à celui que vous étiez alors.

Damien ne répondit pas tout de suite, les émotions dangereuses qui tourbillonnaient en lui de même que les pièces qui commençaient à s'ordonner avec logique l'en empêchant. Il écrasa le jeune prêtre d'un regard impérieux et eut la satisfaction de le voir frémir. Son sourire s'évanouit dans la foulée.

D'une voix sourde, il articula enfin :

— Je n'ai peut-être pas changé physiquement, *père Michel*, mais le caractère dont vous chantez les louanges a subi de profonds bouleversements, et vous n'allez pas tarder à vous en rendre compte si vous ne cessez vos minauderies pour m'expliquer par quel étrange miracle je me retrouve marié aujourd'hui.

Michel avait pâli. Décontenancé, Ben se balançait d'un pied sur l'autre. Avant qu'aucun des trois hommes n'ait le temps de dire quoi que ce soit, Damien entendit un bruissement de soie dans son dos. Il se raidit et détourna légèrement le regard de ses interlocuteurs. Il ne put cependant se résoudre à pivoter entièrement pour faire face à celle qui venait d'entrer dans la pièce.

Il devait déjà fournir un effort surhumain pour garder son sang-froid, et il savait qu'il ne pourrait demeurer maître de ses émotions très longtemps. Non, pas avec ce qu'il subodorait…

Un bruit de pas léger se rapprocha, puis un parfum délicat flotta jusqu'à lui, mélange subtil d'aspérule et d'ambre gris. Il ferma les yeux tandis que les souvenirs remontaient à la surface, acérés, et pénétraient sa chair telle la lame d'un couteau…

Doux Jésus !

Il n'avait nul besoin de se tourner pour savoir qu'il s'agissait bien *d'elle*.

— Je vous en prie, Damien, ne menacez pas Michel. Je répondrai à toutes les questions que vous jugerez bon de me poser.

Je vous en prie, Damien…

La voix mélodieuse d'Alissande résonna en lui, comme elle l'avait fait des milliers de fois en rêve, durant toutes ces années où il n'avait fait que l'imaginer.

Il rouvrit les yeux, tourna lentement la tête, s'efforçant de ranimer l'ancienne colère pour combattre le raz-de-marée d'émotions qui, il le savait, déferlerait en lui dès qu'il poserait les yeux sur elle. En vain.

Leurs regards se croisèrent et l'émotion le submergea, si puissante qu'il en eut le souffle coupé.

Alissande, qui avait été son amante et sa malédiction, qu'il avait désirée corps et âme, avec une ferveur qui avait failli le tuer, se tenait à présent devant lui, très calme, comme si rien de tout cela n'était arrivé.

Se raccrochant à des bribes d'amertume et de colère, contenant sa douleur, il réussit, par un pur effort de volonté, à afficher un sourire sardonique qu'il accompagna d'un léger hochement de tête.

Derrière la jeune femme, il vit se profiler une autre silhouette féminine. Sa mère, dame Blanche. Mais il s'efforça de garder les yeux rivés sur Alissande, avec l'entêtement qu'il aurait mis à cautériser une plaie infectée.

Elle était toujours aussi belle, avec sa peau laiteuse et son épaisse chevelure de jais dont le voile qui la recouvrait ne parvenait pas à cacher la luxuriance. Mais ce furent ses yeux qui le transpercèrent jusqu'au cœur ; ces prunelles bleu-violet qui reflétaient en cet instant une profonde anxiété, ainsi que d'autres sentiments sur lesquels il ne devait pas s'attarder s'il voulait demeurer fort.

Que Dieu lui vienne en aide...

— C'est moi que vous avez épousée par procuration, déclara-t-elle enfin, confirmant ses pires inquiétudes.

— *Pourquoi ?*

La question avait claqué comme une gifle. Alissande savait ce qui se cachait derrière. Elle le savait mieux que quiconque. Ce qui s'était passé entre eux cinq ans plus tôt rendait la situation présente totalement incompréhensible. Et pourtant il était là, s'efforçant d'accuser le coup de cette révélation : c'était *elle* son épouse par procuration. Elle, Alissande de Montague, qui lui avait inspiré un amour insensé et s'était abandonnée entre ses bras avant de se détourner de lui et de le laisser, brisé et fou de douleur...

— Les raisons sont... compliquées, dit-elle avec un petit froncement de sourcils.

Il demeura sans voix, alors même qu'il avait joué et rejoué ces retrouvailles un nombre incalculable de fois, se répétant ce qu'il ferait et dirait s'il avait un jour l'occasion de la revoir.

Le dos raide, il réussit finalement à articuler :

— Ne vous fatiguez pas à m'en dresser la liste, madame, car en vérité je n'en ai que faire. Il va de soi que je ne puis accepter ce mariage. J'avais déjà décidé d'en informer la personne concernée, et que vous soyez cette personne ne change rien à l'affaire.

En dépit de l'énormité de ce mensonge, il poursuivit :

— Un mariage par procuration ne saurait être légitime tant que je n'ai pas participé aux derniers rites de sanctification. Et comme cela ne risque pas d'arriver, je m'en vais vous dire adieu sans plus tarder, madame.

Il s'autorisa un bref salut, et se détournait déjà dans l'intention de quitter les lieux avant que ses souvenirs et le regard meurtri d'Alissande ne réussissent à le paralyser quand la voix de Michel retentit :

— Comment messire ? Vous vous laisseriez gouverner par votre fierté et vous préféreriez fuir plutôt que d'entendre les véritables raisons de votre présence ici ?

Damien se raidit sous l'apostrophe. Tous ses muscles vibraient d'une fureur qui ne demandait qu'à se déchaîner envers quiconque oserait s'interposer entre la porte et lui.

Il trouva cependant la force de se dominer, mais la colère qui irradiait de sa personne était si perceptible que la voix du jeune prêtre chevrota comme il reprenait :

— Par ses actions en votre faveur, ma cousine a au moins gagné le droit d'être écoutée. Vous lui devez bien cela.

— Il a raison, renchérit Ben. Damien, vous devriez prêter une oreille attentive aux propos de dame Alissande avant de prendre une décision, quelle qu'elle soit.

— Je constate que vous en saviez beaucoup plus que vous n'avez bien voulu me le faire croire ! rétorqua Damien, crucifiant du regard celui qu'il avait considéré comme son ami.

— Un peu seulement, se défendit ce dernier. Si j'ai préféré me taire, c'est précisément par crainte de la réaction que vous avez maintenant.

— Oh, assez ! jeta soudain dame Blanche d'un ton impérieux qui les réduisit tous au silence. Admettons simplement que la situation est déplaisante pour chaque personne ici présente, et qu'on en finisse !

Voilà que la mère d'Alissande entrait à son tour dans la danse. Il ne manquait plus que cela ! songea Damien.

Il se sentait tel un animal pris au piège face à ces trois conspirateurs : Ben, dame Blanche et le père Michel.

Pour Alissande, c'était différent. Elle demeurait en retrait, sombre et maîtresse d'elle-même.

Bien que cela lui soit encore douloureux après tout ce temps, il laissa son regard s'attarder sur elle un peu plus longtemps que nécessaire. Elle était pâle, et ses yeux restaient rivés à ses mains serrées l'une contre l'autre. S'il avait été naïf, il aurait pu croire qu'elle trouvait la situation aussi pénible que lui.

Dame Blanche enchaîna :

— Messire, vous devez savoir qu'il a fallu arracher à ma fille son consentement à ce mariage par procuration. Au vrai, avant que Michel ne lui révèle que vous risquiez de périr entre les mains des inquisiteurs, elle ne voulait pas en entendre parler.

Damien laissa ces précisions se frayer un chemin en lui. Les muscles de sa mâchoire se contractèrent quand il répondit :

— Michel n'a pas menti. Néanmoins je n'ai pas demandé à ce qu'on me sauve.

— Si nous l'avons fait, messire, c'est qu'Alissande a besoin de vous.

L'ironie de la situation le frappa de plein fouet. Elle avait *besoin* de lui ? Après la manière dont elle l'avait traité…

Pourtant une force irrépressible le poussa à dire les mots qu'il s'était juré de ne pas prononcer depuis qu'il avait posé les yeux sur la jeune femme :

— Expliquez-moi.

Tandis que Dame Blanche s'exécutait, Alissande observa Damien avec une douloureuse intensité. Elle nota sa posture rigide, le muscle qui tressautait sur sa joue, ses poings serrés qui prolongeaient ses avant-bras puissants.

En même temps que lui, elle entendit la litanie des crimes dont Hugues s'était déjà rendu coupable envers elle, ses agressions, ses menaces. De temps en temps, Michel ponctuait les paroles de dame Blanche d'un commentaire, affirmant que son frère Hugues était animé par les forces du Mal et qu'il ne renoncerait jamais, fort de l'impunité dont il pensait jouir grâce à la place qu'il occupait au sein de la maison royale.

La gorge nouée, Alissande ne soufflait mot.

Elle se préparait à cette rencontre depuis des semaines, c'est-à-dire depuis que Michel l'avait informée que Damien survivrait à ses blessures. Elle avait joué cette scène cent fois dans sa tête, répétant les mots susceptibles de le convaincre, et tâchant de prévoir les émotions qu'elle devrait contenir lorsqu'elle croiserait le regard bleu autrefois empli d'amour.

Mais qu'elle avait été stupide de se croire prête à l'affronter ! C'était Damien qui se tenait devant elle, aussi magnifique qu'au jour de leur première rencontre, quand elle n'était qu'une jeune demoiselle d'honneur frivole et lui un fringuant chevalier au sang chaud...

Elle était tombée éperdument amoureuse de ce farouche guerrier, aussi dur que l'acier avec ses adversaires, mais tellement tendre dans l'intimité. Auprès de lui, elle avait éprouvé le plus intense des bonheurs. Et elle l'avait cru aveuglément lorsque, les yeux dans les yeux, il lui avait juré que rien, jamais, ne pourrait les séparer.

Pourtant, c'était elle qui était à l'origine de leur séparation. Elle et nulle autre.

Contre toute logique, elle avait espéré que le temps mettrait du baume sur la blessure qu'elle lui avait infligée, et qu'il finirait par guérir, sinon même par lui pardonner.

Mais pas plus qu'elle, il n'était guéri, elle s'en rendait compte à présent.

En vérité, à l'instant où elle avait croisé son regard, un peu plus tôt, elle avait eu l'impression de recevoir un coup de poignard en pleine poitrine. La tempête qui s'était déchaînée dans les yeux bleus de Damien lui avait coupé le souffle. Elle avait compris que, d'une manière ou d'une autre, elle devrait faire la paix avec lui si dame Blanche et Michel parvenaient à le convaincre de rester auprès d'elle.

Et plus encore.

Le silence était retombé dans la pièce. Apparemment, les explications étaient terminées. Damien ne disait rien. Il ne bougeait pas. Seule sa poitrine se soulevait au rythme de sa respiration saccadée.

Enfin il prit la parole, d'une voix rauque et basse :

— Si ce que vous venez de me dire est vrai, il faut de toute évidence mettre un terme aux agissements de lord Harwick. Mais je ne comprends pas pourquoi je serais le seul capable de m'en charger. L'Angleterre regorge de nobles seigneurs qui seraient très flattés d'épouser une jeune veuve telle que… telle que votre fille, acheva-t-il en inclinant la tête en direction de dame Blanche. Pourquoi ne pas faire appel à l'un d'entre eux ?

Alissande tressaillit. L'insulte était délibérée, tout comme l'omission volontaire de son prénom. Pas une seule fois Damien n'avait daigné le prononcer depuis qu'elle avait paru devant lui.

Dame Blanche répondit avec patience et douceur :

— Parce que nous étions en France quand il est devenu évident que des mesures extrêmes devaient être prises pour empêcher Hugues d'enlever Alissande. Or, vous-même étiez sur le territoire français, quoique ce fût pour des raisons échappant totalement à votre volonté. Nous y avons vu un simple échange de bons procédés tout à fait honorable : votre vie contre la sécurité d'Alissande. Il faut ajouter que vous n'étiez pas un inconnu, messire Damien. Ce que nous savions de vous faisait pencher la balance en votre faveur. Il ne nous restait plus qu'à faire établir cette procuration pour que vous deveniez l'époux de ma fille.

— Vous deviez vraiment avoir le couteau sous la gorge, car il n'est un secret pour personne que j'ai été jugé indigne de cet honneur il y a cinq ans, riposta-t-il, cinglant. Or rien n'a changé en moi depuis, sinon en pire. Non content d'être un chevalier sans terre et sans fortune, je suis aussi, désormais, un templier déchu accusé d'hérésie. Si l'on découvre que l'acte d'absolution que vous vous êtes procuré est un faux, non seulement je serai de nouveau arrêté et torturé, mais il en ira de même pour toutes les personnes qui auront eu un lien avec moi.

Avec un rire sans joie, il secoua la tête :

— Vous voyez, je ne suis pas l'homme qu'il vous faut ! Cherchez quelqu'un d'autre. Pour ma part, je n'ai d'autre maître que moi-même, et je compte partir au plus vite pour l'Écosse où je vendrai au plus offrant mes talents de soldat. Un mercenaire, voilà ce que je serai bientôt. Je n'ai rien à offrir en tant qu'époux.

Alissande nota qu'il avait failli tourner la tête vers elle, mais qu'il s'était retenu de justesse.

— Si vous n'avez rien de plus à me dire, poursuivit-il, je vais…

— Si vous voulez vraiment savoir toute la vérité, coupa Alissande, vous avez été choisi parce que, de tous les hommes, vous êtes le seul à m'avoir aimée autrefois. Ce n'est un secret pour personne, n'est-ce pas ?

Cette fois, il braqua sur elle son regard bleu qu'elle osa soutenir en dépit de ses joues en feu. Bien que la situation soit horriblement embarrassante, la colère qui commençait à poindre en elle lui fit garder la tête haute.

Dans le silence de plomb qui suivit, elle put lire sur les traits de Damien une tempête d'émotions qui, si elle avait été une autre femme, l'aurait sans doute fait tomber à genoux pour le supplier de lui accorder son pardon.

Mais Alissande vivait depuis trop longtemps avec le fardeau de sa propre souffrance et de ses regrets pour s'autoriser ce genre de faiblesses.

Le dos droit, elle le dévisagea sans ciller.

Enfin la colère et la souffrance disparurent de ses traits, remplacées par un sourire sardonique qui la fit frissonner.

— Je ne pense pas que vous souhaitiez aborder le sujet ici, devant ces personnes, madame.

— C'est pourtant là la raison qui a poussé ma famille à me faire accepter ce mariage par procuration. Le lien qui nous a unis jadis est connu de tous. Les gens penseront donc que… que nos sentiments ont resurgi et que ce mariage n'est pas un simple expédient.

Damien ne quittait pas Alissande des yeux. Il continua de la fixer quand Michel renchérit :

— Hugues se trouvait en France quand vous étiez à la Cour, messire Damien. Vous ne savez rien de lui et vous pensez peut-être que nous exagérons le danger qu'il représente, mais je vous assure que sa nature profonde est celle d'un prédateur et qu'il est prêt à toutes les extrémités.

— Vraiment ? fit Damien.

— Depuis que le nouveau roi est monté sur le trône, Hugues a tout fait pour entrer dans ses bonnes grâces. Il a acquis une grande influence, et ses manœuvres lui ont conféré une position inattaquable à la Cour. Là-bas, tout le monde savait qu'il avait l'intention d'épouser Alissande dès que sa période de deuil sera terminée. Et que mon frère soit complice de l'accident de chasse qui a coûté la vie à lord Denton, le défunt époux de ma cousine, ne semble déranger personne dans le cercle royal.

Détachant enfin les yeux d'Alissande, Damien se tourna vers Michel, les sourcils froncés.

— Un de mes frères Templiers, messire Richard de Cantor, a servi en tant que maître d'armes à la Cour. Il m'a en effet confié qu'il s'inquiétait de ce que le nouveau roi se révélait mauvais juge en matière d'amitié, admit-il.

Michel hocha la tête.

— Le roi Edouard manque d'expérience. Il a donné la préférence aux courtisans qui savent le flatter, au détriment des barons et des grands seigneurs du royaume. Ce qui a permis à mon frère de se faire remarquer et de s'attirer sa protection. Hugues a su convaincre Sa Majesté de donner son accord à son mariage avec Alissande. C'est pourquoi nous avons dû le prendre de vitesse pour sauver ma cousine.

Michel, qui s'était approché d'Alissande, lui prit la main et la serra dans un geste de réconfort. Reconnaissante, elle lui répondit d'une brève pression des doigts.

— La nouvelle du mariage d'Alissande a déplu au roi, poursuivit le prêtre. Il l'a cependant accepté, le croyant issu d'un amour auquel le temps et les circonstances s'étaient opposés.

Damien sursauta.

— Le mariage par procuration a été annoncé officiellement à la Cour ? Par Dieu, vous allez vite en besogne ! Vous n'avez même pas envisagé que je puisse refuser de m'associer à votre plan ?

— Bien sûr que nous l'avons envisagé, messire Damien, intervint dame Blanche. Mais nous avons eu confiance en votre sens de la justice. Grâce à Alissande, vous avez échappé aux inquisiteurs. Aujourd'hui, nous vous prions de lui retourner la faveur.

Damien serra les poings, comme s'il s'apprêtait à parer un coup, ou comme s'il rejetait l'idée même d'être redevable de quoi que ce soit envers elle.

Alissande n'eut pas le temps de s'appesantir sur cette pensée que sa mère enchaînait :

— Procuration ou pas, Hugues revendiquera ses droits sur ma fille, c'est une évidence. Et personne, hormis vous, messire, ne pourra ou peut-être ne voudra la protéger. Vous avez beaucoup à gagner dans l'affaire. En dehors d'avoir eu la vie sauve, cette union fera de vous un homme riche et puissant, propriétaire de nombreux domaines. Alors, en souvenir des liens qui vous ont unis autrefois, ne pouvez-vous au moins réfléchir à notre proposition ?

Les liens qui vous ont unis autrefois...

Ces mots résonnèrent dans l'esprit d'Alissande et trouvèrent un écho dans son cœur, lui rappelant cette vérité poignante : en ce qui la concernait, les sentiments demeuraient Elle n'avait pas cessé d'aimer Damien. Et, si douloureux cela soit-il, elle ne cesserait jamais de le faire.

Elle le regarda. Il était manifestement en proie à un dilemme, et elle sentit le désespoir l'envahir. Tout se passait exactement comme elle l'avait redouté. Bien sûr, cela n'avait rien d'étonnant, mais elle ne pouvait s'empêcher d'être blessée.

En cet instant, elle regrettait de n'avoir pas suivi son impulsion première qui l'avait poussée à chercher la paix entre les murs d'un couvent. Elle aurait ainsi été préservée à jamais des intrigues de cour et de la violence des hommes.

D'ici quelques secondes, Damien allait la rejeter, froidement, devant témoins. Juste retour des choses après la cuisante humiliation publique qu'il avait subie cinq ans plus tôt par sa faute. Et peu importe qu'elle n'ait cessé de regretter cette décision depuis. Elle ne pouvait revenir en arrière et effacer ce qu'elle avait fait. Et elle ne pouvait lui en vouloir s'il se vengeait maintenant que l'occasion se présentait.

Avec un soupir, Damien se passa la main dans les cheveux. Il regarda Ben, puis Michel, puis dame Blanche et, finalement, Alissande. Avec surprise, elle constata que son expression s'était radoucie. Il n'avait pas l'air satisfait pour autant, mais il semblait avoir pris une décision.

Restait à savoir laquelle.

Elle n'eut pas à attendre longtemps.

— Il est vrai que, même si je n'avais rien demandé, je ne puis que vous être reconnaissant d'avoir organisé mon évasion. Et le peu d'honneur qui me reste m'oblige à admettre que j'ai une dette envers vous.

— Vraiment ? fit Michel.

Il semblait si incrédule qu'Alissande se demanda comment il s'était débrouillé pour paraître aussi convaincant alors même qu'il entretenait visiblement tant de doutes.

— Oui, répondit Damien. C'est pourquoi je suis prêt à accepter ce rôle que vous me demandez de jouer. À certaines conditions que je voudrais fixer dès maintenant.

— Exposez-les-nous, l'encouragea Michel qui paraissait hésiter entre espoir et prudence.

Le cœur d'Alissande se mit à cogner sourdement dans sa poitrine tandis qu'elle se préparait à ce qui allait suivre, l'esprit en déroute à l'idée qu'il ait accepté de l'aider.

Il se tenait là, grand, puissant, non plus l'homme acculé, mais le guerrier parfaitement conscient de sa valeur et de son importance cruciale dans l'affaire qui les réunissait.

— La première de ces conditions, commença-t-il, est la plus importante car, si vous ne l'acceptez pas, les choses s'arrêteront là.

Il fit une pause, se tourna vers Alissande, la crucifiant de son regard bleu, puis déclara :

— Je serai votre époux, Alissande. Mais pour une durée qui n'excédera pas six mois. Ce laps de temps écoulé, je serai libéré de mes obligations envers vous. *Toutes* mes obligations. Et je m'en irai vivre de mon côté, comme bon me semblera.

3

Damien guettait la réaction d'Alissande. Une expression de pure détresse crispa ses traits délicats, et il eut l'impression qu'on lui empoignait les tripes. Déjà, quelques secondes plus tôt, il l'avait vue tressaillir quand il l'avait appelée par son nom pour la première fois depuis cinq ans.

Pourtant elle demeurait muette.

Ce fut dame Blanche qui brisa finalement le silence en répétant d'un air outré :

— Six mois ?

Damien se doutait que sa réponse soulèverait l'indignation générale. Cela ne l'ébranla pas. Comme Alissande se taisait toujours, il reprit :

— En six mois, vous avez largement le temps de trouver un autre parti plus convenable, qui épousera Alissande dès que l'annulation de notre mariage aura été prononcée.

— Comment pouvez-vous être sûr que l'Église accordera cette annulation alors que vous aurez vécu comme mari et femme à la Cour ? intervint Ben. C'est une procédure compliquée et qui n'est pas sûre d'aboutir !

— D'ordinaire, obtenir une procuration n'est pas non plus chose aisée, et cela n'a pas semblé vous poser de problème insurmontable, riposta Damien. Mais si le père Michel n'est plus en mesure d'user de son influence, ma deuxième exigence devrait aplanir toutes les difficultés. Voici ce qu'il en est : je ne prononcerai pas de vœux et il n'y aura pas de cérémonie publique. Nous nous contenterons de dire que cela a été fait. Ainsi, il sera plus facile de nous désengager au bout de ces six mois.

Il marqua une pause, puis ajouta d'un ton calme mais ferme :

— De même, je n'appellerai pas Alissande « ma femme » en public ou en privé, même si je vous promets de faire mon possible en société pour convaincre chacun qu'elle l'est bel et bien.

— Vous n'êtes pas sérieux ! protesta Michel.

Sans doute pensait-il que les épreuves et la torture avaient affaibli l'esprit de Damien, qu'il avait perdu le sens de l'honneur et cherchait tout simplement à se venger d'Alissande.

Ce n'était pas le cas. Parler d'elle comme de son épouse légitime était tout simplement au-dessus de ses forces. Il ne s'en sentait pas capable.

— Je vous assure qu'il ne s'agit pas d'une plaisanterie.

Un silence stupéfait retomba dans la pièce. On entendit soudain le chant des oiseaux qui pépiaient dehors. Alissande s'était légèrement détournée et il n'apercevait plus que son profil ciselé. C'était aussi bien. Il avait déjà du mal avec ses propres émotions, il ne tenait pas, en plus, à être témoin des siennes.

Une fois de plus, ce fut dame Blanche qui brisa le silence. Avec un soupir qui trahissait son irritation, elle se dirigea à grands pas vers la fenêtre à meneaux, fixa le paysage d'un air songeur, puis déclara :

— Vous nous avez exposé vos exigences en contrepartie des nôtres, messire Damien. Mais vous avez oublié un aspect crucial que ni votre volonté ni notre Sainte Mère l'Église n'auront le pouvoir de défaire.

Il haussa un sourcil, l'invitant à poursuivre.

— Vous n'avez fait nulle mention de l'enfant qui pourrait naître de cette union temporaire.

Il perçut le frémissement d'Alissande, mais n'eut pas le temps de s'interroger sur sa signification que dame Blanche enchaînait :

— Pourrez-vous partir sans vous retourner au bout de ces six mois, sachant que vous laissez peut-être derrière vous la chair de votre chair ?

Ces mots firent naître dans l'esprit de Damien des images à la fois douces et torturantes. Depuis qu'il avait décidé de rester, il savait qu'il lui faudrait affronter ce genre de questions, mais cela se révélait plus dur qu'il ne l'avait prévu.

— Je suis peut-être un vaurien, madame, mais je ne suis pas un irresponsable. Il n'y aura pas d'enfant, parce que ce mariage ne sera pas consommé. C'est là ma quatrième condition, qui sera bien sûr essentielle quand nous demanderons l'annulation.

Alissande lui avait fait face et le fixait d'un air interloqué, les joues empourprées, la bouche entrouverte. Cette bouche pulpeuse à laquelle il devait absolument s'interdire de penser... De toute évidence, elle prenait ses paroles comme un camouflet. La colère flambait en elle, et c'était bien normal, car il venait de lui faire une sorte de pied de nez grotesque.

Leur union n'avait-elle pas été consommée des années plus tôt, dans l'embrasement de la passion qui les avait dévorés ?

Il s'efforça de chasser les souvenirs insidieux qui revenaient le tarauder. En vain. Ils affluaient de plus belle et l'assiégeaient en dépit de sa résistance acharnée.

Il dévisageait Alissande, se demandant si elle avait révélé à sa mère ou à quiconque ce qui s'était passé entre eux durant cet été enchanteur ?

La plupart des gens étaient au courant de la brève romance qu'ils avaient vécue, mais savaient-ils jusqu'où avait été leur intimité physique ? Savaient-ils qu'ils avaient été amants ?

Les traits d'Alissande s'étaient durcis. Après l'humiliation, elle demeurait stoïque et digne. Il en aurait presque ressenti de la honte pour ce coup bas.

Presque.

Il reporta son attention sur Ben et Michel qui avaient l'air perplexe tandis que dame Blanche paraissait franchement soulagée.

De toute évidence, Alissande avait gardé le secret. Il n'aurait toutefois su dire si cela l'ennuyait ou s'il lui en était reconnaissant.

Mais peu importait.

Pour l'heure, chacun semblait retenir son souffle dans l'attente du verdict de la jeune femme.

D'un air détaché et plein de noblesse, elle prit enfin la parole :

— Vous avez exprimé quatre conditions, messire. En avez-vous d'autres ?

— Non.

— Très bien. Dans ce cas, j'accepte votre offre. Ainsi, durant six mois, vous vous engagez à tenir le rôle d'un mari aimant et à me protéger contre lord Harwick ou tout autre homme qui tenterait de s'en prendre à moi. Si vous remplissez votre mission sans faillir alors, au terme de cette échéance, vous serez dégagé de toutes vos responsabilités envers moi.

Sans la quitter des yeux, la tête inclinée dans un angle moqueur, il répondit :

— N'ayez crainte, madame. Quand j'en aurai fini avec ma part de notre marché, personne n'osera ne serait-ce qu'avoir des pensées inconvenantes à votre égard sans en redouter les conséquences. Vous serez en sécurité avec moi, je vous le promets.

Les lèvres pincées, elle se borna à hocher la tête en signe d'assentiment. De leur côté, dame Blanche, Ben et Michel ne dirent mot, mais la tension était palpable.

Abruptement, Alissande pivota pour se diriger vers la porte. Au moment de franchir le seuil, elle s'immobilisa.

— Une servante viendra vous prévenir quand j'aurai fait préparer la chambre du maître qui est désormais la vôtre, messire. En attendant, vous pouvez prendre quelques rafraîchissements si vous le désirez, dit-elle avec une politesse artificielle.

Sans plus attendre, elle disparut.

S'il n'avait été en proie à des émotions conflictuelles, Damien se serait sans doute autorisé un sourire d'admiration teinté d'irritation. Étonnante Alissande, qui ripostait en le traitant en simple invité alors même qu'il la pensait aux abois ! Avec calme, elle avait repris le contrôle de la situation.

Pour l'instant, en tout cas.

D'un mouvement raide du buste, il salua Ben, le père Michel et dame Blanche, avant d'emboîter le pas à la jeune femme.

Contrairement à ce qu'elle avait dit, il n'était pas le maître, mais il n'était pas non plus un serviteur, or elle l'avait congédié comme s'il en était un, prenant sur elle de conclure leur entretien sans même en demander la permission. C'était là le genre d'attitude qu'il s'était juré de ne jamais accepter de la part de quiconque, et ce, depuis qu'il était en âge de tenir une épée ou de se servir de ses poings.

C'était en partie ce qui l'avait poussé à suer sang et eau afin de devenir le meilleur dans sa discipline.

Il s'était élevé en partant de rien. Son frère Alexandre et lui étaient devenus de fines lames, et, finalement, étaient entrés dans la très élitiste confrérie des Templiers. Ce qui ne changeait rien au fait que Damien était un roturier. Un état de fait qui avait pesé lourd dans sa vie. C'était une réalité de ce monde : si l'on n'avait pas de sang bleu dans les veines, on était rejeté, dédaigné. Il n'était pas, ne serait jamais un noble seigneur, en dépit de ce simulacre de mariage.

Mais cela ne signifiait pas qu'il devait tout accepter.

Sa colère augmentait à mesure qu'il progressait dans le long couloir sombre. Il s'était promis de retrouver son intégrité, son honneur et sa fierté masculine. Eh bien, il allait commencer avec cette femme dont il avait promis d'être le chevalier servant durant les six prochains mois. Alissande croyait en avoir fini avec lui, elle se trompait. Le compte n'y était pas.

Loin s'en fallait !

Alissande avait réussi à garder son sang-froid. Mais dès qu'elle eut quitté ses appartements, elle laissa libre cours à son indignation, y puisant une force à laquelle elle se raccrocha.

Elle souffrait de découvrir que le Damien d'aujourd'hui n'était plus celui qu'elle avait aimé jadis. Il était devenu insensible et l'avait traitée avec grossièreté. Il avait même eu le front de la regarder droit dans les yeux et de prétendre que les étreintes merveilleuses qu'ils avaient partagées n'avaient jamais existé !

Bien que la fierté d'Alissande lui ait interdit de le contredire, elle en avait été proprement ulcérée.

S'essuyant les yeux d'un geste furtif, elle ouvrit une porte et pénétra dans les appartements qui avaient été le domaine privé de feu son époux, messire Godfrey Claremont, comte de Denton.

Les rideaux étaient tirés, et Alissande profita de la pénombre pour s'adosser au mur et tenter de mettre de l'ordre dans ses pensées chaotiques.

Peu à peu, ses yeux s'accoutumèrent à la faible luminosité. Comme son regard glissait sur le lit au baldaquin richement décoré, sa poitrine se contracta douloureusement, lui arrachant une grimace. Heureusement, elle était seule tandis qu'elle affrontait les fantômes du passé.

En un an, c'était la première fois qu'elle entrait dans cette chambre. Elle avait espéré que le temps effacerait les souvenirs amers qui y étaient attachés, mais elle se trompait. Ils étaient là, et bien là.

Même si elle avait demandé qu'on change le linge de lit, les rideaux et les tentures qui ornaient le dais en bois doré, rien n'y faisait. Les images refaisaient surface, s'imposaient à elle.

Résolument, elle traversa la chambre et alla tirer le rideau qui masquait l'une des grandes fenêtres en ogive. Les vitraux au plomb avaient coûté une fortune, mais Godfrey n'avait jamais regardé à la dépense quand il s'agissait de satisfaire un de ses caprices. De ce point de vue, il ressemblait beaucoup à Hugues. C'était peut-être ce qui avait rapproché les deux hommes. Car ils avaient été amis, jusqu'à ce jour d'été où Hugues était rentré seul d'une partie de chasse.

Alissande se détourna de la fenêtre qui laissait à présent entrer un flot de lumière opaline. Elle balaya la pièce d'un regard circulaire. Celle-ci avait beau être richement meublée, c'était l'endroit du château qu'elle aimait le moins. Depuis la mort de Godfrey, elle s'était installée dans l'une des nombreuses chambres d'amis, au bout du couloir. Cette chambre-ci était celle où elle avait passé sa nuit de noces, après leur mariage arrangé... celle où elle avait enduré la consommation de leur union – consommation rendue plus pénible encore par sa propre appréhension et la maladresse d'un Godfrey éméché.

Par la suite, elle s'était félicitée qu'il ait été pris de boisson ce soir-là et n'ait pas cherché plus loin que l'assouvissement de son désir. À l'aide d'une aiguille, elle s'était discrètement piqué la pulpe du doigt et avait laissé perler quelques gouttes de sang sur le drap. Au matin, cette prétendue preuve de sa virginité avait suffi à Godfrey.

Pour elle, hélas, ce subterfuge n'avait rien changé à la triste réalité !

Un an avant cette désastreuse nuit de noces, elle avait connu pour la première fois les joies de l'amour entre les bras de Damien. Et au cours des semaines qui avaient suivi, il avait éveillé son corps à la félicité. Durant ces moments volés, elle avait appris l'art de la séduction et l'indicible plaisir du don de soi. Elle avait adoré cette intimité grisante, adoré la façon dont Damien jouait de son corps, avec le talent et la concentration d'un artiste en train de composer un chef-d'œuvre à partir d'une toile vierge.

Il savait faire palpiter son cœur rien qu'en chuchotant son prénom.

Ce qu'elle avait connu avec Godfrey ne pouvait en aucun cas soutenir la comparaison.

Leur relation ne s'était pas améliorée en quatre ans de mariage. Au contraire. Les choses s'étaient dégradées à mesure que les mois passaient sans qu'Alissande conçoive.

Peu à peu, Godfrey s'était mis à lui en vouloir. Il était devenu cruel. Somme toute, c'était sa faute à elle s'il n'avait pas de descendance. Tout le monde savait que la stérilité venait des femmes…

Alissande voyait encore le visage écarlate de son époux le jour où, partagé entre la déception et la colère, il l'avait accusée d'être seule responsable de ce fiasco. Si seulement elle avait montré plus d'enthousiasme au lit, si seulement elle avait eu la volonté de concevoir chaque fois qu'il l'honorait, elle serait tombée enceinte depuis longtemps ! vitupérait-il. Mais il fallait qu'elle fasse la mijaurée et Dieu la punissait en rendant sa matrice inféconde.

Durant l'année qui avait précédé sa mort, Godfrey avait tenté de résoudre le problème en la contraignant à coucher avec lui chaque soir. Alissande n'échappait à cette corvée que la semaine bénie où ses menstruations survenaient. Sinon, même si elle était encore tout endolorie après ces rapports non désirés, il n'hésitait pas à la forcer, nuit après nuit.

L'humiliation, la douleur... Alissande avait cru devenir folle. Mais si elle en était venue à haïr cet homme qu'elle avait épousé de son plein gré, avec la bénédiction de sa famille, elle savait qu'elle ne pouvait pas vraiment lui reprocher son attitude.

Godfrey avait raison.

Elle ne l'avait jamais désiré. Dès la première nuit, elle s'était soumise avec réticences à son devoir conjugal. Au début, elle éprouvait une certaine affection pour son mari et s'était efforcée d'être une bonne épouse. Mais il n'y avait pas eu la moindre passion entre eux. Elle ne l'avait jamais accueilli avec empressement, tout simplement parce qu'elle était toujours amoureuse de Damien de Ashby.

Et qu'elle n'en aimerait probablement jamais un autre.

Aujourd'hui, Damien était de retour dans sa vie, et il la détestait autant – si ce n'est plus – que Godfrey, quoique pour des raisons différentes.

Un soupir excédé lui échappa. Oh ! les hommes, avec leurs exigences, leurs besoins, leur insupportable orgueil ! Elle en avait assez ! Voilà pourquoi elle avait envisagé d'entrer au couvent. Elle avait envie de vivre comme bon lui semblait, sans être obligée de se soumettre à la volonté de ceux, comme Hugues ou ces gentilshommes de la cour, qui ne voyaient en elle que sa fortune ou sa beauté maudite.

S'arrachant à ces sombres ruminations, elle s'approcha de l'autre fenêtre, tira le rideau, puis se pencha pour essuyer la fine pellicule de poussière qui recouvrait le carreau. Après quoi, elle s'approcha de la grande cheminée dont elle inspecta l'âtre. Il était à peu près propre, mais un morceau de bois carbonisé avait été oublié dans un angle.

Alissande hésita. Devait-elle l'enlever elle-même, au risque de salir sa robe, ou faire venir un domestique ?

Avec un haussement d'épaules, elle s'agenouilla, se pencha avec précaution. Un petit nuage de suie s'éleva comme elle se saisissait du charbon. Prise d'une brusque envie d'éternuer, elle plissa le nez…

C'est alors qu'un bruit s'éleva dans son dos. Elle se figea.

Une voix masculine, reconnaissable entre toutes, se fit entendre, lui arrachant un frisson pas vraiment désagréable :

— Vous êtes décidément prête à tout pour éviter ma compagnie, madame.

Alissande se redressa promptement. Elle se pinça le nez pour ne pas éternuer avant de lui faire face. Puis, affectant un air de profonde indifférence, elle répliqua :

— Comme je vous l'ai dit, je m'occupe de préparer votre chambre. C'est pour cette raison et nulle autre que j'ai quitté mes appartements.

— Je ne parlais pas de cela, mais du spectacle que vous offriez quand je suis entré dans cette pièce.

Une lueur de malice dans ses yeux bleus, il désigna la cheminée. Alissande se mordit la lèvre. Il l'avait surprise les fesses en l'air, le nez au ras du sol. Embarrassée, elle toussota. Pour couronner le tout, elle avait très envie de se gratter le nez.

— Vous voir dans cette position, pour incongrue qu'elle soit, n'était cependant pas une vision désagréable, crut-il bon d'ajouter.

Il franchit les quelques mètres qui les séparaient et s'immobilisa à deux pas d'elle. Alissande retint son souffle dans une sorte de hoquet étranglé. Mais, reprenant ses esprits, elle s'obligea à lever la tête pour soutenir son regard et lui montrer qu'il ne l'intimidait pas.

L'émotion s'empara d'elle. Seigneur Dieu, il la considérait d'un air tellement solennel ! Seuls ses yeux reflétaient une évidente chaleur. Oui, on ne pouvait se méprendre sur l'intensité de ce regard, et une délicieuse sensation se répandit aussitôt en elle.

Il était si proche qu'elle percevait sa chaleur, et ne put s'empêcher de respirer son odeur, mélange de cuir, de terre, mais aussi de trèfle et de citronnelle, des herbes dont – elle ne l'ignorait pas – il aimait parfumer l'eau de son bain. Cette fragrance lui montait à la tête, la bouleversait, éveillait des souvenirs si puissants qu'une langueur oubliée l'envahit tout à coup. Craignant que ses jambes ne se dérobent sous elle, elle s'appuya négligemment au guéridon placé près de la cheminée.

Il n'était pas question qu'elle trahisse le trouble que provoquait en elle la proximité physique de Damien, ni qu'elle s'humilie devant lui en perdant le contrôle d'elle-même, en se mettant à trembler ou à bafouiller lamentablement.

Elle attendit quelques secondes, le temps de se ressaisir. Mais, comme elle ouvrait la bouche pour lui adresser une réponse bien sentie, il la prit au dépourvu en tendant soudain la main vers son visage.

Ses longs doigts élégants se posèrent sur sa joue tandis que, du pouce, il lui caressait doucement le coin de la bouche.

La sensation merveilleuse la paralysa. Elle la savoura un coupable instant, puis, au prix d'un effort de volonté surhumain, elle s'écarta et demanda :

— Que faites-vous, messire ?

Sa belle bouche se plissa en un demi-sourire de pure séduction qui déclencha une nouvelle tornade sensuelle chez Alissande... juste avant qu'elle ne se rende compte, mortifiée, qu'il n'avait fait qu'essuyer une trace de suie sur sa peau, comme en témoignait le doigt noirci qu'il leva devant elle.

— Oh ! fit-elle, les joues en feu.

— Vous devriez faire plus attention. Vous n'êtes pas vêtue pour vous occuper de travaux domestiques, et une tache de suie sur une robe de soie ne s'enlève pas aisément.

— J'ignorais que vous étiez si versé en matière de vêtements féminins ! riposta-t-elle pour se venger.

La pique atteignit son but. Damien tiqua imperceptiblement. Elle se sentit puérile et eut un peu honte d'elle-même, mais ses remords s'envolèrent lorsqu'il répliqua :

— Durant mes voyages en Terre sainte et, plus tard, sur l'île de Chypre, j'ai beaucoup appris sur les différents tissus et leurs qualités respectives. Mais ce que je sais de la fragilité des vêtements féminins... c'est de vous que je le tiens, madame.

Le coup porta et, en même temps, libéra chez Alissande une étrange émotion, la certitude qu'ils étaient liés à jamais par leur ancienne complicité et que rien ni personne ne pourrait jamais l'effacer.

Mais qu'importait, se reprit-elle. Ils étaient ici parce qu'ils avaient passé un accord. Et dans cette affaire il n'y avait nulle place pour des sentiments aussi mièvres.

Drapée dans sa dignité, elle voulut le contourner pour s'en aller avant que les choses n'empirent. Mais il fit un pas de côté pour lui bloquer le passage.

Alissande le toisa avec hauteur.

— Je vous prie de me laisser passer, messire.

— Nenni. Nous avons à discuter avant que vous ne vous enfuyiez de nouveau.

— Je ne fuis *pas* ! protesta-t-elle. Mais je ne vois pas ce que nous pourrions ajouter à ce qui a déjà été dit. Vous avez été très clair quand vous vous êtes exprimé tout à l'heure.

— Sans doute. Mais ce que j'ai à dire concerne vos propos. Vous avez dit que vous veniez ici préparer *ma* chambre.

— Eh bien, oui, c'est la vérité. Je voulais aérer et vérifier la propreté des lieux. Et maintenant que cette tâche est accomplie, je vais demander à une servante de venir faire un peu de ménage et d'allumer du feu. D'ici peu, vous pourrez vous installer avec vos affaires...

— Voilà que vous recommencez ! l'interrompit-il d'un ton agacé.

— Quoi donc ?

— Vous parlez comme si j'allais occuper cette chambre seul. Mais vous savez bien que ce n'est pas le cas.

Le cœur d'Alissande se mit à battre un peu plus vite.

— Bien sûr que si, objecta-t-elle. J'occupe une autre chambre, et j'ai l'intention de continuer durant les six mois à venir.

Il ne bougea pas, l'archétype du guerrier : puissant, buté, et incroyablement beau.

Un petit frisson d'inquiétude parcourut la jeune femme. Serait-elle capable de lui résister si jamais il exigeait d'elle... ?

— Voyons, messire, vous ne pouvez vous attendre à autre chose. C'est vous qui avez insisté pour que cette union temporaire demeure purement platonique, argua-t-elle.

— C'est vrai, et je n'ai pas changé d'avis à ce sujet. Il n'empêche que nous devons occuper la même chambre afin de sauvegarder les apparences. Je vous rappelle qu'aux yeux du monde, nous sommes mari et femme.

Alissande le dévisagea, bouche bée. Partager la même chambre, le même lit ? Après ce qu'ils avaient vécu ensemble ? Il ne saurait en être question.

Damien guettait sa réaction. Après avoir poussé un bref soupir, il demanda :

— Vous avez été à la Cour bien plus récemment que moi, Alissande. Cela a-t-il beaucoup changé ?

— Non, admit-elle du bout des lèvres.

— Alors vous savez comme moi que ces gens se repaissent de commérages.

— Peut-être, mais je ne vois pas le rapport avec l'endroit où je vais dormir.

— Vous oubliez que, sous peu, nous rejoindrons la cour du roi Edouard. Et que vos domestiques nous y suivront. Croyez-vous qu'ils sauront rester discrets ? Allons donc ! La moindre dispute entre nous sera rapportée et commentée. Personne, de Hugues de Valles au roi lui-même, n'en ignorera les détails !

Alissande ne pouvait le nier, même si chaque mot qu'il prononçait résonnait comme un glas dans son cœur. Elle avait l'impression grandissante qu'un piège était en train de se refermer sur elle.

— Si vous voulez que je sois en mesure de vous protéger, madame, nul ne doit soupçonner que nous ne menons pas la vie normale d'un couple de jeunes mariés.

Comme elle ne répondait toujours pas, il lui saisit la main. Dans un tressaillement, elle leva les yeux vers lui. Une flamme étrange brûlait dans son regard bleu.

— Pour l'amour du ciel, Alissande, si vous voulez que cet accord que nous venons de passer fonctionne, vous devez y mettre un peu de bonne volonté !

Cela tombe sous le sens que nous serons obligés de partager la même chambre, que ce soit ici, chez vous, à la Cour, ou n'importe où. Nous n'avons pas le choix.

Il prononça cette dernière phrase d'une voix rauque. Dans un sursaut de lucidité, elle comprit qu'il redoutait cette promiscuité autant qu'elle, sinon plus. Ce n'était pas pour la blesser ou prendre sa revanche qu'il formulait cette exigence.

En réalité, il n'avait nulle envie de dormir auprès d'elle.

Mais Damien était un homme de principe, elle ne l'ignorait pas. Il avait promis de la protéger, il mettrait donc tout en œuvre pour respecter sa parole, et ce tant qu'il serait son mari, c'est-à-dire durant les six prochains mois.

Si elle avait un tant soit peu d'honneur, elle devait elle aussi faire un effort.

Elle se sentit vide, soudain, sans force. Doucement, elle dégagea sa main et prit une profonde inspiration.

— Très bien, messire. Vous avez raison. Je vais donner des ordres pour que mes affaires soient apportées ici avant la tombée de la nuit.

Il eut un hochement de tête guindé.

— Est-ce tout ? ajouta-t-elle non sans embarras.

— Oui, c'est tout. Pour l'instant.

La sensation de malaise ne se dissipait pas. Plus que jamais, Alissande avait le sentiment qu'une menace planait au-dessus d'elle.

— Parfait, dit-elle. Je reviendrai d'ici une heure vous donner de plus amples informations sur la cérémonie officielle qui doit avoir lieu cet après-midi.

Sur ces mots, elle quitta la chambre d'un pas rapide, sentant que, si elle ne partait pas maintenant, elle était susceptible de faire quelque chose qu'elle ne se pardonnerait jamais.

Car, en cet instant, elle n'avait qu'une envie : enfouir le visage entre ses mains et pleurer toutes les larmes de son corps.

Damien regarda la porte se refermer. Alors seulement, il s'autorisa à respirer librement.

Si sa foi avait résisté aux instruments de torture des inquisiteurs, il se serait sans doute jeté à genoux pour implorer Dieu de lui épargner cet ultime supplice, ou du moins de lui donner la force de le supporter avec stoïcisme.

Mais Dieu l'avait abandonné depuis longtemps ; il ne sentait plus Sa présence en lui. Et de même que lorsqu'il était face à ses tourmenteurs, il comprit qu'il serait seul pour endurer cette épreuve-ci.

Et quelle épreuve !

Il était tombé dans un véritable traquenard. Lié par la parole donnée, il ne pouvait plus se dédire. Mais comment faire fi du désir qui s'était réveillé en lui et le taraudait sans relâche depuis qu'il avait revu Alissande ?

Il tenta de se raisonner. Ces pulsions charnelles n'avaient rien que de très normal chez un homme qui avait longtemps vécu sans femme. C'était la nature qui s'exprimait, tout simplement. Il pouvait dompter ces élans primaires, comme il l'avait fait à l'époque où il était chevalier du Temple et avait fait vœu de chasteté. Il n'y avait aucune raison pour qu'il n'y arrive pas cette fois encore.

Sauf qu'il allait partager la chambre d'Alissande, se glisser dans le même *lit* qu'elle. La tentation serait infernale. Et comment supporter qu'elle compare sa pauvre carcasse couturée de cicatrices au corps glorieux du chevalier qu'il était naguère ?

Il n'était bien sûr pas question de prendre le risque de concevoir un enfant avec elle. Pas plus qu'il ne risquerait son cœur. Non, plus jamais il ne l'offrirait en pâture à aucune femme, et à celle-ci moins qu'à n'importe quelle autre. Cinq ans plus tôt, elle l'avait tenu entre ses mains, tout transi d'amour et palpitant. Et elle l'avait broyé sans la moindre pitié.

Avec un grondement de frustration, il se laissa tomber dans le fauteuil à dossier sculpté qui se dressait dans un angle de la chambre. Là, il s'efforça de tenir en bride le flot de ses pensées, mais des images torrides naissaient déjà dans son cerveau.

Un rire sec et désabusé s'échappa de sa gorge.

Sans doute avait-il commis une énorme erreur en exigeant de partager la couche d'Alissande. Pendant combien de temps trouverait-il la force de museler son désir ? Pendant combien de temps serait-il capable de jouer les chevaliers servants éperdus d'amour en public sans la faire sienne dans l'intimité ?

Il devait avoir perdu l'esprit !

« Dans quelle histoire insensée t'es-tu embarqué ? » scandait une petite voix moqueuse dans un recoin de son esprit.

Fermant les yeux, il se prit la tête entre les mains.

En toute bonne foi, il n'en avait pas la moindre idée.

4

Trois heures plus tard, Alissande arpentait la grande salle commune, feignant de superviser le travail des serviteurs qui s'activaient à dresser le couvert sur une vingtaine de tables, en prévision du banquet qui aurait lieu après la célébration religieuse.

Devant elle, un page déplia une longue nappe rectangulaire et la secoua avant de la draper sur une table. Une bouffée de lavande chatouilla les narines d'Alissande.

Elle était venue surveiller les préparatifs pour s'occuper l'esprit et éviter de penser à ce que Damien et elle s'apprêtaient à faire. Oublier que, bientôt, elle devrait poser la main sur son bras avant de rejoindre l'église du village.

Là, bien que la coutume veuille que les futurs époux prononcent leurs vœux sur le parvis, devant les villageois et les serviteurs réunis, ils entreraient et fermeraient les portes « afin de préserver leur intimité », serait-il expliqué.

Michel avait déjà raconté à qui voulait l'entendre que cette décision avait été prise afin de ménager Damien qui, après des années passées au service de l'ordre du Temple, avait besoin de méditer au calme et de se confesser avant de s'engager sur la voie du mariage.

Chacun semblait avoir accepté cette excuse. Alissande s'était donc retirée dans la chambre qui était la sienne jusqu'à la veille encore et, à la requête de sa mère, s'était préparée pour la cérémonie. Il fallait que tout ait l'air bien réel, jusque dans les moindres détails. Dame Blanche avait beaucoup insisté sur ce point. Aussi Alissande s'était-elle apprêtée avec grand soin. Elle avait pris un bain parfumé. On avait brossé ses longs cheveux sombres jusqu'à ce qu'ils brillent, puis on les avait coiffés avec art, y mêlant fleurs et épingles serties de pierreries.

Docile, elle avait ensuite passé la robe d'un rose délicat que sa mère avait sortie d'une malle. Elle avait posé bas sur ses hanches une ceinture dorée rebrodée de pierres précieuses qui s'harmonisaient avec le diadème dont était ceint son front.

Lorsqu'elle s'était mirée dans la psyché, elle était aussi élégante que n'importe quelle noble dame le jour de ses noces.

Une véritable mascarade, jouée à la perfection.

Du moins si Damien daignait se montrer.

— Cesse de t'agiter ainsi, Alissande, lui dit d'un ton de doux reproche sa mère, qui s'était approchée sans bruit. Tu vas attirer l'attention et provoquer des commentaires malvenus.

Alissande se sentit gagnée par une irritation qui n'était pas dirigée contre sa mère. Comme toujours, celle-ci la soutenait et lui prodiguait un amour sans réserve dans les moments difficiles. Non, c'étaient les ragots et les commentaires malveillants dès que l'on s'écartait du droit chemin qui l'exaspéraient. Toute sa vie elle avait dû s'en soucier et cela lui pesait.

— Ma chérie, murmura sa mère en lui caressant doucement la joue, je sais combien tout cela te coûte, mais essaye de voir le bon côté des choses. Une fois cette dernière formalité accomplie, tu n'auras plus rien à redouter de Hugues.

La gorge nouée, Alissande se contenta de hocher la tête. Surprise de voir sa fille si bouleversée, dame Blanche ajouta à voix basse :

— N'aie crainte, ma fille. Je sais que ce n'est qu'un répit, mais nous trouverons le moyen d'assurer définitivement ta protection, je te le promets.

À ces mots, l'émotion d'Alissande ne fit qu'augmenter. Sa mère était si bonne, si attentionnée ! Mais elle ne connaissait pas toute la vérité à propos de Damien, ni ce qui avait suivi avec Godfrey, ni même ce qu'elle ressentait en ce moment... parce qu'elle ne lui avait jamais dit. Dame Blanche en avait suffisamment deviné, mais sa fille n'avait pas voulu ajouter à son fardeau, même si elle savait qu'elle l'aimait d'un amour inconditionnel.

Lui saisissant la main, Alissande attira sa mère contre elle et déposa un baiser sur sa joue. Puis, cachant ses larmes derrière un sourire, elle répondit :

— Je vais bien, mère. Ne vous inquiétez pas. Quoi qu'il arrive, je vous promets d'être forte. Personne ne soupçonnera que nous ne sommes mari et femme que de nom.

Dame Blanche hocha la tête et, avec un soupir, étreignit sa fille. Alissande savoura ce contact et, les yeux clos, s'y abandonna un instant, y puisant l'énergie qui l'aiderait à affronter les événements à venir.

Mais soudain, elle sentit sa mère se raidir. Surprise, elle s'écarta.

— Que se passe-t-il ?

Dame Blanche, d'ordinaire si maîtresse d'elle-même, affichait une expression stupéfaite. Alissande pivota pour voir ce qui l'étonnait autant et son cœur manqua un battement.

Damien traversait la salle, se dirigeant vers elles. Il n'avait plus rien de l'homme qu'elle avait rencontré un peu plus tôt, vêtu de ses vêtements de voyage couverts de poussière. Non, l'homme qui s'avançait vers elle était d'une prestance à couper le souffle. Certes, il était, avait toujours été irréprochable physiquement, mais la tenue qu'il portait, et qui paraissait faite expressément pour lui, ajoutait à son allure. Elle était d'une élégance et d'un raffinement digne des nobles du plus haut rang.

Sa tunique brodée devait coûter l'équivalent de plusieurs mois de la solde d'un simple chevalier. C'était d'autant plus surprenant chez un ancien templier qui avait fait vœu de pauvreté et avait passé les neuf derniers mois en captivité. Qu'il ait pu s'offrir des vêtements aussi chers était une énigme qu'Alissande se promit de résoudre.

Elle était encore sous le choc quand il s'immobilisa devant elle, les sourcils légèrement froncés :

— Qu'y a-t-il ? Un souci ?

Elle secoua la tête.

— Non, pas du tout. C'est juste que… je vous avoue que je suis un peu déconcertée de vous voir porter des habits aussi magnifiques.

— Remerciez votre mère qui a eu la générosité de me les faire porter. N'est-ce pas, dame Blanche ?

Cette dernière avait trop l'habitude du monde pour se laisser prendre de court. Elle répliqua avec sa grâce et son aménité coutumières :

— En effet, messire Damien. Et vous pouvez considérer l'ensemble de cette garde-robe comme mon cadeau de mariage, en remerciement de l'aide que vous voulez bien apporter à ma fille. Vous me pardonnerez, je l'espère, d'avoir présumé de votre acceptation avant que vous ne nous l'accordiez de vive voix.

Damien inclina le buste avec une certaine raideur.

— Étant donné ma situation, je ne vous en ferai pas le reproche, madame. Au contraire, je vous sais gré de votre prévoyance. Veuillez accepter mes remerciements.

Le ton était sincère, indiscutablement. En voyant les joues de sa mère se colorer légèrement, Alissande se rappela comment Damien, souvent, réussissait à désarmer les plus vindicatifs par sa franchise. Apparemment, il n'avait pas changé sur ce point. C'était assez réconfortant.

Elle fut ramenée au présent comme il lui offrait son bras :

— Il est temps d'y aller, madame. Êtes-vous prête ?

Alissande acquiesça en silence, posa la main sur son bras et tenta de penser à tout sauf au contact de ses muscles durs sous ses doigts.

Une fois franchi le pont-levis, ils remontèrent le chemin qui serpentait à travers champ jusqu'au village. Sur leur passage, les serviteurs, les serfs, et les hommes, femmes et enfants nés libres cessaient leurs tâches respectives pour les regarder. Certains, de plus en plus nombreux, leur emboîtèrent le pas, et c'est bientôt toute une procession populaire qui chemina dans leur sillage.

Alissande avançait, tête haute, d'une démarche impériale, alors que cette parodie de mariage lui brisait le cœur. À son côté, Damien gardait le silence. L'observant à la dérobée, elle découvrit qu'il arborait la mine impénétrable qu'elle-même s'efforçait d'afficher.

Sous ses airs impavides, peut-être était-il aussi ému qu'elle, songea-t-elle. Mais dans ce cas, il se débrouillait pour donner le change bien mieux qu'elle qui, par deux fois déjà, avait trébuché sur le chemin. Chaque fois, il l'avait retenue pour l'empêcher de tomber, la mâchoire crispée, comme s'il luttait contre quelque émotion. De l'animosité, sans doute, supputa-t-elle. Car, même s'il avait finalement donné son accord à ce « mariage », il devait avoir le sentiment qu'on l'y avait plus ou moins contraint.

Ce n'était plus l'homme qu'elle avait aimé autrefois, se dit-elle. Non, l'étranger qui se tenait près d'elle n'était plus que l'ombre dure et sombre du chevalier resplendissant qu'il avait été. Cette pensée aida Alissande à ne pas flancher. Elle se cramponna à ses propres rancœurs, repoussant les sentiments dangereux qui s'infiltraient en elle afin de trouver la paix nécessaire pour aller jusqu'au bout de cette lamentable farce.

Après ce qui sembla une éternité, ils parvinrent en vue de l'église. Derrière eux, une véritable foule s'était amassée. Damien se tourna à demi et salua d'un imperceptible mouvement de tête les villageois qui criaient quelques vivats. Puis il entraîna Alissande à l'intérieur.

Sitôt passée la porte voûtée, la jeune femme chercha désespérément des visages familiers. Elle vit tout d'abord Michel, qui les attendait devant l'autel, puis frère Benedictus, qui se tenait à ses côtés.

Tous deux arboraient la mine solennelle de circonstance.

Alissande inspira l'air saturé de parfum – encens et cire d'abeille –, et eut l'impression que l'air frais de la petite église se refermait sur elle tel un suaire.

L'instant d'après, Damien lui prit le coude et, d'un mouvement inexorable, la guida jusqu'à l'autel. Puis les portes se refermèrent derrière eux, les séparant de la foule.

L'heure était venue de procéder à ce simulacre de cérémonie.

Damien n'en pouvait plus.

Depuis qu'ils avaient prononcé leurs vœux sans en penser un traître mot, la journée avait été de mal en pis.

Retranché dans un douloureux silence, il avait regardé Alissande s'agenouiller devant l'autel et se plonger dans la prière. Cette vision n'avait fait qu'exacerber la honte et l'amertume qu'il éprouvait malgré lui depuis qu'il avait perdu la foi.

Ben lui avait jeté un regard compatissant.

Quand le père Michel l'avait regardé en fronçant les sourcils, Damien avait compris qu'on lui demandait à son tour de s'agenouiller pour prier. Il avait refusé tout net. Il aurait tout le temps, durant les jours à venir, de jouer ce genre de comédie sous le regard des grands de la Cour.

En ressortant au grand air, il avait cru que le pire était passé. Il se trompait. La réalité sordide lui était apparue dans toute sa laideur. Ce simulacre de mariage faisait offense à la pureté des sentiments qu'il avait autrefois éprouvés pour Alissande. La blessure n'était pas cicatrisée et faisait encore plus mal qu'il ne l'avait craint.

Dire qu'il allait devoir se montrer amoureux et empressé à l'égard de la jeune femme, avoir des gestes tendres, lui chuchoter des mots doux comme l'aurait fait n'importe quel mari épris ! Il le faudrait bien s'il voulait persuader tout un chacun que ce mariage était un véritable acte d'amour et non un défi à l'autorité du roi.

Déjà, leur avait confié le père Michel, les hommes d'armes de Glenheim Castle se défiaient de ce templier surgi de nulle part qui, du jour au lendemain, était devenu leur seigneur. Pour se faire obéir, Damien devrait forcer leur respect, et ce ne serait pas chose aisée, avait prévenu le prêtre.

Puis l'heure du banquet était arrivée.

Depuis de longues heures déjà, ils étaient assis côte à côte, feignant un bonheur qu'ils étaient à cent lieues de ressentir.

Damien bouillait sur place.

C'était une forme d'agonie d'être si proche physiquement de cette femme qui lui avait jadis inspiré les plus ardents désirs ; cette femme qui se présenterait désormais comme la sienne, mais qu'il s'était interdit de toucher, alors que le souvenir de leurs étreintes brûlantes, des années auparavant, continuait de le tarauder.

Amer, il saisit son hanap qu'un serviteur venait de remplir de vin et le vida d'un trait, avant de faire signe à l'homme de le resservir.

Il lui semblait que tout, au cours des trois dernières heures, avait gagné en intensité. Il ressentait par toutes les fibres de son corps la proximité d'Alissande, son souffle, ses gestes, le frôlement de sa manche tandis qu'ils se restauraient.

À chaque mouvement, un parfum subtil et frais émanait de sa personne. Il n'avait pas oublié qu'elle appliquait chaque matin une goutte de parfum à la base de sa gorge, derrière chaque oreille... et à d'autres endroits plus secrets.

Cette pensée faillit causer sa perte. La fragrance délicate l'assaillait, le grisait, faisait bouillonner son sang dans ses veines. Hélas, il ne connaîtrait pas l'assouvissement du désir qui l'incendiait !

Il fut sauvé par les mondanités. Au bout d'un moment, l'on procéda à une litanie de présentations qui s'enchaînèrent rapidement, au point que les jeunes époux n'eurent bientôt plus que de rares occasions d'avaler quelques bouchées des mets succulents servis au festin.

Damien fit la connaissance de sir Reynald Fitzgibbon, le capitaine de la garde du château, ainsi que des soixante hommes qui étaient sous ses ordres. Aucun ne montra de signe d'irrespect, mais la méfiance était tangible.

Puis ce furent les commerçants du village qui le saluèrent avec une cordialité empreinte de circonspection. On lui présenta aussi la couturière et sa fille, un charretier, le meunier qui faisait la farine pour les habitants de Glenheim et ceux du village voisin, un tisserand, un charpentier, et le maréchal-ferrant.

Tout ce remue-ménage eut l'avantage de le distraire de ses sombres pensées, avant que, à l'initiative d'Alissande, ils quittent la table pour aller se mêler à la foule et recevoir les félicitations du petit peuple.

Éloigné physiquement d'Alissande, Damien ne put s'empêcher de la chercher du regard. Il épiait le moindre de ses gestes, tel un prédateur surveillant sa proie. Et lorsqu'il regagna enfin sa place, il préféra fixer le contenu rouge rubis de son verre plutôt que de laisser ses yeux s'égarer dans sa direction.

À sa grande consternation, ce fut son esprit qui s'égara de nouveau sur des chemins dangereux.

Non, décidément rien n'endiguait ce désir impérieux qui rugissait à l'intérieur de son corps. Il n'avait pourtant rien d'un jeune garçon impuissant face au déchaînement de ses sens ! Il avait de l'expérience, bon sang ! Pourtant il ne se souvenait pas d'avoir jamais rien vécu de tel.

— Damien ?

La voix de Ben l'arracha à ses ruminations.

— Quoi ? aboya-t-il, levant à peine les yeux avant de vider ce qui restait de son vin.

— Inutile de vous montrer désagréable, observa le franciscain. Ceci n'est pas de mon fait.

En guise de réponse, Damien le fusilla du regard. Impassible, Ben s'installa sur la chaise voisine et se pencha afin d'être entendu de lui seul.

— Je suis venu vous rappeler que le banquet prendra fin d'ici une heure. Or, pour le moment, vous n'avez manifesté que peu d'intérêt envers dame Alissande. Vous vous êtes contenté de rester assis auprès d'elle sans montrer le moindre signe d'affection. Certains l'ont remarqué et commencent à jaser. Il faut dire que l'alcool échauffe les esprits et délie les langues.

— Qu'ils aillent se faire pendre ! maugréa Damien, qui ressentait lui aussi les effets du vin qu'il avait ingurgité dans l'espoir de soulager sa misère physique. Alissande n'est *pas* ma femme ! Et pour l'heure, l'idée d'effusions publiques est plus que je ne puis le supporter.

D'un geste, il appela un domestique et lui désigna son hanap.

Ben reprit avec patience :

— Il serait sage que vous oubliiez votre hanap un moment, fassiez appel à cette détermination inébranlable qui vous a rendu si célèbre, et entriez dans le rôle de l'époux aimant que vous êtes censé être. Sinon notre plan volera en éclats.

Damien retint un grognement, tourna les yeux vers la table où festoyaient les hommes d'armes – *ses* hommes d'armes, se rappela-t-il –, en remarqua plusieurs qui l'observaient à la dérobée. Il nota des sourcils froncés, des expressions perplexes, et devina des commentaires chuchotés derrière des timbales.

Ben avait raison, le diable l'emporte ! Quelque chose couvait. Et si tous ces gens commençaient à se poser des questions, à douter de l'authenticité de leur union, il se devait de réagir.

Il avait fait une promesse, son honneur était en jeu.

Un poids énorme lui oppressa soudain la poitrine. Cela signifiait qu'il allait devoir embrasser Alissande devant tout le monde, en se montrant assez convaincant pour que personne n'ait le moindre doute quant à leur amour.

Par tous les diables !

— Fort bien, concéda-t-il. Mais ensuite j'irai directement dans ma chambre. Je n'en peux plus de cette comédie, et j'en ai assez de donner le change.

— Parfait, acquiesça Ben, manifestement excédé. Mais n'oubliez pas qu'il s'agit de votre nuit de noces et que vous devez emmener dame Alissande dans votre chambre.

Damien ne put retenir un juron. Il ferma les yeux, les rouvrit et chercha spontanément Alissande du regard. La même douleur, désormais familière, lui transperça la poitrine lorsqu'il l'aperçut, en train de discuter avec la femme du meunier.

Les flammes des torches accrochaient des reflets dans sa chevelure de nuit artistement tressée et teintaient de rose ses pommettes. Sa robe de soie mettait en valeur sa taille fine, sa poitrine ronde, ses hanches à la courbe si féminine.

Damien sentit ses paumes le picoter.

Comment diable allait-il se sortir de cette épreuve ? Il l'ignorait. Mais il n'avait pas le choix. Il avait promis de la protéger, et jamais il n'avait donné sa parole à la légère.

Il respira plusieurs fois, s'obligea à détendre ses muscles. Allons, se tança-t-il, il suffisait d'envisager ceci comme une bataille dans laquelle il serait sur le point de s'engager. Oui, c'était exactement ce qu'il fallait faire. Car, après tout, c'était une sorte de combat qu'il livrait, même si seuls son cœur et son âme étaient en jeu.

— Très bien, marmonna-t-il, finissons-en.

Il se leva, les yeux rivés sur cette femme à l'allure innocente qui, sans qu'elle le sache, s'apprêtait à être sa partenaire.

Alissande, qui discutait avec Matilda, l'épouse du meunier, nota qu'un changement subtil s'était opéré autour d'elle. Des murmures avaient commencé à courir parmi les villageois, hommes d'armes et invités réunis dans la grande salle commune.

D'instinct, elle se redressa.

Il lui fallut une seconde pour comprendre que cette accalmie était due à Damien qui venait de déplier sa haute silhouette.

Et qui la regardait.

L'inquiétude lui serra la poitrine. *Que se passait-il ?*

Il la fixait toujours et elle sentit ses joues s'empourprer. Une brusque chaleur lui embrasa le corps, sur laquelle elle n'avait aucune emprise. Dieu qu'il était beau ! Elle comprenait sans peine pourquoi on l'avait surnommé « l'Archange » autrefois, à la Cour.

Bien qu'amaigri par les privations, il avait conservé un corps musclé et des épaules d'une largeur impressionnante. Guerrier jusqu'au bout des ongles, il émanait de lui une sensualité presque inquiétante, et la détermination qu'on lisait dans son regard bleu était proprement fascinante.

Cet éclat, à la fois brûlant et glacé, qui promettait mille plaisirs interdits, la tétanisa. Elle sentit ses jambes flageoler, entendit vaguement les chuchotements admiratifs qui provenaient de l'assistance féminine.

Puis elle se rendit compte que ce regard était exactement celui qu'il posait sur elle cinq ans plus tôt. Un regard aussi caressant que ses mains sur son corps, mettant à jour tous ses secrets, la faisant fondre de l'intérieur et allumant un brasier au creux de son ventre. Un regard qui disait, sans la moindre ambiguïté, qu'elle était à lui et à lui seul.

Doux Jésus…

La voix profonde et grave de Damien s'éleva soudain :

— Il est temps pour nous de quitter cette agréable compagnie et de nous retirer, madame.

Il quitta la table et, l'air déterminé, se dirigea vers Alissande.

— Nous vous sommes à tous très reconnaissants d'avoir bien voulu nous honorer de votre présence en ce jour béni, toutefois mon endurance a des limites. Je ne puis attendre davantage pour honorer cette femme délicieuse que je viens d'épouser.

Alissande eut l'impression que le sol se dérobait sous elle. Pétrifiée, elle entendit les rires et les applaudissements des hommes, ainsi que les soupirs d'envie des femmes. C'était comme si elle avait été brusquement transportée dans un autre monde, un lieu qui n'existait que dans les ténèbres tourmentées de ses nuits. Dans son sommeil, elle s'était abandonnée à ce rêve merveilleux : Damien marchant vers elle pour l'emporter dans son antre. Mais alors qu'elle se trouvait confrontée à la réalité, elle était paralysée.

Damien ne lui laissa pas le temps de se reprendre. Il s'immobilisa devant elle. Alissande cilla. Il était si proche qu'elle aurait pu le toucher rien qu'en avançant la main, mais elle n'osait pas. Si c'était un rêve, Damien n'allait pas tarder à se volatiliser.

Mais non, il était bel et bien là, devant elle, en chair et en os.

Lentement, il glissa le bras autour de sa taille, puis l'attira contre lui. Un flot soudain de sensations arracha un petit cri à Alissande. Elle se raidit en sentant sa main se refermer sur sa nuque.

— Jouez le jeu, Alissande, je vous en prie, souffla-t-il.

Sa bouche fondit sur la sienne, l'écrasa, sa langue força le barrage de ses lèvres pour lui imposer un baiser dévorant, brûlant, passionné.

Sainte Mère de Dieu…

Le baiser de Damien fit voler en éclats la transe qui l'avait saisie ; ce fut comme si elle revenait à la vie. Arquée dans ses bras tel un souple roseau, elle lui rendit son baiser avec fougue, savourant la saveur épicée de sa bouche, buvant son souffle, grisée, éperdue…

C'était si bon de sentir de nouveau ces lèvres tant aimées sur les siennes ! Si bon, si bon…

Les sensations explosaient en elle.

Enfin Damien s'écarta, juste assez pour s'incliner et la soulever dans ses bras. Tandis qu'il l'emportait vers la sortie, les clameurs et les applaudissements emplirent la salle. Alissande les entendit à peine. Elle reprenait peu à peu pied dans la réalité et se rendait compte que Damien se dirigeait vers l'escalier pour gagner l'étage où était située leur chambre.

Leur chambre.

— Damien… ? murmura-t-elle d'une voix rauque.

Son regard acéré la réduisit au silence. Elle comprit alors que la scène torride qui venait d'avoir lieu devant tous ces gens n'était qu'une comédie de plus. Bien sûr ! Damien prenait son rôle à cœur, mais n'était-ce pas ce qui lui avait été demandé ? Elle n'allait pas lui reprocher son hypocrisie.

Parvenu dans la chambre, il renvoya sans tarder les servantes qui avaient commencé d'allumer les bougies. Leurs flammes tremblotantes éclairaient d'une lumière orangée les vitraux des fenêtres, la table et la chaise placées près de la cheminée, et le grand lit à baldaquin aux tentures tirées.

La lourde porte en bois se referma derrière eux dans un bruit sourd. Ils étaient désormais seuls dans la chambre silencieuse.

5

Damien reposa doucement Alissande sur le sol, avant de s'écarter en hâte. Il avait le sang en ébullition depuis qu'il l'avait embrassée.

Sa bouche lui avait paru si délicieuse après toutes ces années ! Et ces petits bruits émouvants qu'elle avait fait entendre tandis qu'il l'embrassait devant tous ces gens…

Sentir son corps pressé contre le sien lui avait donné envie de la posséder sur-le-champ, de retrouver les sensations merveilleuses partagées il y a si longtemps.

Oh Seigneur, pitié !

Il fallait mettre un terme à cette folie. Tout de suite.

Il se dirigea vers l'une des rares fenêtres à n'être pas ornée de vitraux et ouvrit le volet, laissant pénétrer une fraîche brise d'été. Puis il demeura là, immobile, à respirer profondément dans l'espoir de recouvrer son sang-froid.

Un bruit de pas légers s'éleva dans son dos. Alissande s'était rapprochée de la cheminée. Au bout d'un moment, il se rendit compte qu'elle vaquait aux tâches qui incombaient normalement aux domestiques qu'il avait renvoyés.

Elle alluma plusieurs chandelles. Comme dans la plupart des autres pièces du château, il y en avait partout, sur les meubles et dans des bougeoirs fixés aux murs.

Bientôt, la pénombre de la chambre fut chassée par des dizaines de petites flammes qui soulignaient le mouvement gracieux de l'ombre d'Alissande sur le mur.

Le silence régnait dans la pièce. Damien, le dos toujours tourné, s'efforçait de se concentrer sur le paysage nocturne, les créneaux de pierre qui se dessinaient sur le ciel d'ardoise, le chant de la brise qui murmurait à son oreille, quand un petit cliquetis attira son attention. Sans réfléchir, il tourna la tête, et le regretta aussitôt.

Alissande était en train de libérer ses longs cheveux d'ébène après avoir ôté son diadème. Les bras levés, elle enlevait une à une les épingles précieuses qui maintenaient ses lourdes tresses.

Bientôt, les boucles soyeuses cascadèrent sur ses épaules et jusqu'à sa taille menue.

Elle avait une chevelure magnifique.

Il voulut détourner le regard, mais, fasciné, n'y parvint pas. Heureusement, elle s'était assise loin de lui, sur un banc placé devant l'un de ces larges coffres de bois qui, quand on ne voyageait pas, servaient de table d'appoint. Damien sentit le souffle lui manquer comme un souvenir jailli du tréfonds de sa mémoire lui revenait. En une seconde, il fut transporté en d'autres temps, en d'autres lieux...

Il enfouissait les mains dans les mèches épaisses, lui renversait doucement la tête pour exposer sa gorge d'une blancheur d'ivoire où palpitait une petite veine bleutée... Il déposait une pluie de baisers sur ce cou de cygne, puis plus bas, dans la vallée qui se creusait entre ses seins...

Il faillit s'étrangler et, malgré lui, émit un son étrange qui fit tressaillir Alissande. Surprise, elle se tourna dans sa direction.

La veille, lors de leurs retrouvailles, il avait été frappé par son expression d'intense vulnérabilité. Ce soir, celle-ci s'était muée en un masque impassible. Seuls les immenses yeux violets trahissaient un trouble qu'en dépit de tous ses efforts, elle ne parvenait pas à dissimuler.

Mais sa voix ne tremblait pas lorsqu'elle demanda le plus naturellement du monde :

— Voulez-vous aller au lit, à présent ?

Quoique interloqué, Damien parvint à se ressaisir et haussa un sourcil. Elle s'empourpra légèrement et il sentit qu'elle luttait pour ne pas détourner les yeux.

— Je ne faisais que référence à nos arrangements pour la nuit, précisa-t-elle. En tant que seigneur de Glenheim, vous avez le droit de dormir dans ce lit. C'est le vôtre.

— Et vous ?

— Ce sera selon votre bon plaisir.

Elle le fixait sans ciller, et il ne put s'empêcher d'admirer la maîtrise dont elle faisait preuve. Si cet instant lui était aussi pénible qu'à lui, alors elle était une véritable force de la nature.

— Le bon plaisir et la nécessité empruntent souvent des chemins différents, Alissande.

Une petite fêlure apparut dans sa carapace quand elle crispa ses longs doigts fins dans son giron. Mais son regard ne vacillait toujours pas. Il comprit qu'il ne pouvait pas, ne voulait pas continuer cette passe d'armes avec elle. Trop de choses s'étaient déjà produites et il se sentait encore trop à vif.

— Ce lit semble suffisamment vaste pour nous accueillir tous deux sans que nous faillissions à notre accord, reprit-il. Toutefois, je crois pouvoir dire que, ce soir, le sommeil s'obstinera à me fuir. Vous pouvez donc vous coucher seule.

— Comme il vous plaira.

Cette apparente soumission l'alerta. Comment, aucune discussion, aucune objection ? Un peu dérouté, il proposa avec une certaine maladresse :

— Si vous souhaitez un peu d'intimité afin de vous préparer pour la nuit, je vais me tourner et attendre que vous soyez couchée.

— Dans ce cas, vous allez devoir attendre très longtemps.

— Vraiment ? Pourquoi ? demanda-t-il, désarçonné.

— Parce que je suis incapable de me déshabiller seule, répondit-elle d'un ton égal.

Et elle pivota pour lui montrer le lacet et la vingtaine de minuscules boutons brodés qui fermaient sa robe.

— Hum… Comment procédez-vous d'ordinaire ? s'enquit-il avec gaucherie.

— Une servante m'aide. Mais vous les avez toutes renvoyées, vous vous souvenez ?

Elle dardait de nouveau son regard violet sur lui et, s'il n'avait été si épuisé, il aurait juré y voir danser une flamme de défi.

Elle le *provoquait*, par tous les saints !

— Eh bien, il va falloir en rappeler une, rétorqua-t-il.

Il se refusait absolument à envisager l'alternative.

C'était hors de question.

Alissande se contenta de le dévisager en silence. Mais son regard était éloquent, et ce qu'il y lut titilla sa fierté masculine. Mal à l'aise, il grogna :

— Quoi ?

Elle ouvrit la bouche, comme si elle s'apprêtait à dire quelque chose, puis parut se raviser. Revêtant son horripilant masque d'impassibilité, elle haussa imperceptiblement les épaules.

— Comme il vous plaira.

— Cessez de dire cela !

Elle pinça les lèvres, mais n'ajouta rien. Il réprima un soupir agacé.

— Qu'étiez-vous sur le point de me dire ?

— J'allais juste faire remarquer que vous devriez songer à l'impression que vous donnerez.

— Expliquez-vous.

— C'est censé être notre nuit de noces, et voilà qu'après avoir renvoyé les domestiques, il apparaît que, finalement, vous n'êtes pas capable de déshabiller vous-même votre nouvelle épousée.

Elle laissa passer quelques secondes avant de poursuivre d'un ton coupant qui démentait son expression impavide :

— Nul doute que la nouvelle va se répandre dans tout le château. Soit les habitants de Glenheim penseront que vous êtes particulièrement empoté… soit ils comprendront que vous avez joué la comédie en m'embrassant fougueusement devant tout le monde tout à l'heure.

Enfer et damnation !

Damien se renfrogna. Elle avait raison, bien entendu. Furieux, il la foudroya du regard, espérant l'intimider et lui faire mesurer quels risques elle prenait si elle s'entêtait dans cette voie. Mais Alissande ne broncha pas.

Très bien. Il n'était pas homme à reculer devant un défi.

Serrant les poings, il grommela :

— Tournez-vous.

Elle écarquilla imperceptiblement les yeux, mais obtempéra, quoique avec une certaine raideur.

Ah ! Était-il possible que cette femme, qui semblait s'être transformée en statue de marbre depuis qu'ils étaient entrés dans cette chambre, éprouvât finalement des émotions, des sentiments, et peut-être un désir comparables à ce que lui ressentait ?

Cette idée lui procura une satisfaction teintée d'amertume qui le soutint dans la tâche qu'il s'apprêtait à accomplir. Il lui fallut pourtant, lui sembla-t-il, une bonne minute avant qu'il ne parvienne à se dominer suffisamment pour s'approcher et écarter les glorieuses boucles noires afin de révéler le lacet qui fermait la robe. Aussitôt, un parfum léger monta jusqu'à lui. Ses doigts tremblèrent. Il ferma le poing, le rouvrit, puis se contraignit à dénouer le lacet avant de s'attaquer aux premiers boutons.

— Quelque chose ne va pas ?

Elle avait à demi tourné la tête. Il éprouva soudain l'envie folle, irrésistible de poser les lèvres à la jonction entre le cou et l'épaule. Et dut faire appel à toute sa volonté pour ne pas céder à la tentation.

De nouveau, les souvenirs affluèrent : elle aimait tant qu'il l'embrasse à cet endroit en lui chuchotant des mots doux... Cambrée, elle s'appuyait contre lui et, les yeux mi-clos, savourait ses baisers avant de tourner enfin la tête pour chercher sa bouche avec gourmandise.

« Mon Dieu, ayez pitié de moi ! » supplia-t-il, au désespoir.

— Ne bougez pas, lui intima-t-il.

Il déglutit, ferma les yeux en essayant de penser à tout autre chose... Au sang et à la sueur au cœur de la bataille, à la monotonie de l'entraînement militaire, aux cliquetis répétitifs de l'acier contre l'acier, à la sensation oppressante qui saisissait le soldat sous sa lourde armure, par un jour d'été...

Il rouvrit les yeux. Ses doigts tâtonnaient maladroitement, dérapaient sur les boutons et, en dépit de ses efforts pour procéder le plus promptement possible, il mit un temps fou à achever ce qu'il avait commencé et faillit arracher les trois derniers boutons.

— Voilà, c'est fait, annonça-t-il enfin, soulagé.

Elle tourna de nouveau la tête vers lui.

— Merci.

Damien s'inclina avec raideur avant de retourner près de la fenêtre. Là, le dos tourné il feignit d'ignorer les bruissements soyeux, feignit de ne pas penser à ce que les vêtements qui tombaient un à un devaient révéler...

C'était presque insupportable. Pas au point, cependant, de s'interdire de regarder l'ombre qui se mouvait sur le mur et dessinait très nettement une silhouette féminine. Il se maudit pour son manque de volonté. Il ne voulait rien avoir affaire avec cette femme ! Elle l'avait trahi et avait bien failli le détruire. Et, aujourd'hui, elle se servait de lui pour déjouer les projets de l'infâme Hugues de Valles.

Pourtant, il ne pouvait s'empêcher de la désirer.

Sur le mur, la silhouette leva les bras pour retirer sa camisole. Puis elle fut aussi nue qu'Ève l'avait été avant de goûter à la pomme.

Comme elle se tournait légèrement, il entrevit le contour d'un sein à la pointe arrogante. Sa bouche s'asséchа d'un coup. Il jura en silence, se força à détourner les yeux.

Quel imbécile il avait été de ne pas songer à ce détail ! Bien sûr qu'elle dormait nue. Personne n'enfilait de vêtements de nuit au cœur de l'été. C'était une de ces libertés qu'il avait regrettées au temps où il servait l'ordre du Temple, car les chevaliers étaient tenus de rester vêtus en toutes circonstances, que ce soit pour dormir ou même pour prendre un bain.

Si seulement ces préceptes rigides pouvaient s'appliquer ici et maintenant, à Alissande !

Alors même qu'il gardait les yeux obstinément fixés droit devant lui, l'image du corps nu de la jeune femme demeurait gravée dans son cerveau.

Dès qu'il l'entendit tirer les tentures du baldaquin, il sut qu'il pouvait se retourner. Il hésita pourtant. Son désir et sa colère n'étaient pas encore apaisés, ce n'était pas prudent. Il était bien capable de commettre une folie, en dépit de ses résolutions, en dépit de leur maudit accord...

Il laissa échapper un soupir. Il aurait voulu que cette nuit passe à la vitesse de l'éclair, mais il savait que ce serait sans doute le contraire qui se produirait : les heures allaient s'étirer, interminables. Et il attendrait, rongé par le désir, que l'aube vienne enfin le délivrer de cette torture qu'il s'était imposée de son plein gré.

Allongée sur le flanc, Alissande tournait le dos à la fenêtre devant laquelle Damien se tenait toujours.

Son cœur battait mais, pour la première fois depuis que Michel lui avait soumis cette idée choquante de mariage par procuration, il semblait battre à un rythme différent, comme si désormais chaque pulsation avait une raison d'être.

Il était maintenant indéniable que le feu continuait de couver sous la cendre entre Damien et elle, brûlant, dangereux.

Elle l'avait perçu dans son baiser, dans la façon dont il l'avait touchée. Elle l'avait vu dans ses yeux quand elle l'avait mis au défi de l'aider à se dévêtir. Oh, il s'en défendait et cherchait à le cacher, mais elle n'était pas dupe !

Dans un premier temps, cette découverte l'avait stupéfaite. Et tandis qu'il l'emportait vers la chambre, elle s'était mise à vibrer de passion. Mais ensuite, il s'était détourné d'elle, et son attitude hostile et distante l'avait mortifiée.

Très vite, cependant, elle avait compris. Compris qu'il brûlait de passion pour *elle*. Oh, bien sûr, il ne l'admettrait jamais – peut-être ne le pouvait-il tout simplement pas –, mais elle le savait désormais, et cela lui procurait un étrange sentiment de puissance.

Qu'allait-elle faire de ce pouvoir tout neuf qu'elle venait de se découvrir ? Elle l'ignorait encore. Une partie d'elle-même aspirait toujours à la sérénité du couvent, loin du bruit et de la fureur du monde, des hommes brutaux et des intrigues de Cour… mais une autre femme en elle, conquérante, coquette, mourait envie d'attiser la flamme du désir jusqu'à ce que la passion les consume, et que Damien ne puisse plus la nier.

Quoi qu'il en soit, il était trop tôt pour échafauder un plan. Savoir qu'elle avait une sorte d'emprise sur lui si l'envie lui en prenait de s'en servir lui suffisait.

Oui, pour l'instant, cela lui suffisait.

Alissande ferma les yeux. La nuit promettait d'être longue, elle devait essayer de se reposer. Qui sait ? avec un peu de chance, elle sombrerait dans un sommeil paisible et dénué de rêves…

Juste avant l'aube, un bruit inhabituel réveilla Alissande.

Encore à demi endormie, elle cligna des yeux, remarqua machinalement que les chandelles s'étaient éteintes.

Se redressant, elle écarta la tenture et jeta un coup d'œil dans la pièce plongée dans la pénombre.

Elle ne distingua rien de précis, mais entendit de nouveau ce bruit bizarre, guttural, qui ressemblait presque à un grognement. Un frisson de crainte la parcourut. Elle n'avait jamais entendu un tel son auparavant.

À travers les tentures du baldaquin, côté fenêtre, elle nota que la luminosité était plus forte. Damien n'avait donc pas refermé le volet.

Faisant taire son appréhension, Alissande se pencha pour écarter l'autre rideau. En effet, la croisée découpait dans le mur un rectangle couleur de plomb dans lequel s'encadrait un croissant de lune. Les rayons d'argent pâle baignaient la chambre d'une lumière un peu irréelle.

Puis elle le vit.

Damien. Recroquevillé sur le flanc, à même le sol sous la fenêtre, les poings serrés.

Comme le bruit se manifestait de nouveau, Alissande comprit qu'il provenait de lui. Il dormait, mais remuait de temps en temps, le corps visiblement tendu. Tout à coup, l'un de ses bras battit l'air. Son poing s'écrasa sur le plancher dans un craquement sonore à réveiller un mort. Il demeura pourtant plongé dans un sommeil agité, ponctué de grondements et de gémissements si plaintifs qu'Alissande en eut la chair de poule.

Que diable lui arrivait-il ?

Partagée entre l'inquiétude et une réticence compréhensible, elle attendit une minute avant de se décider à sortir du lit.

Le drap enroulé autour d'elle chuinta doucement sur le plancher tandis qu'elle s'approchait de Damien sur la pointe des pieds. Elle se pencha, tenta de discerner ses traits dans la pénombre.

Il avait les yeux fermés. Mais alors qu'elle s'apprêtait à s'agenouiller près de lui, il eut un violent sursaut et elle se rejeta en arrière, le cœur battant la chamade.

— Nooon !

Le cri avait jailli de ses lèvres, rauque, farouche, alors même qu'il était évident qu'il devait être la proie de quelque terrible cauchemar.

Avait-il pris froid durant le voyage jusqu'à Glenheim ? Il n'était pas rare que les voyageurs tombent malades et meurt d'une fièvre pernicieuse si celle-ci n'était pas traitée avec les herbes et remèdes appropriés.

Il n'y avait qu'un moyen de savoir si la température de Damien s'était élevée durant la nuit.

La main plaquée sur la poitrine pour maintenir en place le drap qui dissimulait sa nudité, Alissande s'agenouilla près de lui et tendit la main vers son front. Il avait roulé sur le dos, à présent, mais continuait de s'agiter, et son souffle était laborieux.

Son front était frais, quoique perlé de gouttelettes de transpiration. Non, il n'avait pas la fièvre.

Soulagée, elle s'assit sur ses talons et le considéra avec perplexité. S'il n'avait pas la fièvre, de quoi souffrait-il ?

À cet instant, Damien replia vivement le bras sur sa figure, comme pour se protéger des coups d'un adversaire invisible.

— Non… arrêtez… je ne… parlerai pas… jamais…

Sa voix était rauque, éraillée, si poignante qu'Alissande en eut les larmes aux yeux. Au même moment, dans la clarté grandissante de l'aurore, son regard se posa sur l'échancrure de sa chemise de lin dont les pans s'étaient écartés.

Elle porta la main à sa bouche pour étouffer un cri.

D'horribles cicatrices barraient la poitrine de Damien, d'épais bourrelets de chair rosâtre formant un dessin quasi géométrique sur le thorax, l'abdomen, et sans doute plus bas, sous les braies. Le résultat de lacérations et de brûlures infligées par les inquisiteurs, comprit-elle.

Quelle créature malfaisante fallait-il être pour infliger volontairement de telles atrocités à un homme…

Damien se recroquevilla soudain, bras croisés, en gémissant, et les cicatrices disparurent de la vue d'Alissande. Elle demeura cependant saisie d'horreur, la gorge tellement nouée qu'elle ne parvenait plus à avaler, à peine à respirer.

Il lui fallut du temps pour se remettre du choc éprouvé. Des images abominables défilaient dans son esprit. Elle voyait Damien livré aux bourreaux, se tordant dans ses chaînes, impuissant, les membres écartelés par le chevalet… Elle entendait ses hurlements, sentait presque l'odeur de la chair brûlée qui grésillait contre le fer chauffé à blanc…

Elle en avait la nausée.

Enfin, elle posa de nouveau la main sur le front de Damien et, d'une voix douce, lui parla pour tâcher de le calmer et de l'arracher aux ténèbres de son cauchemar.

Lentement, la tension qui lui rigidifiait les muscles parut se relâcher. Il cessa de s'agiter en tous sens, et ses traits se détendirent, hormis un petit froncement de sourcils.

Puis soudain, il inspira brusquement, deux fois, avant d'exhaler un long soupir.

— Alissande…

Elle se figea.

— Mon Alissande… souffla-t-il de nouveau, une note pressante dans la voix.

Et tout à coup, il lui agrippa la main. Elle voulut se redresser. Trop tard. Déséquilibrée, elle bascula sur lui.

Avant qu'elle ait le temps de réagir, il referma sur elle ses bras puissants, la saisit aux hanches et la souleva pour la poser à califourchon sur lui.

Alissande poussa un cri étouffé. Dans cette posture, son intimité était en contact presque direct avec sa virilité. Seul les séparait le tissu léger de ses braies. Il arqua le bassin et pressa contre elle son sexe rigide. Le frottement sur la partie la plus sensible de son anatomie arracha à Alissande une plainte qui s'acheva en gémissement lorsque Damien, la main glissée derrière sa nuque, se tendit vers elle pour capturer sa bouche dans un baiser vorace.

Le drap avait glissé depuis longtemps. Ses seins s'écrasaient sur son torse musclé, son ventre était pressé contre son abdomen noueux.

Sans cesser de l'embrasser, il se mit à remuer les hanches, dans un mouvement immémorial…

Oh Seigneur !

C'était si bon… si bon qu'elle ne pouvait se résoudre à l'arrêter. Et pourtant c'était mal de prendre tant de plaisir avec un homme à demi nu qui ne savait même pas ce qu'il faisait. Doux Jésus, elle devait se ressaisir avant qu'il ne se réveille !

Au prix d'un effort suprême, elle plaqua les mains sur ses épaules pour tenter de s'écarter.

— Damien, je vous en prie ! chuchota-t-elle, éperdue, en s'arrachant à ses lèvres.

Il ouvrit les yeux d'un coup, et se redressa si vivement qu'Alissande se retrouva assise par terre dans une position fort peu digne.

Fébrile, elle récupéra son drap et s'en couvrit tant bien que mal.

— Que faites-vous ? demanda-t-il d'un ton sec.

— *Moi* ? s'exclama-t-elle, outrée. Je fais *rien*, messire ! C'est *vous* qui êtes la cause de tout cela, je vous assure !

Il ne répondit pas tout de suite, s'adossa au mur et se frotta les yeux et le front.

Si son esprit n'avait pas gardé le souvenir de ce qui venait de se passer entre eux, ce n'était pas le cas de son corps, qui s'enorgueillissait encore d'une glorieuse érection. Quant au regard brûlant dont il la parcourut, il en disait long sur ce qu'il ressentait.

Un petit frisson la secoua.

— Pourquoi avez-vous quitté votre lit ? demanda-t-il.

— Je croyais que vous étiez malade, s'entendit-elle répondre. J'ai voulu vérifier si vous aviez de la fièvre et… et je suis tombée, j'ai perdu l'équilibre…

Ses joues la brûlaient. Elle n'aimait pas mentir, mais elle n'allait pas lui avouer qu'elle n'avait pu s'empêcher de lui caresser le front pour chasser les démons qui le tourmentaient dans son sommeil ; qu'elle avait été émue aux larmes en découvrant les stigmates qui marquaient son corps. À ce souvenir, elle ne put s'empêcher de jeter un coup d'œil aux cicatrices qui apparaissaient dans l'ouverture de sa chemise.

Il s'en aperçut et se figea, avant de rabattre vivement les pans de sa chemise sur son torse.

Le cœur d'Alissande se serra, et elle se surprit à murmurer :

— Damien, je suis désolée que vous ayez tant souffert.

Il garda le silence. Son expression disait suffisamment qu'il était incapable de se remémorer de manière détachée ce qu'il avait enduré, encore moins d'en parler.

Finalement, il se mit debout, se tourna à demi pour nouer le lien qui fermait sa chemise, puis répondit à mi-voix :

— Tout cela est terminé, à présent. Et, Dieu merci, l'aube arrive enfin ! ajouta-t-il en pivotant vers la fenêtre. Je vais vous laisser, madame. Si je croise un serviteur, il ne trouvera pas curieux que je quitte la chambre nuptiale à cette heure.

— La messe du matin ne commencera pas avant une heure, lui rappela-t-elle en se levant à son tour. Ne préférez-vous pas attendre ce moment ?

— Non.

Le ton était sans réplique.

Comme il lui faisait de nouveau face, Alissande l'étudia un instant, puis décida que, s'ils voulaient que les six prochains mois se déroulent à peu près bien, elle avait tout intérêt à en apprendre davantage sur cet étranger à qui elle avait autrefois donné son cœur.

— J'ai remarqué que vous n'avez pas fait de génuflexion quand nous sommes entrés dans l'église, hier. Et plus tard, vous avez refusé de prier.

— C'est vrai, acquiesça-t-il, laconique.

— Pourquoi ?

Cette question directe le prit au dépourvu. Une émotion fugace assombrit son visage avant qu'il n'arbore de nouveau son masque impénétrable. Alissande se sentit presque indiscrète d'avoir posé une telle question. Mais le sujet était trop important pour qu'elle l'abandonne.

— Quand nous nous sommes connus, il n'était pas question que vous entriez dans une église sans vous agenouiller, insista-t-elle. Vous y êtes-vous refusé hier pour ne pas paraître donner votre aval à cette parodie de mariage ?

Il eut un sourire amer.

— Non... Bien que cette raison en vaille une autre, si elle vous convient.

Qu'il prenne sa question à la légère agaça Alissande.

— Je trouve cela d'autant plus étrange que je me suis laissé dire que l'ordre du Temple exigeait de ses chevaliers qu'ils prient régulièrement au cours de la journée. Bien sûr, je puis me tromper. On m'aura peut-être mal renseignée. Ou peut-être vos règles se sont-elles assouplies ? On parle beaucoup du déclin du Temple, ajouta-t-elle pour l'obliger à réagir.

Elle atteignit son but. Il répliqua durement :

— Nos règles ne se sont pas assouplies ! La cause des Templiers est noble, et j'ai promis de mon plein gré d'obéir à tous leurs préceptes, sans exception. J'ai même juré de donner ma vie s'il le fallait !

Il s'interrompit quelques secondes, détourna les yeux. Lorsqu'il la regarda de nouveau, la douleur infinie qu'elle lut dans son regard lui serra le cœur.

— Vous souvenez-vous de mon frère Alexandre ?

Comment l'oublier ? songea Alissande. À l'époque où tous vivaient à la Cour, un scandale retentissant avait éclaté, impliquant Alexandre et Marguerite, la fille du comte de Welton. Le souvenir de cette affaire, de ce qui s'était passé ensuite et du prix que Damien et elle avaient dû payer lui était encore douloureux.

Mais elle n'allait pas le dire à Damien. Aussi se contenta-t-elle de hocher la tête et de répondre doucement :

— Bien sûr que je m'en souviens. Alexandre a rejoint l'ordre du Temple un peu avant vous.

— Nous avons servi ensemble durant cinq ans, jusqu'à cette nuit où nous avons tous été arrêtés en France. En prison, on nous a séparés au bout de quelques jours. Je me suis évidemment rongé les sangs à son sujet, et les inquisiteurs s'en sont servis contre moi. Pour m'obliger à trahir les miens, ils se plaisaient à me raconter les mille et un supplices que subissait mon frère. Jusqu'au jour où... ils m'ont raconté par le menu comment ils lui avaient volé sa vie.

La voix de Damien s'était brisée. Il reprit avec effort :

— Il est mort seul, Alissande, *abandonné de tous*, comme tous les Templiers retenus en captivité. Nous avons été envoyés en enfer par ceux-là mêmes pour qui nous nous étions battus et avions versé notre sang.

Alissande luttait contre les larmes qui lui brûlaient les yeux. Son émotion était telle qu'elle était incapable d'articuler un mot.

— Alexandre a perdu la vie parce qu'il croyait en Dieu et voulait répandre Sa parole sur terre. J'ai survécu, mais ce en quoi je croyais est bel et bien mort. J'ai compris que la cause du Temple ne pouvait plus être la mienne ; que j'avais perdu la foi... comme à peu près tout le reste, acheva-t-il en levant les yeux sur Alissande. Voilà pourquoi je n'ai pas prié hier. Pourquoi je ne prierai plus jamais.

— Je comprends.

— Non, vous ne comprenez pas, objecta-t-il avec calme. Vous ne pouvez pas comprendre. Et pour l'heure, je ne puis rien vous offrir de plus. Peut-être n'en serai-je jamais capable, d'ailleurs ? Mais vous n'avez pas à vous inquiéter. Je saurai me conduire en public. Je vous accompagnerai à la messe chaque matin, pendant les six prochains mois, et je participerai à tous les rites... excepté celui de la communion.

Alissande retint son souffle. La captivité et la torture avaient laissé des traces indélébiles sur Damien. Il resterait marqué à jamais, elle pouvait le concevoir. Mais, même s'il se trouvait aujourd'hui sur le sol anglais, attirer l'attention sur lui en défiant l'autorité de l'Église pouvait se révéler dangereux.

— Cela ne saurait passer inaperçu, Damien. Comment l'expliquerez-vous ? le questionna-t-elle avec tact.

— Je ne compte pas me justifier. Si besoin est, votre cousin n'aura qu'à dire aux curieux que l'absolution qui m'a été accordée est assortie d'une interdiction de communier, en guise de pénitence.

— Mais Damien...

Il ne l'écoutait plus. Ayant récupéré sa tunique, il alla ouvrir la grande armoire à l'autre bout de la pièce pour en retirer des vêtements propres.

— Je vais prendre un bain, puis me rendre aux écuries, annonça-t-il. Je voudrais vérifier que l'on s'est bien occupé de ma monture, puis je rencontrerai les hommes d'armes qui sont désormais sous mes ordres. D'ici une heure, je serai à vos côtés dans la chapelle.

Alissande acquiesça sans mot dire.

Damien la salua d'un bref signe de tête, s'empara de la besace en cuir qu'il avait apportée avec lui et quitta la chambre, laissant une Alissande déconcertée et songeuse, s'efforçant de trouver un sens à ce qu'elle venait de découvrir sur cet homme énigmatique et tourmenté dont elle avait été si proche autrefois.

6

Damien aurait préféré s'entraîner soixante-dix fois soixante-dix heures sous le soleil ardent de Chypre plutôt que d'endurer les deux semaines qu'il venait de passer en tant que seigneur de Glenheim Castle.

La frustration était devenue une compagne de tous les instants, et il avait dû faire face à des problèmes auxquels il se sentait terriblement peu préparé. Néanmoins, il ne pouvait nier que certaines des choses qu'il avait accomplies en valaient la peine. Il s'était installé dans une sorte de routine journalière et avait commencé à forger une relation de travail avec Fitzgibbon, le capitaine des gardes. Il avait aussi fait la connaissance des autres serviteurs et de ceux – gardes et villageois – qui n'avaient pu assister au festin de noces. Puis, après avoir longtemps atermoyé, il s'était résolu à aller trouver Edgar Charmand, l'intendant du château, un homme tranquille et cultivé.

Damien avait redouté le moment où il serait obligé de se plonger dans les livres de comptes. Il savait qu'en tant que maître du château, il lui incombait de passer en revue les dépenses, de donner des ordres concernant ce qui devait être vendu ou acheté, et d'assumer le rôle de juge face aux plaignants qui viendraient lui exposer le litige qui les opposait.

Des années passées à servir l'ordre du Temple avaient fait de lui un homme avisé, capable d'assumer ses responsabilités et de prendre des décisions importantes. Mais il lui manquait les connaissances essentielles qui auraient rendu supportable son travail auprès de l'intendant ; des connaissances qui étaient en général l'apanage des aristocrates et des membres supérieurs du clergé. En effet, comme la plupart des simples chevaliers de base extraction, Damien n'avait jamais appris à lire et à écrire.

Edgar s'était montré d'une infinie patience avec lui si bien que Damien se sentait à présent plus à l'aise avec les chiffres. Mais il n'empêche que sa première séance de travail avec l'intendant s'était révélée pour le moins humiliante.

Mais le plus difficile n'était pas là. Non. Le plus difficile, c'était, et de loin, de côtoyer Alissande journellement. Il ne lui avait pas fallu longtemps pour s'apercevoir que sa proximité était un tourment sensuel inouï. Sa seule présence dans la chambre suffisait à le déconcentrer. Ses mouvements gracieux, son parfum raffiné, le son de sa voix même… tout le mettait en feu.

Et la nuit, c'était l'enfer.

La nuit apportait son cortège d'épreuves et de défis. Du temps où il était templier, il redoutait déjà plus ou moins le soir. Car c'était à la tombée de la nuit que ressurgissaient les pensées interdites qu'il était parvenu à contenir durant la journée. Mais ce qu'il endurait depuis qu'il était à Glenheim surpassait tout ce qu'il avait connu jadis.

Il s'était résolu à dormir dans le lit au côté d'Alissande quand il s'était rendu compte que passer la nuit roulé en boule sur le plancher avait tendance à déclencher les cauchemars terribles qui le ramenaient dans les griffes des inquisiteurs.

Pourtant, lorsqu'il était allongé dans le noir, il se sentait comme un homme assoiffé à qui l'on aurait interdit de boire une seule goutte d'eau ; ou encore comme un homme soumis à la brûlure du feu sans pouvoir s'en écarter.

La passion le consumait et faisait naître dans son esprit des images dont il ne parvenait pas à se débarrasser. Cette femme l'avait rejeté avec mépris cinq ans plus tôt. Son esprit le savait, mais son corps n'en avait cure et persistait à la réclamer.

Cela commençait toujours de la même manière. Alissande dormait et, étendu près d'elle, il s'efforçait de trouver le sommeil en prenant garde de ne pas la toucher. Puis, soudain, une vision s'imposait à lui, un fragment de rêve presque : il posait la main entre les omoplates de la jeune femme et, lentement, la laissait descendre le long de son dos satiné, jusqu'au creux de ses reins. Un délicieux frisson le secouait alors mais, imbécile qu'il était, il faisait fi de l'alerte.

Au contraire. En esprit, il glissait les doigts dans sa somptueuse chevelure et embrassait la chair délicate sous le lobe de l'oreille. Ses mains cherchaient ses seins ronds, les cueillaient au creux de ses paumes. Ses pouces en agaçaient les pointes qui se dressaient en réponse. Puis ses doigts fébriles glissaient sur son ventre, puis plus bas encore, pour s'immiscer entre ses cuisses d'albâtre…

Dès lors, il était perdu. Les souvenirs revenaient en force, et le désir le ravageait.

Heureusement, il s'obstinait à dormir habillé en dépit de la température clémente. Il ne se faisait pas suffisamment confiance ; ses vêtements étaient le seul rempart qu'il avait trouvé pour se convaincre parfois qu'il dormait seul et tenir à distance les visions torrides qui l'assaillaient.

Un bien faible rempart…

Les vieilles méthodes – qui avaient pourtant fait leur preuve du temps où il était templier – semblaient avoir perdu toute efficacité. Il avait beau jeûner, s'asperger de seaux d'eau glacée ou s'exercer à l'épée jusqu'à l'abrutissement, rien n'y faisait.

Si cela continuait, il allait tout bonnement perdre l'esprit.

Ce n'était que son corps qu'il désirait, se rappelait-il constamment. Ce n'était rien d'autre que de la luxure. Il ne serait pas prudent de la laisser s'imaginer autre chose. Oh non, il avait tiré la leçon de ce qui s'était passé cinq ans auparavant ! Mais cela n'empêchait pas la fièvre de le consumer...

Ce jour-là, cherchant désespérément un moyen de se distraire de ses tourments, il avait décidé d'organiser une séance d'entraînement dans la cour d'armes du château.

Il avait fait mander Fitzgibbon pour lui ordonner de rassembler une vingtaine de ses meilleurs hommes. Et Ben avait accepté de participer – au début du moins –, afin de faire la démonstration de quelques exercices qu'ils avaient longuement pratiqués durant la convalescence de Damien.

En donnant ainsi l'exemple, ce dernier espérait que ses hommes d'armes apprendraient plus rapidement. Une fois que ceux-ci auraient maîtrisé les techniques de base, il attaquerait les passes plus compliquées qui exigeaient une telle concentration qu'il en oublierait cette femme qui l'obsédait durant le jour et venait encore hanter ses rêves la nuit.

Mais d'abord il devait gagner la confiance de ses hommes.

C'était la règle première de l'art du commandement : méritez le respect de vos hommes, le reste suivrait tout naturellement. Mais justement, Damien sentait que cela ne serait pas tâche aisée. Il percevait une vague animosité à son endroit chaque fois qu'il se rendait dans les quartiers réservés aux hommes d'armes. Et il savait qu'il lui fallait régler ce problème avant toute chose.

— Je n'arrive pas à croire que je suis là !

Souriant, Damien se tourna vers Ben qui, bougonnant, s'avançait dans sa direction.

Le franciscain avait troqué sa robe de bure pour une paire de chausses et un bliaut en tissu épais, le type de tenue qu'il portait quand tous deux s'entraînaient à Douvres. Mais aujourd'hui une épée pendait à sa ceinture et lui battait le mollet. Une épée *immense*.

Sachant Ben ouvert à la plaisanterie, Damien désigna l'épée du menton et remarqua :

— Vous voilà étonnamment bien équipé, mon ami. Surtout pour un homme de Dieu. Elle est assez... énorme, non ?

Ayant aussitôt saisi l'allusion grivoise, Ben jeta un coup d'œil acéré à l'épée de Damien, sagement rangée dans son fourreau, puis haussa un sourcil et répliqua :

— Vous êtes bien avisé de l'avoir remarqué, messire. Et, homme de Dieu ou pas, vous feriez bien de vous rappeler qui a la plus grosse !

Damien ne put retenir un rire. Ben gloussa de son côté et, en guise de salutations, ils se donnèrent quelques claques amicales dans le dos.

Ils n'eurent pas le temps de prolonger la conversation, car Fitzgibbon émergea du corps de garde, suivi d'une petite troupe d'hommes. Tous étaient en tenue de combat, mais, à en juger par leur mine renfrognée, la perspective d'un entraînement ne les réjouissait guère.

Était-ce parce qu'ils n'avaient pas envie de se démener en plein soleil tout l'après-midi ou parce qu'ils éprouvaient de l'hostilité envers leur nouveau seigneur ?

Sans doute un peu des deux.

Damien salua Fitzgibbon. Le capitaine demeura au garde-à-vous quelques secondes avant de le saluer à son tour d'un hochement de tête.

— J'ai rassemblé vingt de mes meilleurs hommes, messire. Nous attendons vos ordres pour commencer la séance d'entraînement, dit-il.

— Parfait, fit Damien. Alors, allons-y.

Il parcourut la troupe du regard puis, d'une voix sonore, déclara :

— Pour le premier exercice, j'aurai besoin de constituer deux groupes. Ben prendra la tête du premier et moi celle du second. Quand chaque groupe aura parfaitement maîtrisé l'exercice, nous travaillerons ensemble.

Traînant les pieds, les hommes d'arme se divisèrent en deux groupes avec une lenteur édifiante. Damien perçut même quelques grognements ici ou là.

— Si certains parmi vous ont quelque chose à dire avant que nous ne commencions, reprit-il, je les invite fortement à s'exprimer à voix haute afin d'être entendus de tous. À moins, bien sûr, que mes craintes ne soient fondées et que je ne sois en présence d'une bande de poules caqueteuses, et non d'une formation d'hommes d'armes disciplinés.

Sa déclaration eut l'effet escompté. Les hommes se figèrent brusquement. Aucun ne dit mot, mais plusieurs lui adressèrent des regards torves.

Ben soupira, son expression trahissant un mélange d'exaspération et de résignation. Damien faillit sourire. Il savait que son ami n'avait aucun goût pour les affrontements. Mais, pour l'heure, il n'avait pas d'autre solution s'il voulait régler le conflit latent.

Il reporta son attention sur Fitzgibbon. Ce dernier venait de jeter un regard d'avertissement à l'un de ses hommes qui s'agitait au dernier rang.

— Laissez-le parler, intervint Damien. Il vaut mieux que les griefs sortent au grand jour plutôt que de les laisser ramper sous la surface alors que nous nous apprêtons à combattre.

— Moi, j'ai quelque chose à dire, si vous vous voulez le savoir ! jeta une voix clairement belliqueuse à l'arrière du groupe.

Les hommes s'écartèrent un peu et Damien put distinguer celui qui venait de s'exprimer ainsi. Il avait à peu près son âge et, à l'instar des soldats sélectionnés par Fitzgibbon ce jour-là, il était de constitution particulièrement robuste. Il affichait toutefois une arrogance naturelle qui avait dû le mener à user de ses poings pour se défendre en maintes occasions.

Autour de lui, les autres avaient l'air plutôt mal à l'aise. Ils remuaient les pieds et fixaient le sol, tandis que celui qui venait de parler haut et fort conservait une posture pleine de morgue, ses bras musclés croisés sur sa poitrine, son regard insolent fixé sur Damien.

— Votre nom ? s'enquit celui-ci avec un calme trompeur.

— Je suis messire Gontran de Burton, commandant en second de la garnison de lord Denton.

Lord Denton. Feu l'époux d'Alissande. Damien ne répondit pas tout de suite à cette insulte délibérée. Il laissa le silence s'appesantir quelques secondes, puis lâcha d'un ton sarcastique :

— Je suis marri de devoir vous contredire, mais lord Denton a quitté ce monde et n'est plus à la tête de cette garnison. Dorénavant, c'est moi qui la commande.

— Par le truchement d'un mariage hâtif, peut-être, mais rien d'autre.

— Les circonstances qui entourent mon mariage ne vous regardent en rien. Quant à mon droit d'être à votre tête, je puis vous assurer que mon expérience militaire m'en donne toute légitimité. Parmi les tâches qui m'incombent, maintenant que je suis le seigneur de Glenheim Castle, vous entraîner à la guerre est celle que je maîtrise le mieux, et de loin.

Damien engloba le groupe d'un regard circulaire puis, revenant se fixer sur messire Gontran, il ajouta :

— Les armes et le combat, c'est ce que je connais le mieux. Si vous me suivez, je vous ferai bénéficier d'une instruction militaire hors pair. Je vous enseignerai tout ce que j'ai appris au cours des échauffourées et tournois auxquels j'ai participé ces sept dernières années. Je vous ferai profiter de mon expérience acquise sur de vrais champs de bataille, ici, en Angleterre, et à l'étranger.

— Messire Damien est l'un des plus habiles guerriers que j'aie jamais connus, intervint Ben. Et je sais de quoi je parle. Bien que je sois franciscain aujourd'hui, du temps de ma jeunesse, avant de prononcer mes vœux, j'ai combattu en Terre sainte...

Stupéfait, Damien pivota vers le moine qui poursuivit :

— ... et j'ai vécu le siège de Saint-Jean-d'Acre par les Sarrasins. Là-bas, j'ai été témoin des combats les plus impressionnants qu'il m'ait été donné de voir dans ma vie. J'ai également côtoyé la barbarie humaine. Voilà pourquoi j'ai ensuite décidé de consacrer ma vie à Dieu. Mais je puis vous affirmer en vous regardant droit dans les yeux que messire Damien est plus doué pour le combat à l'épée, à l'arc et à la hallebarde, à pied ou à cheval, que n'importe quel chevalier de ma connaissance !

Les hommes s'étaient figés. Damien dévisageait son ami avec stupeur. S'étant entraîné avec lui, il savait bien sûr qu'il maîtrisait l'art du combat. Mais il ignorait tout de son passé guerrier !

Ben soutint tranquillement son regard, avec cette placidité que Damien avait appris à si bien connaître durant sa longue convalescence.

La tension qui régnait parmi les soldats semblait s'être en partie dissipée, toutefois, il était clair que l'abcès n'était pas entièrement vidé. Damien n'eut à patienter que quelques instants pour en avoir la confirmation.

— Si je puis parler librement, j'ai une question à vous poser, messire.

L'homme qui venait de prendre la parole, de manière bien plus courtoise que messire Gontran, se tenait à la droite de Fitzgibbon. Il paraissait beaucoup plus jeune que la plupart de ses compagnons. Sans doute n'avait-il guère plus de dix-huit ans, l'âge qu'avait Damien lui-même à son arrivée à la cour du roi.

— Parlez sans crainte, je vous répondrai, assura Damien. Mais d'abord, permettez-moi de vous demander votre nom.

— Je suis sir Reginald Sinclair, messire. Je voudrais savoir s'il est vrai que vous étiez membre du cercle intérieur[1] de l'ordre du Temple, et que vous avez été arrêté en France par l'Inquisition et accusé d'hérésie ?

Damien se doutait que le sujet finirait par être évoqué. Cela n'empêcha pas le brusque afflux de souvenirs, surgis des profondeurs abyssales de son être, de provoquer en lui une douleur paralysante.

Il prit le temps d'inspirer profondément avant de répondre :

— J'ai fait partie de cette confrérie, c'est vrai. Et pour répondre à votre deuxième question, oui, j'ai été emmené en captivité et interrogé par l'Inquisition, en

1. Le cercle intérieur de l'ordre du Temple regroupait les Templiers qui avaient pour mission de veiller sur l'Arche d'alliance. *(N.d.T.)*

France, l'année dernière, à la suite des arrestations massives ordonnées par le roi de France, Philippe le Bel.

— Nous ne sommes pas des imbéciles, messire ! aboya Gontran d'un ton encore plus agressif que précédemment. Tout le monde sait que des centaines de Templiers ont été soumis à la question et confessé des pratiques hérétiques. Si vous avez vraiment fait partie de ceux-là, comment se fait-il que vous ayez connu un sort différent ?

Un murmure s'éleva du groupe, puis le silence retomba d'un coup. Gontran venait ni plus ni moins d'accuser Damien de mensonge. Celui-ci serra les poings. Il lui fallut faire appel à toute sa volonté pour ne pas marcher jusqu'à l'homme qui venait ainsi de le braver devant tous et lui faire regretter son insolence.

— Je n'ai pas avoué sous la torture, messire Gontran, parce que je n'étais pas coupable d'hérésie, déclara-t-il enfin.

— C'est ce que vous dites !

Les yeux de Gontran étincelaient. Il s'estimait dans son bon droit, et Damien se souvint de l'époque où lui aussi considérait le monde de manière aussi tranchée.

Péché de jeunesse...

Ben reprit la parole d'un ton conciliant :

— Le fait que messire Damien se tienne ici devant vous aujourd'hui devrait vous apparaître comme la preuve de son innocence.

Damien fut de nouveau surpris par l'intervention bienveillante de son ami. Les principes de Ben lui auraient interdit de mentir purement et simplement, il le savait. Cela dit, il ne révélait pas l'entière vérité puisqu'il omettait de parler de l'évasion de Damien.

— Sa présence ici nous prouve juste qu'il est vivant, comme nous tous, s'entêta Gontran, farouche. Pour le reste, nous n'avons que votre parole. Tout le monde sait que les Templiers ont été livrés à une branche de l'Inquisition réputée pour la sévérité de ses interrogatoires. Et pourtant, messire Damien est ici, en effet. Et apparemment en excellente santé !

Le visage de Gontran se crispa, comme s'il savait s'avancer vers un gouffre, mais se trouvait incapable, par excès d'orgueil sans doute, de reculer. Un rictus aux lèvres, il asséna le dernier coup.

— Je dirais que je ne suis pas le seul dans cette garnison à penser qu'on nous a menti. Nous ne croyons pas que messire Damien ait *jamais* appartenu à l'ordre du Temple, ni qu'il ait été interrogé en France. Non, il est plus probable que c'est un soldat ordinaire, comme nous tous, qui s'est débrouillé pour forcer notre maîtresse à l'épouser dans le seul but de s'approprier ses terres et ses richesses !

Voilà, c'était dit. On n'en était plus aux grognements mécontents et aux regards de travers. L'accusation avait été proférée très ouvertement.

Le cœur de Damien cognait dans sa poitrine. Il avait espéré réussir à éluder ce genre de confrontation violente, mais il était évident à présent que s'il voulait établir son autorité sur ces hommes, gagner leur respect et compter sur eux durant les six prochains mois, il allait devoir s'imposer autrement que par la parole.

D'un geste, il fit signe aux hommes de former un demi-cercle, puis recula de quelques pas, les yeux rivés sur Gontran.

— Il n'est pas question que j'insulte dame Alissande en discutant avec vous des circonstances de notre mariage, rétorqua-t-il. Mais vous venez de mettre en doute mon appartenance à l'ordre du Temple et mon passage dans les geôles de l'Inquisition française. De cela, en revanche, je puis vous donner les preuves.

Tout en parlant, il avait entrepris de se débarrasser de son pourpoint, puis de dénouer le lacet qui fermait sa chemise. D'un geste fluide, il la fit passer par-dessus sa tête et se tint immobile, le torse nu, devant les hommes d'armes réunis devant lui.

Le spectacle qu'il offrait n'était pas beau à voir, il le savait. Mais il en était arrivé à accepter la terrible réalité, le fait que le magnifique guerrier de jadis avait disparu pour laisser la place à un homme à jamais marqué dans sa chair. Oh, il était toujours grand et fort, presque aussi musclé qu'autrefois ! Habillé, personne ne faisait la différence. Mais *lui* savait.

Et, désormais, ces hommes savaient, eux aussi.

Sans quitter Gontran des yeux, il reprit :

— Ceci devrait bannir le doute de votre esprit, messire Gontran. Comme vous pouvez le constater, j'ai été « interrogé » par l'Inquisition française, qui s'est montrée particulièrement attentionnée en ce qui me concerne. Et ceci, ajouta-t-il en dégainant son épée dans un chuintement métallique, devrait achever de vous convaincre que j'ai bel et bien servi au côté de mes frères Templiers et que je suis tout à fait qualifié pour assurer le commandement de cette garnison.

Avec un demi-sourire, il inclina la tête et conclut :

— Enfin, seulement si vous vous sentez de taille à vous mesurer à moi ! Ici et maintenant.

Gontran laissa passer un moment avant de demander d'une voix beaucoup moins assurée :

— Vous auriez donc l'intention de combattre sans haubert pour vous protéger ?

— Je n'en ai nul besoin. Mon épée et mon bouclier suffiront.

Gontran avait pâli. Damien enfonça le clou et ajouta, moqueur :

— Allons venez, commençons. Je promets ici, devant tous ces hommes, que je vous absous de toute blessure que vous pourriez m'infliger durant le combat... si c'est cette inquiétude qui vous retient.

Tandis qu'ils attendaient la réponse de Gontran, Ben s'approcha de Damien et lui souffla :

— Prenez garde, messire. Je n'ai aucune envie de refaire les sutures de vos plaies alors qu'il est aisé d'éviter une blessure avec un peu moins de style et plus de prudence.

— Ne craignez rien, mon ami. Je connais mes limites, murmura Damien de manière que seul le franciscain l'entende.

Puis, haussant le ton, il lança :

— Eh bien, messire Gontran, qu'en dites-vous ? Je vous donne ma parole de me limiter à une exhibition de mes talents guerriers, bien que votre impudence ait mérité une tout autre leçon. Par chance pour vous, je ne suis pas de ces maîtres qui réclament vengeance en versant le sang.

De nouveau, il décocha à Gontran un sourire narquois afin de piquer sa vanité et l'obliger à réagir.

— Alors, messire Gontran ? Vous décidez-vous ? Ou dois-je définitivement vous ranger dans la catégorie des lâches ?

Cette dernière flèche atteignit son but. Dégainant son épée, Gontran fendit la foule de ses camarades qui s'écartèrent sur son passage.

Damien l'attendait de pied ferme.

D'un mouvement circulaire et latéral, il para sans problème le premier coup porté de haut en bas. Gontran continua d'attaquer avec hargne, mais il n'avait pas assez d'expérience pour voir venir la riposte : une rapide feinte de côté suivie aussitôt d'une estocade. Les deux lames glissèrent l'une contre l'autre jusqu'à s'immobiliser, garde contre garde.

La poitrine de Damien frôlait celle de son adversaire. L'ivresse familière de la bataille courait dans ses veines, lui chauffait les sangs et l'emplissait d'une énergie qui ne demandait qu'à se libérer. Encore deux attaques, et il arracherait son épée à Gontran.

Il posa fermement le pied droit entre ceux de Gontran, se préparant à...

Tout à coup, deux taches de couleur – une rouge et une noire – entrèrent à la périphérie de son champ de vision. Ébranlé, il reconnut Alissande, accompagnée du père Michel dont la soutane noire accentuait dramatiquement l'éclat de la robe de la jeune femme. Détournant le regard de son adversaire une seconde, il vit son expression surprise avant qu'une lueur d'inquiétude assombrisse ses beaux yeux violets.

Gontran profita de cette seconde de distraction. Son avant-bras heurta la poitrine de Damien, lui coupant le souffle et le forçant à reculer. Libéré, Gontran reprit sa position d'attaque et Damien, furieux contre lui-même, se trouva obligé de parer plusieurs coups. Il dut chercher un nouvel angle d'attaque afin de désarmer son adversaire. Cela ne lui prit guère de temps, mais demanda plus d'efforts qu'il n'avait eu l'intention d'en fournir au départ.

Lorsque, enfin, il envoya l'épée de Gontran valdinguer au sol, il avait mal au bras et au dos. Ensuite, par dépit, il garda la pointe de sa lame contre la gorge du vaincu quelques secondes de plus qu'il ne l'aurait dû... Sentant les soldats les plus proches s'agiter, de crainte sans doute qu'il ne renie la parole donnée un peu plus tôt de ne pas faire couler le sang de son adversaire, il recula. Gontran s'effondra à genoux, la respiration sifflante.

Damien revint vers Ben, rengaina son épée et déboucla son ceinturon.

— Vous avez fait un peu de zèle à la fin, ne pensez-vous pas ? fit remarquer le franciscain en lui tendant sa chemise.

— Il l'avait mérité.

— Certes. Mais aucun de ces hommes n'est près d'oublier de quelle manière vous lui avez mis les points sur les i.

— C'était mon intention, répliqua Damien qui, après avoir enfilé sa chemise, en glissa les pans dans ses braies. Et il est tout aussi important que je leur offre maintenant un moyen honorable d'accepter mon autorité.

Il remit son pourpoint, boucla son ceinturon, puis se dirigea vers le groupe qui faisait cercle autour de Gontran. Au passage, il prit l'épée de ce dernier, qu'un de ses compagnons avait ramassée.

Parvenu à hauteur de celui qu'il venait de défaire, il lui tendit la main.

— Faisons la paix, messire Gontran Vous avez démontré vos talents de bretteur et un bon instinct militaire. Je serai fier de vous compter parmi mes hommes si vous acceptez de servir sous mes ordres.

L'expression de Gontran demeura indéchiffrable quelques secondes. Il respirait encore bruyamment. Enfin, il saisit la main tendue et permit à Damien de l'aider à se redresser. Celui-ci lui rendit son épée. Après l'avoir rengainée, Gontran fixa le sol un moment sans mot dire, puis releva la tête et déclara :

— Je vous remercie, messire, et j'espère que vous pardonnerez les doutes qui m'habitaient et dont je vous ai fait part aujourd'hui si grossièrement.

— Tout est oublié. C'est un prix équitable à payer pour le privilège d'avoir une si fine lame à mes côtés.

Gontran parut flatté du compliment. Il se tourna vers ses camarades.

— Je pense pouvoir parler au nom de tous, messire, en disant que nous avons révisé notre jugement à votre sujet et sommes prêts à vous servir dans la droiture et l'honneur.

Des voix s'élevèrent dans le groupe en signe d'assentiment.

— Nous vous prêtons allégeance, messire, ajouta Fitzgibbon d'une voix forte.

Damien échangea une poignée de main avec Gontran, Fitzgibbon et quelques-uns des hommes d'armes qui se tenaient le plus près de lui sous les « hourras ».

— Je suis heureux d'avoir votre soutien, dit-il encore. Toutefois, il vaudrait mieux réserver votre enthousiasme pour l'entraînement qui nous attend. Nous avons beaucoup à accomplir et plus tôt nous commencerons, mieux cela vaudra.

Comme les soldats se scindaient de nouveau en deux groupes, Damien coula un regard vers l'endroit où se trouvait Alissande quelques minutes plus tôt.

Elle avait disparu.

Ben le surprit et, haussant le sourcil, observa d'un ton innocent :

— J'ai remarqué que votre épouse vous regardait, tout à l'heure. Elle semblait plutôt inquiète.

— Si inquiète qu'elle a préféré partir avec son cousin plutôt que d'échanger un mot avec moi ! ironisa Damien.

Il se baissa pour ramasser son bouclier, glissa le bras droit sous les attaches en cuir. Il s'efforçait de contenir ses émotions, toujours turbulentes quand il était question d'Alissande.

— Je crois me souvenir que dame Alissande et le père Michel portaient des paniers. Peut-être comptaient-ils faire quelque course au village, supputa Ben. Mais peut-être aussi a-t-elle préféré partir plutôt que de risquer de vous voir blessé.

— Je crois plutôt que le contraste entre l'homme qu'elle a vu combattre autrefois et celui qu'elle a vu aujourd'hui l'aura consternée.

Ben secoua la tête, fit claquer sa langue.

— Il me semble que vous êtes encore moins doué que moi pour vous y retrouver dans les méandres de l'esprit féminin, messire. Et pourtant, c'est moi qui ai fait vœu de chasteté !

« Moi aussi, à une époque, j'avais fait vœu de me consacrer exclusivement à Dieu », songea Damien.

Il n'eut cependant pas le temps de répondre, car un écuyer arrivait en courant de la grande salle commune. Il s'immobilisa aux abords de la cour et, haletant, l'air nerveux, attendit que Damien lui donne la permission d'approcher.

Celui-ci lui fit signe d'avancer.

— Je me demande ce qui se passe, murmura-t-il à Ben.

Sous les regards curieux des hommes d'armes, l'écuyer vint s'incliner avec respect devant lui.

— Messire, veuillez me pardonner cette interruption, mais je viens vous prévenir qu'un groupe de cavaliers armés approche du château. Ils sont deux douzaines au moins et affichent le blason de messire Hugues de Valles, quatrième comte de Harwick... qui se trouve en personne à leur tête !

Enfer et damnation !

Damien s'était attendu à une riposte de lord Harwick, bien que l'annonce du mariage d'Alissande ait été faite à la Cour. Dame Blanche et le père Michel l'avaient du reste mis en garde contre l'obstination de Hugues. Toutefois, il avait espéré que ce dernier lui laisserait un peu plus de temps pour se préparer à l'affrontement.

Il se tourna vers Ben et, à voix basse, intima :

— Que les hommes d'armes se tiennent prêts à une éventuelle attaque. Je vais faire prévenir Alissande et...

— Pardon, messire, mais je dois vous dire que... Je crois que vous devriez savoir que lord Harwick est... Que dame Alissande a...

L'écuyer bredouillait, livide, visiblement confus d'avoir dû interrompre son seigneur une deuxième fois. S'exhortant à la patience, Damien dit calmement :

— Doucement. Respire et prends ton temps. Tu ne seras pas châtié même si tu apportes une mauvaise nouvelle. Il y a donc plus que ce que tu m'as déjà dit ?

— Oui, messire…

Le jeune écuyer déglutit, son regard passa de Damien à Ben, avant qu'il explique :

— Lord Harwick approche du château par l'ouest. Lady Alissande, plusieurs suivantes et leur escorte ont quitté le château il y a dix minutes environ pour aller cueillir des baies dans les bois, à l'ouest de Glenheim.

Damien eut l'impression qu'on lui enfonçait un pieu en plein cœur. Et son angoisse s'accrut comme l'écuyer achevait :

— Ils vont fatalement se croiser en route, or l'escorte de dame Alissande se compose d'une poignée d'hommes seulement, messire. Elle est en danger. En très grave danger !

7

Après cette marche sous un soleil ardent, Alissande accueillit avec bonheur la fraîcheur de la forêt. Elle commença aussitôt à chercher parmi les fourrés les plans de fraises des bois qui poussaient ici en abondance.

Dame Blanche avait très envie de ce dessert dont elle raffolait, à base de baies bien mûres qu'on laissait macérer dans le vin rouge, puis qu'on faisait cuire à petits bouillons dans le lait d'amande avant d'y ajouter de la farine, des raisins secs, du safran, du sucre, du gingembre et de la cannelle. Sachant que la préparation prenait de longues heures, Alissande était partie tôt pour la cueillette.

Damien risquait de se fâcher quand il se rendrait compte qu'elle avait quitté l'enceinte du château sans l'en avertir, mais elle avait eu trop peur qu'il refuse tout net de la laisser sortir. Or elle avait besoin de prendre l'air, de retrouver la paix des bois, ne serait-ce qu'un court laps de temps.

Dieu merci, Michel semblait la comprendre. Il était arrivé alors qu'elle s'apprêtait à partir en compagnie de quatre suivantes et avait d'abord tenté de l'en dissuader. Il avait même envisagé d'interrompre la séance d'entraînement qui avait lieu dans la cour, mais Alissande avait réussi à lui faire entendre raison. Elle ne prendrait aucun risque, lui avait-elle assuré, et elle se ferait escorter par quatre gardes.

Finalement, elle avait eu gain de cause.

Elle goûtait à présent un répit bienvenu, savourant la quiétude bénie de la forêt. Des rais de lumière dorée perçaient les frondaisons à quelque distance, dessinant sur le sol moussu de petites taches claires. Intriguée, Alissande s'approcha, et découvrit une petite clairière à l'atmosphère féerique, dont le sol était tapissé de fraises des bois. Exactement ce qu'elle cherchait !

Elle appela ses suivantes les plus proches, qui se hâtèrent de lui apporter d'autres paniers.

— C'est un endroit merveilleux, madame ! s'extasia la petite Edmée. Catherine et Florine vont être jalouses ! Dois-je demander à l'un des gardes d'aller les chercher ?

Avec ses yeux bleus, ses boucles blondes et ses bras potelés, Edmée offrait un contraste saisissant avec la mince et brune Jeannette, sa compagne.

— Oui, acquiesça Alissande. Si elles ne se sont pas trop éloignées, ce serait mieux, je pense.

— J'y vais, madame !

Jeannette fit une rapide révérence avant de s'approcher des gardes qui étaient restés un peu en retrait. Elle revint très vite et entreprit de cueillir des fraises aux côtés d'Alissande et d'Edmée.

Les deux petites suivantes travaillaient en chuchotant, leur bavardage enjoué ponctué de gloussements. Alissande ne tarda pas à remarquer les coups d'œil furtifs qu'elles lançaient fréquemment en direction des gardes, trois jeunes gaillards bien de leur personne qui semblaient plutôt embarrassés par cette attention féminine.

Alissande s'en amusa intérieurement. Comme ils étaient jeunes ! Ils ignoraient encore ce que l'amour pouvait avoir de tranchant dans sa suavité. À les voir, tout semblait si simple. Rien de comparable avec les sentiments qu'elle-même éprouvait pour Damien.

De ce point de vue, la situation devenait chaque jour plus intolérable. Chaque fois qu'elle passait un moment en sa compagnie, la nostalgie revenait, lancinante. Chaque fois qu'il lui frôlait la main en public ou qu'il posait la paume au creux de ses reins quand ils s'apprêtaient à pénétrer dans la grande salle commune ou dans la chapelle, elle avait l'impression de fondre de l'intérieur. Elle devait alors lutter pour ne pas céder à l'envie de se couler contre lui, comme au temps de leur tendre romance.

Elle ne pouvait cependant oublier que c'était à contrecœur qu'il participait à l'odieuse comédie qu'ils étaient contraints de jouer. Qu'il n'était plus le même homme. Que sa tendresse était destinée à ceux qui les observaient, et que s'il se montrait protecteur envers elle, c'était seulement parce que cela faisait partie de leur « accord ». Dans six mois, il s'en irait sans se retourner. Comme il l'avait fait cinq ans plus tôt, après qu'elle lui avait brisé le cœur.

Évidemment, elle ne pouvait le lui reprocher. Mais une partie d'elle-même se révoltait devant l'ironie du sort qui les remettait en présence l'un de l'autre en pareilles circonstances, et elle se maudissait de nourrir encore de si doux sentiments à son égard.

Elle ne devait pas écouter son cœur, se rappelait-elle sans cesse. Il battait pour un homme qui n'existait plus. Qu'elle soit à l'origine de leur rupture ne changeait rien au fait que le Damien qui était de retour dans sa vie était amer et en colère pour bien d'autres raisons. Il avait même tourné le dos à Dieu, et il n'était pas aisé de fermer les yeux sur un tel abandon de sa foi. Il lui pesait et…

Non loin, Edmée poussa un petit cri joyeux qui ramena Alissande au présent. Tournant la tête, elle vit la jeune suivante brandir une énorme fraise des bois qu'elle tenait entre le pouce et l'index.

— Regardez celle-ci, madame !

Comme Alissande se redressait, Edmée pâlit subitement, et laissa échapper un nouveau cri, de peur cette fois. Au même moment, les trois gardes dégainèrent leurs épées dans un cliquetis métallique qui résonna sinistrement dans la clairière.

Une voix familière s'éleva dans le dos d'Alissande :

— En effet, cette fraise est vraiment remarquable !

Le cœur battant, Alissande fit volte-face, et rencontra le regard sardonique de son second cousin, Hugues de Valles, qui se tenait à moins de dix mètres d'elle. Grand, doté d'une musculature impressionnante, il affichait la puissance physique d'un homme qui s'entraîne à croiser le fer depuis l'âge de six ans.

Personne n'avait imaginé qu'il hériterait un jour du comté. Après tout, il n'était que le cadet. Et, en tant que benjamin, Michel était destiné aux ordres depuis sa naissance. Mais leur père et leur frère aîné avaient trouvé la mort l'un après l'autre, et Hugues s'était retrouvé comte, détenteur d'une immense influence et d'un pouvoir de corruption potentiel. Il ne lui manquait que la fortune pour atteindre les sommets auxquels il aspirait, et prendre Alissande pour épouse était une façon d'y parvenir.

Recouvrant l'usage de la parole, la jeune femme balbutia :

— Hugues ? Mais je... je ne savais pas que...

La terreur qui lui nouait la gorge l'empêcha de poursuivre. La dernière fois qu'elle l'avait vu, presque sept mois plus tôt, il avait tenté de l'enlever alors qu'elle se trouvait dans l'une des propriétés de sa mère.

À l'époque, il n'avait pas cherché à cacher ses intentions. Alissande avait protesté et s'était débattue avec vigueur, mais elle n'était pas de taille à lutter contre un homme de ce gabarit et elle aurait été perdue sans l'arrivée de Michel qui, accompagné de plusieurs membres du clergé, dont un évêque, avait réussi à convaincre Hugues qu'une union conclue sous la contrainte ne serait jamais sanctifiée par la Sainte Église.

Alissande n'avait pas oublié cette terrible journée. Son souvenir était encore si vif dans sa mémoire qu'elle en avait la nausée rien que d'y songer.

Hugues sourit. Il portait son haubert, mais était tête nue, ses cheveux bruns impeccablement lissés accentuant la dureté de ses traits. Il avait un visage mince et viril qui plaisait aux femmes. De fait, il eût été fort séduisant sans la lueur malfaisante qui luisait dans son regard gris-vert et le pli cruel de sa bouche sensuelle.

— Ah, ma belle cousine ! murmura-t-il d'une voix qui arracha un frisson à Alissande. Voilà un accueil fort peu cordial. J'attendais mieux de votre part.

Il s'avança de quelques pas, sans paraître le moins du monde affecté par la réaction des trois jeunes gardes qui s'étaient regroupés autour de leur maîtresse et pointaient leur épée dans sa direction.

Le plus âgé des trois s'écria :

— Lord Harwick, restez où vous êtes, ou nous serons contraints d'user de nos lames contre vous !

Hugues eut un petit rire sec et agita négligemment la main. À son signal, une douzaine d'hommes d'armes débouchèrent dans la clairière.

Ils étaient si supérieurs en nombre qu'il ne leur fallut que quelques instants pour désarmer les trois jeunes gardes qui constituaient l'escorte d'Alissande.

Deux hommes se saisirent également d'Edmée et de Jeannette qui lâchèrent leurs paniers en criant. S'immobilisant devant Alissande, Hugues referma la main sur son bras tandis que, de l'autre main, il lui soulevait le menton pour la forcer à le regarder.

Elle se raidit. Elle n'avait pas seulement peur pour elle, mais aussi pour les jeunes gens qui l'accompagnaient. Pourtant, en dépit de la panique qui menaçait de la submerger, elle serra les dents et foudroya son cousin du regard, résolue à ne trahir aucune faiblesse.

— Je vois que vous êtes toujours aussi rebelle, constata Hugues, la pression de ses doigts s'accentuant sur son bras comme sur son menton.

Alissande réprima un gémissement de douleur. Mais le pire était ce contact physique qui la révulsait au plus haut point.

— Pour en revenir à ce que je vous disais à l'instant, chère cousine, je suis sûr que vous pouvez m'offrir un accueil bien plus aimable. Nous ne nous sommes pas vus depuis longtemps... et l'on ne peut pas dire que vous vous soyez montrée facile lors de notre dernière rencontre. Je fais pourtant preuve d'une patience qui mérite récompense, ne trouvez-vous pas ?

— J'ignore ce que vous attendez de moi, Hugues, rétorqua-t-elle d'une voix égale. Je suis désormais mariée, et la nouvelle de mon mariage a été annoncée à la Cour.

— Ce prétendu mariage par procuration ? fit-il d'une voix dangereusement sourde. Vous savez aussi bien que moi qu'il ne s'agit là que d'un tour de passe-passe de mon frère Michel. Et plus tôt vous admettrez que votre place est auprès de moi, mieux cela vaudra pour tout le monde. À présent, mon ange, saluez-moi comme il se doit.

Lui agrippant le menton plus brutalement encore, il inclina la tête et écrasa ses lèvres sur les siennes, s'efforçant d'introduire la langue dans sa bouche comme s'il se moquait éperdument de ce qu'elle ressentait. Alissande se débattit, lui martelant la poitrine de ses poings fermés si bien que, riant, il consentit à s'écarter.

— Vous êtes une vraie petite sauvage, Alissande ! Ne comprenez-vous pas que si vous cessiez de me résister stupidement, vous pourriez trouver plaisir à mes attentions ? Dieu sait que feu votre mari se plaignait de votre manque de passion dans la chambre conjugale, mais je suppose que le pauvre Godfrey ne savait pas y faire, conclut-il, moqueur.

— Cela suffit, Hugues… Lâchez-moi !

Mais il refusait de la libérer, et prenait un plaisir manifeste à la regarder se débattre en vain.

Enfin il daigna lui lâcher le menton. Mais sa main demeura enroulée autour de son bras, et son expression crispée disait clairement qu'il commençait à perdre patience.

— Allons, ma chère, soyez raisonnable. Si vous vous obstinez à me tenir tête, je devrais avoir recours à des méthodes plus drastiques.

Il jeta un coup d'œil à ses hommes qui retenaient les deux petites suivantes. À côté, les trois gardes d'Alissande étaient ligotés. Seamus, le plus âgé, gisait sur le sol, assommé parce qu'il avait osé résister aux sbires de Hugues.

Le regard de ce dernier revint se poser sur le visage d'Alissande. Sans la quitter des yeux, il appela :

— Armand ?

— Messire ?

L'homme qui venait de répondre semblait le chef de l'escadron.

— Prenez l'un des hommes de la garde de lady Alissande, n'importe lequel, et passez-le au fil de votre épée pour avoir eu l'impudence de s'opposer à ma volonté.

Alissande poussa un cri. Un lent sourire apparut sur les lèvres de Hugues.

Bien qu'il ait légèrement pâli, le capitaine hocha la tête et répondit :

— Bien, messire.

— Non ! cria Alissande. Vous ne pouvez pas tuer un homme pour un tel motif ! Mes gardes ne faisaient qu'obéir, ils avaient pour ordre de me protéger.

— Et de quelle autorité tenaient-ils cet ordre ? ricana Hugues. Vous êtes une femme seule, sous la protection pitoyable d'un idiot de prêtre et de votre enquiquineuse de mère. Alors montrez-moi ce mari qui vous serait tombé du ciel, ou bien acceptez notre union – une union qui a déjà reçu la bénédiction du roi Edouard.

Cette déclaration résonna dans la clairière. Le silence retomba, aussitôt brisé par une autre voix masculine qui s'éleva haut et clair :

— Préparez-vous à être déçu, messire Hugues, car vous n'épouserez pas dame Alissande. Ni maintenant ni jamais.

Hugues sursauta et fit volte-face afin de voir qui avait parlé ainsi. Le cœur d'Alissande bondit de joie dans sa poitrine en même temps qu'une vive inquiétude s'emparait d'elle.

Son regard accrocha celui de Damien.

Il se tenait à l'extrémité de la clairière et, derrière lui, étaient rassemblés une cinquantaine d'hommes d'armes de la garde de Glenheim dont on apercevait entre les arbres l'éclat des armes, des casques et des boucliers.

Damien offrait une vision impressionnante. En tenue de combat, il arborait une expression de fureur contenue qui semblait prête à se déchaîner au moindre prétexte.

— Qui diable êtes-vous ? gronda Hugues, une note d'incertitude dans la voix.

— Je suis messire Damien de Ashby, ancien chevalier du Temple et au service du précédent roi.

Damien transperça Hugues d'un regard acéré avant d'ajouter, railleur :

— Ah oui... je suis aussi l'homme qui a épousé dame Alissande par procuration et qui, selon vous, n'existe pas ! Je vous conseille donc de la lâcher sur-le-champ et de vous écarter, sans quoi vous commettrez votre *deuxième* grave erreur de la journée.

Le sourire inquiétant qui étira les lèvres de Damien fit courir un frisson dans le dos d'Alissande.

— Allons, messire, décidez-vous ! reprit-il d'une voix où toute trace d'ironie avait disparu. Car si vous ne le faites pas, je m'en chargerai à votre place... et je vous promets que l'affaire sera brève, et s'achèvera lorsque votre âme sera définitivement séparée de votre misérable corps !

8

Damien avait toutes les peines du monde à ne pas se ruer sur Harwick. Celui-ci tenait toujours Alissande par le bras, et il était manifeste qu'il lui faisait mal.

Les secondes s'écoulaient, et Damien envisageait de planter la lame de son épée dans la gorge du comte quand celui-ci se décida enfin à lâcher la jeune femme et à reculer de deux pas vers sa propre garde.

Titubant, Alissande rejoignit Damien. La rage de ce dernier flamba de plus belle lorsqu'il distingua sur sa mâchoire les ecchymoses qui commençaient à bleuir.

Il fixa Hugues d'un regard meurtrier.

— À présent, libérez les suivantes et mes gardes.

La tension était palpable dans sa voix. Il inspira une goulée d'air pour se calmer. Il devait à tout prix se maîtriser sous peine de commettre un acte qu'il risquait peut-être de regretter plus tard.

Hugues ne répondit pas tout de suite. Il semblait jauger Damien. Enfin, ses lèvres se tordirent en un sourire qui n'atteignit pas ses yeux. Sur un signe de sa part, ses hommes relâchèrent les deux jeunes filles et les trois gardes. Seamus étant toujours inanimé, deux de ses compagnons le soulevèrent tandis que d'autres gardes venaient leur prêter main-forte.

Le silence retomba dans la clairière. Damien se demandait quelle attitude Hugues allait maintenant adopter. Allait-il donner l'assaut ? Le défier en duel ? Battre en retraite ? Apparemment, ni dame Blanche ni Michel n'avaient exagéré en dépeignant Hugues de Valles comme un adversaire tenace et prêt à tout. Les hommes imprévisibles étaient certes souvent les plus dangereux et, dans cette catégorie, Hugues semblait battre tous les records.

Brusquement, Hugues fit signe à ses hommes de rengainer leur épée. Damien fit de même avec sa troupe, et la tension baissa aussitôt d'un cran. Hugues s'avança alors, puis s'immobilisa au centre de la clairière, les yeux fixés sur Damien, comme s'il le mettait au défi de venir l'affronter.

Prenant la main d'Alissande dans la sienne, Damien se porta aux devants de lord Harwick. Il s'immobilisa à une distance suffisante pour converser et glissa un bras protecteur autour des épaules de la jeune femme.

Le signe était on ne peut plus clair. Un sourire acide figé sur les lèvres, Hugues de Valles haussa les sourcils d'un air qui aurait pu passer pour de la surprise s'il n'y avait eu cette flamme hostile qui brillait dans ses yeux.

— Enfin, dit-il d'une voix traînante, je rencontre messire Damien de Ashby, célèbre pour avoir autrefois brillé dans les tournois, puis avoir essuyé le dédain de sa dame de cœur, et enfin pour avoir été accusé d'hérésie en tant que chevalier du Temple. Je l'avoue, je vous croyais mort, messire. Ils sont peu à avoir réchappé aux douces attentions des inquisiteurs du royaume de France.

Damien se raidit. Il refusait d'entrer dans le jeu de Hugues. Ils ne se battraient pas avec lui. Pas ici, pas maintenant.

Hugues marqua une pause, sans doute pour juger de l'effet de ses paroles, puis reprit :

— Vous voudrez bien me pardonner d'avoir supposé que votre mariage par procuration avec dame Alissande n'était que pure invention. Après tout ce que nous avons entendu sur les arrestations des Templiers en France et ce qui a suivi… l'enchaînement des événements paraissait vraiment par trop… *commode*, dirons-nous.

— Les suppositions résultent souvent de dangereuses erreurs de jugement, observa Damien d'une voix suave alors même qu'il mourait d'envie d'écraser son poing sur la figure de l'arrogant personnage qui lui faisait face.

— Vous avez raison. Mais soyez assuré que je mets un point d'honneur à ne jamais répéter mes erreurs.

— C'est le propre de tout homme intelligent.

Le ton railleur fit rougir Hugues dont l'expression se durcit.

— En dépit de l'accueil chaleureux que j'ai reçu ici, je ne suis que de passage à Glenheim Castle. En réalité, je me rends à Odiham Castle où plusieurs tournois doivent se dérouler d'ici une semaine. Oserais-je vous demander si vous comptez vous y rendre aussi, messire de Ashby ?

— C'est mon intention en effet, acquiesça Damien.

Hugues haussa les sourcils, affichant une surprise et une admiration totalement insincères.

— Voilà qui est courageux de votre part. J'imagine à quel point ce sera difficile. Le manteau de la honte n'est pas un fardeau aisé à porter. Chacun espère que le temps en allégera le poids, mais dans votre cas…

Il laissa sa phrase en suspens, puis, bras croisés, enchaîna sur sa lancée fielleuse :

— C'est ainsi que j'ai entendu parler de vous pour la première fois, savez-vous, puisque j'étais à l'étranger quand cela s'est produit. La Cour a la déplaisante habitude de raviver sans cesse les vieux scandales, et j'ai pu apprendre ce qui s'était passé il y a cinq ans, au cours de ce tournoi où, sous les yeux de centaines de spectateurs, vous avez été publiquement humilié par celle dont vous portiez les couleurs et qui se trouve être…

Feignant de réfléchir, il se tapota la lèvre du bout de l'index. Puis son visage s'éclaira.

— … ma cousine Alissande ! Cette même Alissande qui, aujourd'hui, a couru se jeter dans vos bras. Oui, elle n'a pas hésité à épouser un homme qui avait fui l'Angleterre en état de disgrâce, avait fait vœu de chasteté parmi les rangs des Templiers, et a finalement été arrêté et accusé d'*hérésie*. C'est vraiment… miraculeux, on peut le dire.

Hugues semblait prendre un plaisir infini à distiller son venin. Damien encaissait ses commentaires sarcastiques sans broncher. Ce n'était rien de plus que des mots, se disait-il. Du bruit. Les événements auxquels Harwick faisait allusion remontaient à plusieurs années. Leur souvenir n'en était pas moins cuisant, mais cette ordure rôtirait en enfer avant que Damien ne l'admette devant lui.

La mine impassible, il répondit avec un calme qui le surprit lui-même :

— Certes, miraculeux est le mot, messire. C'est pourquoi je suis enclin à me montrer magnanime. Bien que votre dépit vous ait conduit à vous adresser à dame Alissande de la manière dont j'ai été témoin à mon arrivée, et qui m'a grandement contrarié, je ferai taire l'instinct qui me dicte de vous passer sur-le-champ par le fil de mon épée.

Contre lui, Alissande se raidit. Il lui pressa doucement l'épaule, puis, avec un sourire froid, ajouta :

— Mais n'ayez crainte, nous nous retrouverons à Odiham.

Hugues recula d'un pas et émit un rire bref qui ressemblait à un aboiement :

— Ah, messire Damien ! En d'autres circonstances, j'aurais pu vous apprécier. Au moins aurai-je grand plaisir à vous affronter dans la lice… et à vous vaincre !

Pivotant sur ses talons, Hugues se dirigea vers ses hommes regroupés à l'autre bout de la clairière. Il se jucha en selle, et fit de nouveau face au couple qui n'avait pas bougé :

— À Odiham, donc. J'attends ce moment avec impatience, aussi ne me décevez pas.

Il talonna son cheval et, à la tête de ses hommes, quitta la clairière.

— N'ayez crainte, messire, murmura Damien en suivant du regard la silhouette du comte qui s'éloignait. Je ne raterai pas cette rencontre pour tout l'or d'Angleterre !

Une heure plus tard, Alissande, assise dans ses appartements, attendait le retour de Damien qui était allé s'enquérir auprès du médecin des blessures de Seamus. Il lui avait fait savoir qu'il reviendrait s'entretenir avec elle sitôt qu'il en aurait fini et, ne sachant quel sujet il comptait aborder, elle ressentait une vague appréhension.

Certes, ils devaient discuter de leur prochain séjour au château d'Odiham, où toute la Cour était attendue. Mais il ne s'agissait pas de cela, se doutait-elle, et elle se demandait avec inquiétude si leur entretien n'avait pas un lien avec les commentaires railleurs de Hugues.

Lorsque ce dernier avait évoqué l'épisode qui avait publiquement humilié Damien cinq ans plus tôt, elle l'avait senti se raidir à son côté, bien que son visage n'exprimât aucune émotion particulière. Oh,

Seigneur, elle aurait donné n'importe quoi pour pouvoir réfuter les propos blessants de Hugues, mais elle avait été forcée de garder le silence, car ses allusions venimeuses étaient bien en deçà de la réalité !

Elle avait bel et bien rejeté Damien ce jour-là, devant les deux cents membres de la Cour du roi Edouard. Sous les regards curieux ou ironiques, il n'avait eu d'autre choix que de rassembler ce qui lui restait de fierté et de s'en aller.

La scène avait été terrible, poignante. Au point qu'elle avait tenté d'effacer ces instants maudits de sa mémoire.

Mais, aujourd'hui, elle n'avait pas le choix. Elle devait y faire face si elle voulait être prête à affronter ce qui les attendait lorsqu'ils paraîtraient à la Cour, la semaine suivante.

Les yeux clos, la nuque calée contre le dossier de son siège, elle laissa les souvenirs affluer et les découvrit aussi nets et précis que si les événements s'étaient déroulés une heure plus tôt…

Ce jour-là, Damien avait remporté le dernier tournoi de la saison, le plus prestigieux, le fameux *pas d'armes*. Dans une impressionnante démonstration de supériorité, il avait vaincu tour à tour chacun de ses concurrents. Enfin, triomphant, sous les acclamations de la foule en liesse, il avait galopé vers la tribune pour réclamer la première partie de son prix, le mouchoir de celle qu'il avait choisie pour l'accompagner au banquet prévu le soir même.

Après avoir mis pied à terre, il avait ôté son heaume et s'était approché. Il était si jeune, si beau, tout auréolé de gloire, la lumière du soleil accrochant des reflets dorés dans sa chevelure ! Nombreuses étaient celles qui le couvaient d'un regard énamouré et agitaient leurs mouchoirs brodés en criant son nom dans l'espoir qu'il les distinguât.

Mais il n'avait d'yeux que pour *elle*.

Il s'était immobilisé, avait tendu la main…

C'est alors qu'elle l'avait repoussé.

Cela avait été la pire épreuve de sa vie, pourtant elle l'avait bel et bien fait, persuadée de n'avoir d'autre choix. Alors même qu'ils avaient planifié cet instant depuis des semaines, alors même qu'ils avaient décidé ensemble qu'il devait absolument remporter ce tournoi afin que tous sachent qu'il comptait demander sa main, elle s'était détournée de lui, comme si elle s'estimait bien trop au-dessus de sa condition pour lui accorder son attention.

Un silence assourdissant avait suivi. L'espace d'un instant, les spectateurs étaient restés pétrifiés. Puis des chuchotements s'étaient élevés un peu partout. Incapable de supporter les regards et les commentaires qu'elle n'imaginait que trop bien, Alissande avait quitté la tribune, l'expression dévastée de Damien à jamais gravée dans sa mémoire.

Les membres de la Cour n'avaient vu là qu'un scandale croustillant qu'ils n'étaient pas près d'oublier.

Alissande n'avait pas été très sévèrement jugée pour avoir infligé un tel camouflet à un chevalier. Car, en dépit de sa bravoure incontestable, messire Damien de Ashby demeurait un simple roturier, le cadet d'une famille désargentée, tandis qu'elle était la fille unique d'un comte.

Leur attirance n'était certes un secret pour personne mais, à la Cour, nul n'avait su qu'ils avaient été amants. Quelques rares personnes avaient bien dû lui reprocher sa cruauté, mais la plupart l'avaient approuvée, estimant qu'elle avait bien fait d'éviter une mésalliance. À l'époque, en effet, la Cour venait d'être éclaboussée par un scandale qui avait impliqué le frère de Damien, messire Alexandre de Ashby, ainsi que la fille d'un aristocrate de la plus haute noblesse, dame Marguerite Newcomb.

Mais, dans le secret de son cœur, Alissande avait souffert mille morts.

Après cet affront public, elle n'avait parlé à Damien qu'une seule fois, une heure plus tard. Elle avait trouvé refuge sous la tente qui portait les armoiries de son père, tremblante, au bord de la nausée. Damien avait fini par l'y rejoindre, l'air atterré, le teint livide. Ce fut la seule fois de sa vie où elle l'avait vu trahir une certaine vulnérabilité – en dehors de ces moments d'abandon où il se livrait sans pudeur au paroxysme du plaisir.

Ce jour-là, elle l'avait mis à genoux. Elle avait vu son cœur se briser, et avait senti le sien voler en éclats, pourtant elle s'était entêtée, persuadée qu'elle faisait le bon choix, dans leur intérêt à tous deux.

Oh, Seigneur...

Elle était si stupide à l'époque, si naïve, si ignorante des choses de la vie et de l'amour !

Elle était si jeune et tellement effrayée.

Pour le forcer à s'en aller, elle lui avait débité une litanie de mensonges, plus cruels les uns que les autres. Et lorsqu'il était effectivement parti, elle avait su qu'elle ne le reverrait jamais.

Et il en aurait été ainsi si Hugues n'avait décidé un beau jour de s'approprier sa fortune en l'épousant coûte que coûte.

Aujourd'hui, Damien était à Glenheim. Il demeurait celui qu'elle avait connu, tout en étant un autre, un inconnu dont la proximité la tentait, mettait sa détermination à l'épreuve, et lui rappelait quel danger il y avait à s'autoriser à tomber de nouveau amoureuse.

Alissande rouvrit les yeux, quitta son siège pour s'approcher de la fenêtre. Son regard se perdit au loin tandis qu'elle tentait cette fois de chasser les souvenirs qui la bouleversaient tant. Le passé ne pouvait être changé. Elle le savait, mais cela ne l'aidait en rien.

Après avoir chèrement payé ses erreurs de jeunesse, elle s'était efforcée de faire la paix avec elle-même. Mais le retour de Damien avait fait voler en éclats la carapace dont elle avait entouré son cœur. Ses sentiments revenaient à la vie, impétueux, irrépressibles. Ils la tourmentaient, attisant sa colère et ses regrets, ne lui laissant aucun répit.

Damien lui plaisait toujours infiniment, mais elle n'était plus cette jeune fille innocente, pleine d'insouciance qui s'était éprise de lui. De même que lui n'était plus le beau chevalier plein de fougue d'autrefois. Ce qu'elle avait vécu ces cinq dernières années l'avait rendue si méfiante à l'égard des hommes qu'elle ne savait à présent plus que faire des émotions qui faisaient rage en elle.

— Il y a quelque chose d'intéressant à voir ?

La voix de Damien la fit tressaillir. Son pouls s'emballa. Sa présence lui faisait toujours le même effet, et c'était encore pire en cet instant, alors que tous ces souvenirs étaient encore frais dans sa mémoire.

Elle lui fit face.

Comme elle ne répondait pas, il désigna la fenêtre d'un geste.

— Vous sembliez si absorbée dans votre contemplation… Je me demandais ce qui vous accaparait à ce point.

« Vous. Uniquement vous… »

La réponse fusa dans son esprit. Elle sentit ses joues s'échauffer. Dieu merci, elle n'avait pas prononcé ces paroles à voix haute !

Pour se donner une contenance, elle tenta un sourire.

— Il n'y a rien de particulier à voir. J'étais juste perdue dans mes pensées.

Il hocha la tête. Son expression était aimable, toutefois il paraissait légèrement mal à l'aise, comme chaque fois qu'ils se retrouvaient en tête à tête.

Il la rejoignit, s'appuya de l'épaule contre le mur, près de la fenêtre devant laquelle elle se tenait, et croisa les bras sur la poitrine.

— Seamus a repris connaissance, annonça-t-il. D'après le médecin, il sera remis d'ici peu.

— J'en suis soulagée.

Alissande était sincère. Seamus était un bon soldat, loyal. Lui, sa femme et leurs quatre enfants étaient très appréciés au village, car ils n'hésitaient jamais à partager avec ceux qui étaient dans le besoin.

Le silence retomba. À présent, c'était Damien qui semblait perdu dans ses pensées. Alissande se proposait de lui demander de quelle question il désirait discuter avec elle quand il releva la tête. Leurs regards se croisèrent. Celui de Damien exprimait une telle sollicitude qu'elle en fut bouleversée.

— Comment va votre bras ? s'enquit-il.

— Bien…

Une autre vague de chaleur gagna ses joues, sa gorge. Damien fixait son menton, là où les doigts de Hugues l'avaient agrippée avec brutalité et où, elle le savait, une trace bleuâtre était apparue. Gênée, elle ne put s'empêcher d'effleurer cette dernière, avant de se détourner.

— Ce n'est rien, je vous assure. C'est juste un peu sensible, mais d'ici quelques jours, il n'y paraîtra plus.

— Je regrette de ne pas vous avoir trouvée plus tôt, Alissande. Je bous à l'idée que ce butor vous ait malmenée !

Son ton était si grave, et il semblait tellement furieux contre lui-même qu'elle leva de nouveau les yeux vers lui.

— Vous ne pouviez pas savoir que Hugues viendrait à Glenheim aujourd'hui, objecta-t-elle. Et moi non plus, du reste. Sinon, je n'aurais jamais quitté l'enceinte du château.

— Mais pourquoi êtes-vous partie en premier lieu ?

Prise de court, elle balbutia :

— Eh bien… je voulais cueillir des fraises pour faire un dessert et…

— Des fraises ?

Elle se sentit rougir de plus belle. Peu désireuse de lui avouer les véritables motifs de cette promenade, elle murmura :

— Je regrette vraiment que votre rencontre avec Hugues ait été rendue encore plus difficile par ma faute.

— En quoi ?

— Les bois ne sont pas le meilleur endroit pour un premier face-à-face. Par ma faute, vous vous êtes mis en danger et j'en suis désolée.

— Aucune importance. Ce qui compte, c'est qu'il est maintenant au courant de ma présence et que, de mon côté, je sais à qui j'ai affaire. Le tournoi d'Odiham promet d'être pour le moins intéressant.

Intéressant, certes. Mais il les mettrait aussi dans une position embarrassante.

— N'êtes-vous pas d'accord ? s'étonna Damien qui avait dû remarquer sa moue dubitative. Quelque chose vous tracasse-t-il encore ?

Alissande hésita. Elle n'avait nulle envie de le blesser en lui parlant de l'accueil que la Cour leur réserverait sans doute pour leur première apparition en public en tant que mari et femme. Cela dit, il devait s'y attendre.

— Eh bien, commença-t-elle, ce séjour à Odiham risque d'être pénible à plus d'un titre, non ? Surtout pour vous.

Elle le sentit se tendre. Il prit son temps pour répondre :

— En acceptant d'assurer votre protection, je n'ignorais pas que nous serions obligés, un jour ou l'autre, de retourner à la Cour... avec tout ce que cela entraîne pour moi.

Il y avait de l'amertume dans sa voix tandis qu'il prononçait ces paroles, et le cœur d'Alissande se serra. Personne ne gagnerait rien à évoquer les sordides détails de cette journée terriblement humiliante. Rien, sinon des souffrances supplémentaires et des regrets. Cela ne changerait rien...

La voix de Damien interrompit le cours de ses pensées :

— Le passé est le passé, Alissande, et, désormais, seul le présent doit nous soucier. Je peux tout affronter, les ombres d'hier et les dangers d'aujourd'hui, dès lors que j'ai confiance en vous et que je sais pouvoir compter sur votre soutien durant ces six mois où nous serons contraints de vivre ensemble.

Ses yeux bleus la transperçaient. Elle perçut un changement subtil dans sa voix lorsqu'il poursuivit :

— C'est l'un des sujets que je voulais aborder avec vous. Après cette première confrontation avec Hugues, je crois que nous devrions adopter une position de force et d'unité. Enfin, si cela est possible.

— Damien, je ne vous considère pas comme un adversaire, dit-elle doucement.

« Au contraire ! » songea-t-elle.

— Tant mieux, murmura-t-il.

Il parut sur le point d'ajouter quelque chose, mais se ravisa, et tendit la main pour effleurer du pouce le menton de la jeune femme. Elle fut tellement prise au dépourvu qu'elle faillit incliner spontanément la tête pour mieux savourer cette caresse inattendue.

Les doigts de Damien s'attardèrent, sa grande paume calleuse lui effleurant la joue comme elle en rêvait un instant plus tôt. Elle ferma les yeux, le cœur battant à tout rompre. C'était stupide ! lui chuchota une petite voix. Cela ne pouvait mener nulle part.

Mais la sensation était si exquise… Elle déclenchait en elle une cascade ininterrompue de petits frissons.

Sa main, comme mue par une volonté propre, se posa sur le bras de Damien, dans un geste familier qui lui était revenu tout naturellement. Tous deux se figèrent, retenant leur souffle.

Pendant un long moment, aucun d'eux ne dit mot. Lorsque, n'y tenant plus, Alissande rouvrit les yeux, elle constata qu'il la dévisageait de ce même regard intense qu'il avait au soir de leur mariage.

Une chaleur insidieuse se logea au creux de son ventre.

« Seigneur, sauvez-moi de la tentation ! » pria-t-elle, éperdue.

Damien brisa enfin le silence.

— Dès lors que notre accord stipule que nous passions du temps ensemble et que nous nous comportions en jeunes mariés, peut-être devrions-nous faire un effort pour essayer de… profiter de la compagnie l'un de l'autre plus complètement que nous ne l'avons fait jusqu'à présent ?

— En jeunes mariés, répéta-t-elle, tandis que la tension entre eux s'accroissait subtilement.

— C'est bien ce que nous sommes censés être, non ?

Il pencha lentement la tête et le cœur d'Alissande s'affola. Dieu du ciel ! Il allait l'embrasser !

— Notre accord stipule que nous devons nous comporter en époux épris… en public, trouva-t-elle, Dieu sait comment, la force d'objecter.

— En effet, acquiesça-t-il, sa bouche si proche, à présent, qu'elle pouvait sentir la tiédeur de son souffle sur ses lèvres.

— Mais, pour l'instant… il n'y a que nous dans cette pièce, Damien.

Il se pétrifia, les lèvres à quelques millimètres des siennes. Seigneur, comme elle avait envie d'approcher sa bouche de la sienne, et au diable les questions ! Cependant, la peur de souffrir la retenait, lui enjoignant de ne pas le laisser faire.

Se rembrunissant, il s'écarta légèrement, le regard brûlant de passion contrariée. Puis, en l'espace de quelques secondes, son expression s'adoucit, se teinta même d'amusement. À contrecœur, il hocha la tête, et Alissande respira plus librement.

Il n'irait pas plus loin. Du moins, pour le moment.

Mais elle savait d'expérience que messire Damien de Ashby n'était pas homme à renoncer sans combattre. Et qu'elle aurait besoin de l'aide de tous les saints du paradis s'il se mettait en tête d'abattre les barrières qu'elle dressait laborieusement entre eux !

— Vous avez raison, madame, je vous le concède, admit-il, sans paraître cependant capituler. Dans ce cas, je vais sans tarder aborder le deuxième sujet qui me tient à cœur.

Il ponctua ses paroles d'un sourire si sensuel qu'elle sentit sa bouche s'assécher de désir. Elle éprouva comme un grand vide lorsque, laissant retomber sa main, il s'écarta et se tourna vers la fenêtre.

— Il faut que nous œuvrions de concert si nous voulons déjouer les plans de Harwick. Et afin d'y parvenir, je vais vous demander de faire quelque chose que d'aucuns jugeraient sans doute parfaitement incongru.

Il était bien mystérieux. En dépit de son appréhension, Alissande ne put réprimer un petit frisson d'excitation.

— De quoi s'agit-il, demanda-t-elle.

— Afin que vous puissiez vous défendre de toute manœuvre d'intimidation si d'aventure vous croisiez de nouveau la route de Hugues, je vais devenir votre instructeur, en quelque sorte. Nous aurons tous deux l'esprit plus tranquille si nous savons que vous êtes capable d'assurer vous-même votre protection.

« D'autant que nous savons que, dans six mois, vous sortirez de ma vie définitivement », songea-t-elle, avant d'objecter :

— Je ne vois pas comment cela serait possible, Damien. Je n'ai pas la force physique d'un homme, et Hugues est un guerrier qui s'entraîne quotidiennement.

— Quand j'aurai achevé votre instruction, vous serez capable de terrasser n'importe quel homme, y compris moi. Pour peu que vous me preniez au dépourvu, bien sûr ! Ce qui, je le confesse, ne risque pas d'arriver. Autant vous prévenir honnêtement.

Son regard pétillait, espiègle, et une douce émotion s'empara d'Alissande. Elle retrouvait le Damien enjoué et taquin d'autrefois. Incapable de s'en empêcher, elle sourit.

Néanmoins, son projet la laissait sceptique. Ce qu'il devina sans doute, car, posant la main sur le cœur, il feignit de s'étonner :

— Comment, madame, vous douteriez de moi ? Voilà qui me blesse !

Cette fois, Alissande éclata de rire.

— Enfin, Damien, vous ne pensez pas sérieusement que vous pouvez apprendre à une femme à se libérer de l'emprise d'un homme qui a appris l'art du combat pratiquement au berceau ! J'ai entendu parler de femmes qui dirigeaient des garnisons pour défendre leurs terres en l'absence de leur époux, mais je n'en connais aucune qui se soit vantée de pouvoir affronter un homme à mains nues. D'où diable vous vient une telle idée ?

— Quand nous étions en Égypte, mes frères Templiers et moi-même avons traversé la région de Beni Hasan. Là-bas, on pratique d'anciennes techniques de défense qui comptent plusieurs centaines de mouvements, attaques et feintes diverses. Elles sont terriblement efficaces, et les hommes en font également bénéficier leurs épouses, afin qu'elles puissent se protéger en temps de guerre.

Alissande le considérait avec incrédulité.

— Ce... ce n'est pas une plaisanterie ?

— Pas du tout. Ma proposition est tout à fait réaliste, croyez-moi.

Elle garda le silence, mais l'idée commençait à faire son chemin en elle. Plus elle y réfléchissait, plus elle la trouvait séduisante, comme Damien s'en était sans doute douté. Ces dernières années, elle avait abandonné toute forme d'exercice physique, mais lui se rappelait sans doute que, cinq ans plus tôt, elle était d'une nature plutôt aventureuse, voire casse-cou ! Et puis, il avait raison. Dans sa situation, un tel enseignement pouvait se révéler utile.

— Alors Alissande, qu'en dites-vous ? Êtes-vous d'accord pour que je devienne votre professeur ? Il vous faudra vous entraîner chaque jour au début, jusqu'à ce que vous maîtrisiez parfaitement les mouvements et les positions de base.

Elle sut alors qu'elle allait accepter, même si un détail la chiffonnait encore.

— Si vous y tenez, Damien, je veux bien essayer d'apprendre cette technique. Toutefois, je suggère que nous nous exercions dans un endroit à l'abri des regards curieux et des langues médisantes. Les habitants du château n'en reviendraient pas de nous voir nous battre comme des chiffonniers dans la cour d'armes...

— Je suis enchanté que vous acceptiez, madame. Malheureusement, je ne peux accéder à cette dernière requête.

Il secoua la tête d'un air de regret, mais ses yeux pétillaient. Déconcertée, elle le vit se diriger vers la porte.

— Attendez ! Où allez-vous ? Et pourquoi, au nom du ciel, ne pouvez-vous accéder à cette requête qui me semble pourtant très raisonnable ?

Il s'immobilisa, la main sur la poignée de la porte.

— Pour répondre à votre première question, je vais de ce pas préparer ce dont nous aurons besoin pour la première séance. Pour ce qui est de la seconde question… Ce n'est pas que je ne *peux* pas accéder à votre requête. C'est que je m'y refuse.

Alissande demeura sans voix. Et faillit s'étrangler lorsqu'il ajouta :

— J'ai au contraire l'intention de réaliser l'entraînement au vu et au su de ceux aux yeux de qui nous sommes censés apparaître comme un couple tendrement épris.

Souriant, il lui adressa un clin d'œil.

— Je vous laisse réfléchir au pourquoi de cette nécessité.

Sur ce, il quitta la chambre et s'éloigna dans le couloir en sifflotant.

9

— Je vous le répète, mère, j'ignore ce que cela signifie. Aïe !

Alissande, qui était en train de broder un lys sur une fine serviette de lin, porta vivement à sa bouche le doigt qu'elle venait de se piquer, et où perlait une goutte de sang. Elle aurait sûrement proféré deux ou trois jurons bien sentis si elle n'avait été une dame de qualité condamnée aux bonnes manières ! Cette maladresse était inhabituelle de sa part. Elle était contrariée, d'autant plus que Damien semblait prendre un malin plaisir à leurs séances d'entraînement quotidiennes.

En public.

— Peut-être votre prochain séjour à Odiham Castle le tracasse-t-il ? Après tout, Hugues est un adversaire redoutable. Tu as bien connu messire Damien, ma fille. Est-il d'ordinaire nerveux avant le combat ?

— Damien savoure l'idée de la bataille à venir plus qu'il ne l'appréhende, mère. Je dirais même qu'il attend avec impatience d'affronter Hugues, assura Alissande.

De nouveau, elle se piqua le doigt. Avec un cri exaspéré, elle lâcha l'aiguille sur laquelle était enfilé son fil de soie.

— Prends garde, ma fille. Ta broderie est magnifique, mais le prêtre ne pourra pas l'utiliser pour s'essuyer les mains pendant la messe si le tissu est souillé de sang.

Alissande cru voir sa mère réprimer un sourire. Son imagination lui jouait-elle des tours ? Attentive, elle scruta son visage mais, hormis une légère rougeur aux joues – que l'on pouvait attribuer à la chaleur –, elle respirait la sérénité, comme à l'accoutumée.

— Qu'y a-t-il ? s'enquit dame Blanche d'un ton innocent. J'espère que ma remarque ne t'a pas offensée, ma fille.

— Non, pas le moins du monde. Comme toujours, vous avez raison, mère. Simplement il semblerait que je sois incapable de me concentrer sur quoi que ce soit ce matin.

Le matin, l'après-midi, et le soir.

Depuis qu'il était de retour dans sa vie, Damien l'avait complètement chamboulée avec ses regards ardents.

Alissande finit par mettre la serviette de côté. Dame Blanche posa elle aussi son ouvrage, un napperon destiné à une crédence, et déclara :

— Allons, nous nous remettrons au travail plus tard. Pourquoi ne pas aller prendre l'air ? Il fait beau et il faut de la sauge pour parfumer la viande que nous mangerons ce soir au dîner.

Alissande étira son dos douloureux et ses bras ankylosés.

— Oui, c'est une bonne idée. Et il faudrait également que je ramasse une poignée d'orties pour la glisser dans les braies de Damien afin qu'il pense à autre chose qu'à badiner avec moi !

Cette fois, dame Blanche rit de bon cœur. Alissande soupira :

— Mère, je vous assure, ce n'est pas drôle !

— Je sais, je sais, ma chérie, convint dame Blanche en ravalant un gloussement. Les hommes sont parfois horripilants. Et tellement obstinés ! Le mieux, je m'en suis rendu compte, est encore de leur rendre la monnaie de leur pièce, et avec une conviction plus grande encore. Si tu fais preuve de confiance en toi, tu finiras par récupérer les rênes du pouvoir, tu verras.

— Êtes-vous en train de me suggérer d'adopter la même attitude que lui ? fit Alissande, crispée. De prendre avec lui les libertés qu'il s'autorise avec moi ?

— Peut-être. Je te répondrais plus aisément si je savais précisément ce que fait messire Damien pour que tu sois à ce point chamboulée ces derniers temps.

Alissande se mordit la lèvre. Elle quitta son siège et s'approcha de la fenêtre. Comment expliquer à sa mère que Damien profitait de leurs séances d'entraînement pour se permettre à son égard des privautés qui la troublaient, la perturbaient, la ravissaient, bref, menaçaient de la rendre folle ? En plein corps à corps, il lui chuchotait des mots doux à l'oreille. Ses mains s'attardaient sur ses hanches alors même qu'il lui faisait la démonstration d'un mouvement particulier. Et elle, brûlant d'un feu interdit, avait toutes les peines du monde à se concentrer.

Elle en était venue à attendre avec une impatience croissante que sonne l'heure, chaque jour, de la nouvelle séance. Mais bien sûr, elle serait morte plutôt que de l'avouer !

Se tournant vers sa mère, elle leva le menton, affectant un air de dédain, et expliqua :

— Au cours des leçons qu'il a insisté pour me donner afin que j'apprenne à me défendre, il se montre très familier, me caresse, et me vole même des baisers.

Dame Blanche hocha la tête.

— J'ai, en effet, entendu les domestiques parler de ces séances. J'approuve sans réserve cette idée qu'il a eue de te former. Je trouve personnellement que toute femme devrait savoir se défendre. Mais il paraît en effet que messire Damien se montre assez... pressant.

— On peut le dire ! Et ce qui m'agace le plus, c'est que je suis impuissante à me soustraire à ses avances, piégée que je suis par les regards des curieux qui nous observent et sont persuadés que nous sommes mari et femme !

« Menteuse ! » souffla une petite voix dans un recoin de son esprit.

Elle sentit ses joues s'empourprer. Elle n'était ni juste ni honnête. Elle savait fort bien qu'elle aurait pu arrêter Damien d'un seul mot à n'importe quel moment. Or, jusqu'à présent elle n'en avait rien fait. Parce qu'elle y prenait trop de plaisir.

Son sentiment d'impuissance avait moins à voir avec le comportement de Damien qu'avec l'irrépressible désir qu'elle éprouvait pour lui. Mais elle n'allait pas le confesser devant sa mère !

— Il se rend bien compte que j'ai les mains liées, et il en profite ! vitupéra-t-elle encore d'un ton qui se voulait indigné.

— Je vois, dit dame Blanche.

Alissande la fixa, interdite. Elle n'allait tout de même pas se contenter de commentaire laconique ? Mais sa mère, l'air pensif, demeura silencieuse.

Déroutée, Alissande insista :

— Comprenez-moi, mère. Je sais que ces attentions seraient considérées comme tout à fait normales entre des jeunes mariés, mais étant donné la particularité de notre arrangement...

— Eh bien, justement, en lui rendant la monnaie de sa pièce, tu lui donnerais une bonne leçon.

— Je crois plutôt que je ne ferais que l'encourager !

— C'est un risque à prendre, non ? répliqua dame Blanche en regardant sa fille droit dans les yeux, comme lorsque celle-ci était petite fille, et qu'elle tentait de déterminer si elle lui disait la vérité ou non. Et comment réagirais-tu si messire Damien répondait effectivement à tes actions en se montrant encore plus « attentionné » ? ajouta-t-elle.

Alissande sut alors qu'elle était perdue. Les mots refusaient de sortir de sa bouche. Incapable de soutenir le regard de sa mère, elle comprit qu'elle s'était trahie et qu'il était vain de protester.

Après un long silence, sa mère murmura :

— Ainsi, tu es toujours sous son charme. Plus que tu ne veux l'admettre.

Dame Blanche s'était exprimée sans émotion apparente, comme si elle évoquait un détail aussi anodin que l'état du potager ou son intention de prendre un bain. Tout en parlant, elle s'était penchée pour plier les broderies et les ranger avec soin dans le panier à couture. Puis elle se tourna vers sa fille, l'air interrogateur, comme si elle s'étonnait de n'avoir pas encore reçu de réponse.

— Que voulez-vous que je vous dise ? marmonna Alissande.

— Rien du tout, ma chérie. La réponse se lit très clairement dans tes yeux. Mais je suis ta mère et, en tant que telle, j'aimerais savoir à quel point tes sentiments sont profonds, et ce que tu as l'intention de faire à ce sujet.

— Eh bien, je... c'est-à-dire que...

Alissande savait qu'elle paraissait incohérente, mais cela n'avait rien d'étonnant, car dès qu'elle songeait à Damien, ses pensées mêmes perdaient toute logique.

— C'est pire que je ne le supposais, commenta doctement sa mère.

— Que voulez-vous dire ?

Les mains sagement croisées devant sa taille mince, dame Blanche arborait une expression sérieuse, mais il y avait dans son regard un pétillement qu'Alissande ne se souvenait pas d'avoir jamais vu auparavant.

— Tu es amoureuse, ma chérie.

Alissande ouvrit la bouche, mais aucun son n'en sortit. Avant qu'elle ait le temps de recouvrer ses esprits, sa mère leva la main pour lui faire comprendre qu'il était inutile de parler. Un sourire affectueux aux lèvres, elle s'approcha et repoussa tendrement une mèche brune qui bouclait sur sa tempe.

— Ne t'offusque pas, ma chérie. Pour être femme, tu n'en restes pas moins ma fille. Cela fait des semaines que je t'observe en compagnie de messire Damien. Quand tu l'as repoussé il y a cinq ans, j'ai gardé le silence parce que je pensais que la décision que tu avais prise était la bonne. Mais, aujourd'hui, je n'ai nul besoin d'explications de ta part pour comprendre ce qui est en train de se passer.

— Mais je ne sais même pas ce que j'éprouve ! Du moins, pas vraiment, avoua Alissande d'une voix faible.

— Bien sûr. C'est naturel. Même lorsqu'il atteint des sommets, l'amour peut semer la déroute dans les esprits.

Dans un geste de compassion, dame Blanche tapota la main de sa fille, puis se pencha pour l'embrasser sur la joue. Son doux parfum de muguet procura à Alissande un réconfort immédiat.

— Encore une question, reprit dame Blanche en se redressant. Pourquoi sembles-tu persuadée que tes sentiments pour messire Damien ne sont pas réciproques ?

Alissande recula d'un pas en secouant la tête. Un rire désabusé lui échappa.

— Oh, croyez-moi, ils ne le sont pas ! Bien sûr, c'est un homme comme les autres, avec des besoins d'une nature virile et impétueuse, mais, récemment, nous avons évoqué le passé. Ce qu'il a enduré et les tortures que lui ont infligées les inquisiteurs…

Elle s'interrompit, se frotta le front, s'efforçant de chasser de son esprit les images terribles qui tentaient de s'y incruster et qui, chaque fois, la faisaient se sentir horriblement mal. Elle avait beau repousser la douloureuse vérité, celle-ci finissait toujours par s'imposer à elle.

— Toutes ces épreuves ont changé Damien, reprit-elle, et les sentiments qu'il a pu éprouver autrefois ne refleuriront jamais plus.

— Tu pourrais bien être surprise, ma fille. Ce qu'il y a dans le cœur d'un homme n'est pas toujours visible. Il arrive même parfois qu'il ne sache pas lui-même ce qu'il ressent vraiment.

Alissande retourna s'asseoir et se rencogna dans son siège. Croisant les bras d'un air déterminé, sa mère ajouta :

— De toute façon, nous ne pouvons pas préjuger de l'avenir, mais seulement nous fier à ce que nous savons avec certitude. Alissande, tu aimes cet homme qui joue temporairement le rôle de ton époux. Or, en dépit des conditions qu'il a lui-même édictées, il se comporte avec toi d'une manière qui te trouble, c'est bien cela ?

Misérable, Alissande hocha la tête. Mais dame Blanche ne paraissait pas décidée à se contenter d'une si piètre réponse. S'approchant de sa fille, elle lui prit la main en un geste de complicité féminine.

— Non, ma fille, ce n'est pas là la jeune femme courageuse et déterminée que j'ai élevée. Il est temps que tu te ressaisisses. On ne gagne rien à rester assise à se lamenter quand on doit faire face à un problème quelconque ou à un homme buté. La question à laquelle il faut trouver une réponse à présent est celle que je t'ai posée il y a un instant. Messire Damien t'a lancé un défi. Il te met à l'épreuve en prenant avec toi des libertés.

Les yeux de dame Blanche étincelaient. Elle haussa les sourcils d'un air à la fois farouche et malicieux.

— Eh bien, ma fille, je te le demande, quelle sera ta riposte ?

Il jouait avec le feu, et le savait parfaitement.

Damien ruminait cette vérité tandis qu'il pénétrait dans la chapelle du village afin de profiter d'un moment de solitude pour tenter de se ressaisir. Même s'il avait perdu la foi, ce lieu était le plus paisible qu'il connaisse, et ses pas l'y avaient tout naturellement conduit lorsqu'il avait ressenti le besoin de s'isoler.

Entre deux messes, la petite chapelle était en général déserte. Damien s'installa au premier rang, face à la statue de la Vierge.

Puis essaya de réfléchir.

La situation était en train d'échapper à son contrôle. Depuis quatre jours, la tension érotique entre Alissande et lui n'avait fait que croître, pour atteindre les limites du supportable. Dès qu'il se trouvait en sa présence, un désir sans nom le tourmentait et, cependant, il ne pouvait s'empêcher d'attiser les braises en la touchant ici, en lui murmurant quelques mots à l'oreille là, en lui dérobant un baiser...

Bon sang, ces derniers jours, il était incapable de penser à quoi que ce soit d'autre ! Le corps de la jeune femme ne quittait pas son esprit ; il l'imaginait nue, et des images osées défilaient dans son cerveau en une sarabande infernale.

D'ici peu, il retrouverait Alissande pour une nouvelle séance d'entraînement. Et il savait déjà qu'en dépit de toutes les bonnes résolutions qu'il pourrait prendre, il serait incapable de garder ses distances. Il oublierait ses nobles intentions à la seconde où il aurait l'occasion de goûter à sa bouche ou d'effleurer ses courbes féminines.

Des courbes d'ordinaire réservées à un véritable époux ou à un amant.

Et le fait que, loin de le repousser ou de protester, Alissande réagisse à ses caresses ne l'incitait pas vraiment à s'amender. Elle rougissait, retenait son souffle et lorsque, parfois, il frôlait de sa main son sein frémissant, il sentait la pointe durcir sous sa paume.

La veille encore, avant de se ressaisir et de s'écarter, plus rougissante que jamais, elle s'était laissée aller contre lui l'espace d'un instant, pressant son corps contre le sien comme elle avait l'habitude de le faire autrefois. Il avait failli perdre la tête, la soulever dans ses bras, et l'emporter droit dans leur chambre !

Bien entendu, il n'en avait rien fait. Il ne le pouvait pas, si puissant soit son désir. Elle demeurait à ses yeux un fruit interdit, non seulement parce que la confiance entre eux n'existait plus depuis longtemps, ou à cause de l'accord qu'ils avaient passé, mais aussi parce qu'il n'avait rien à lui offrir. Plus maintenant.

En tant qu'homme, il lui apporterait encore moins aujourd'hui qu'il ne l'aurait pu cinq ans plus tôt. Car il n'était plus que l'ombre de lui-même, une coquille vide abandonnée de Dieu, un corps marqué de cicatrices qui reflétaient à peine les blessures de l'âme qu'il renfermait.

« Tu n'es pas obligé de te limiter aux séances d'entraînement, souffla une petite voix rusée dans sa tête. Il y a d'autres moyens d'apaiser le désir. Des moyens qui te permettent de toucher Alissande, de la goûter, de vous donner du plaisir mutuellement sans aller jusqu'à la possession charnelle. Des moyens que vous avez tous deux grandement appréciés autrefois… »

Ravalant un grognement de frustration, Damien enfouit la tête entre ses mains et tenta de faire le vide dans son esprit.

Mais non, décidément il n'y arrivait pas. Il était venu dans ce sanctuaire afin de trouver la paix de l'âme et non pour se laisser aller à toutes sortes de pensées obsédantes !

— Vous avez donc toujours autant de mal à prier ?

La voix posée lui fit lever les yeux. Ben s'approchait d'un pas tranquille.

— Aujourd'hui, ma lutte est tout autre, mon ami, avoua Damien sans détour. Cela dit, la paix que procure la prière m'échappe toujours, vous avez vu juste.

Comme il prenait place sur le banc, près de lui, Ben grimaça. Damien haussa un sourcil.

— Qu'avez-vous ? Auriez-vous gagné un torticolis à travailler si tard dans la nuit à cette enluminure que le père Michel vous a commandée ?

— Nenni. C'est à vous, Damien, que je dois cette douleur.

— Comment cela ?

— C'est le résultat de cet entraînement infernal que vous nous imposez à tous chaque jour, répondit Ben en se frottant la nuque. Je ne suis plus si jeune ! Et je ne suis plus un guerrier. Il y a plus de probabilités pour que je meure d'épuisement que par l'épée d'un ennemi. Je suis un homme de Dieu, désormais, je suis plus accoutumé à manier le vélin et l'encre que l'épée et le bouclier.

— Je ne serais pas aussi catégorique. Vous vous débrouillez plutôt bien pour un vieillard.

Ben sursauta et, indigné, flanqua une bourrade dans les côtes de son ami.

— Aïe !

Riant, Damien reporta son regard vers l'autel. Son sourire s'effaça et, avec un soupir, il posa les coudes sur ses genoux.

— Au vrai, mon ami, vous devriez vous féliciter de n'avoir à vous soucier que de l'entraînement de ces hommes, ajouta-t-il.

— Faites-vous référence à l'enseignement inhabituel que vous avez jugé bon de prodiguer également à dame Alissande ?

Le ton de Ben aurait dû mettre Damien en garde. Mais, accaparé qu'il était par ses misères, il confirma :

— Oui. Que je sois maudit pour avoir eu une idée pareille !

Un long silence s'ensuivit, chargé d'une sorte de tension impossible à ignorer. Relevant la tête, Damien surprit sur lui le regard acéré du moine fixé sur lui.

— *Quoi ?* fit-il.

— Oh, rien, répondit Ben d'un air innocent. Il se trouve juste que, hier matin, je passais près de la cour d'armes alors que vous vous exerciez au combat avec dame Alissande, et j'ai été témoin d'une scène… fort intéressante, ma foi.

— Vraiment ?

— Oui, je vous assure.

Damien pinça les lèvres. Il savait bien qu'il aurait dû changer de sujet au plus vite. Ou bien rétorquer à Ben qu'il n'avait pas l'intention d'aborder la question. Ou mieux, quitter la chapelle.

Mais il se rendit compte tout à coup que s'il était venu se réfugier là, précisément, c'était peut-être qu'il avait besoin de parler de ce qui lui arrivait à quelqu'un qui ne le jugerait pas avec trop de sévérité.

Un peu comme Alexandre de son vivant.

À cette pensée, une vague de chagrin le submergea. Pris de court, il retint son souffle. Même si son frère et lui n'étaient pas toujours d'accord sur tout, ils se comprenaient et se serraient les coudes. Et cela lui manquait énormément, comprit-il, bien plus qu'il ne se l'était avoué jusqu'à présent.

Les yeux rivés sur Ben, il se jeta à l'eau.

— Cela vous ennuierait de m'expliquer ce que vous avez trouvé de si intéressant à cette scène dont vous avez été témoin ?

— Ah ! J'ai bien cru que vous ne me poseriez jamais la question. Je dois dire que, tout d'abord, j'ai cru voir deux personnes qui jouaient leur rôle à la perfection. À moins que je n'aie vu un homme et une femme dont les empoignades étaient l'expression d'un véritable amour.

Damien s'attendait si peu à ce commentaire qu'il en resta pantois. La pensée que c'étaient les termes employés qui le plongeaient dans cet état de stupeur lui traversa l'esprit.

Il devait avoir l'air tellement horrifié que Ben agita la main et corrigea d'un ton bourru :

— Le terme « amour » est peut-être un peu fort. J'aurais dû plutôt dire que vous m'êtes apparus comme un homme et une femme *sur le point* de tomber amoureux. Voilà, ce serait plus juste, je pense.

— Ce n'est guère mieux, articula Damien.

— C'est en tout cas le sentiment que j'ai eu. Vous m'avez posé la question, je vous ai répondu, mon ami. Vous ne pouvez me le reprocher.

— Je ne vous le reproche pas, assura Damien qui se remettait lentement du choc qu'il venait d'éprouver. Mais cela ne m'empêche pas de penser que vous avez perdu l'esprit.

Ben tourna la tête vers lui avec une rapidité surprenante pour un homme qui venait de se plaindre de courbatures.

— J'ai toute ma tête, Damien, et vous le savez très bien. Mais, après vous avoir observé ces derniers temps, je ne suis pas sûr que vous puissiez en dire autant...

Incapable de réfuter cette pique, Damien demeura immobile un moment à ruminer sur ce qui venait d'être dit. Puis, n'ayant abouti à aucune conclusion satisfaisante, il inspira à fond, expira lentement, et répondit d'une voix sourde :

— Je ne peux pas aimer Alissande, Ben. Ni elle ni aucune autre femme, du reste. Ce que j'éprouve pour elle est, je le crains, beaucoup moins noble !

— Qu'est-ce qui vous fait donc croire cela ?

— Je sais que je ne suis plus capable de ressentir les douces émotions qui font ce sentiment qu'on appelle l'amour.

Ben demeura pensif un moment, comme s'il soupesait l'argument.

— Vous avez peut-être raison, mais...

Il laissa sa phrase en suspens.

— Mais quoi ? ne put s'empêcher de questionner Damien.

— Mais, dans ce cas, je crois pouvoir affirmer que ce qui vous empêche de trouver la paix ces jours derniers, ce sont les sursauts de votre conscience qui vous rappelle que vous ne devez pas badiner avec dame Alissande comme vous le faites si vous n'avez pas l'intention de poursuivre jusqu'à sa conclusion, en tout bien tout honneur.

Damien tressaillit, piqué au vif. Que cela lui plaise ou non, c'était bel et bien la vérité. Il n'avait pas voulu s'attarder sur la pensée que le jour viendrait, inévitable, où il devrait quitter définitivement Alissande. Et cela, non seulement parce qu'il savait que badiner avec elle n'était pas digne d'un homme d'honneur, mais parce qu'il se rendait compte à chaque heure qui passait quel déchirement ce serait. Le fait que l'issue soit inéluctable ne la rendrait pas plus facile à supporter.

— Il me reste un conseil à vous donner, mon ami, reprit Ben d'une voix bienveillante.

— Lequel ? souffla-t-il, en proie à une tristesse infinie à l'idée de devoir cesser ce petit jeu qu'il entretenait depuis plusieurs jours – fini les caresses, les frôlements, les baisers.

— Si vous découvrez que vous n'êtes pas capable de résister au charme de dame Alissande, vous devrez envisager la possibilité que ce qui vous pousse vers elle est plus noble qu'une vulgaire passion charnelle. Le simple désir physique peut s'assouvir avec n'importe quelle femme consentante. En vrai, un homme peut parfaitement le contenir s'il le décide, il lui suffit de faire preuve de volonté. Vous le savez mieux que quiconque, vous qui avez été chevalier du Temple. Mais l'amour n'obéit pas aux mêmes règles.

L'espace d'un instant, une lueur d'espoir éclaira les territoires désolés qui habitaient Damien, avant d'être de nouveau engloutie par les ténèbres qui régnaient en lui.

Sa bouche se plissa dans une grimace amère.

— Ce que vous dites ne manque pas de sens, mon ami. Mais cela ne s'applique pas à moi. Et Dieu sait que je le regrette.

Les dents serrées, Damien s'efforça de combattre la petite voix qui s'obstinait à chanter l'espoir en lui, résolu à utiliser ce qui lui restait d'énergie pour faire ce qui devait être fait.

Ben demeura silencieux. Au bout de quelques minutes, Damien comprit que les pensées du moine avaient dérivé sur un autre sujet, tout aussi sérieux.

Il en eut la confirmation lorsque ce dernier observa doucement :

— Vous savez, Dieu pourrait vraiment vous aider si seulement vous le Lui demandiez.

Damien eut l'impression de recevoir un coup de poing. Car il venait de se rendre compte que, quelques instants plus tôt, alors qu'il était encore seul dans la chapelle, il avait effectivement lancé un appel vers Dieu. L'habitude, sans doute, mais l'idée qu'un tel réconfort ne soit désormais plus à sa portée était encore si douloureuse.

Ben poursuivit :

— Dieu nous entend tous, Damien. Il ouvre les bras à tous ceux qui vont vers Lui, Il pardonne tous les péchés, même à ceux qui se sont détournés de Lui sous le coup de la colère ou du chagrin.

La douleur était encore trop forte pour que Damien puisse articuler une parole. Alors il se leva et, au prix d'un effort inouï, parvint à dominer sa souffrance. Plus que quiconque il aurait souhaité pouvoir atteindre l'apaisement que Ben avait évoqué.

— Dieu me pardonnerait peut-être, Ben, si je parvenais à m'adresser à Lui. Mais, pour cela, il faudrait que je me pardonne à moi-même au préalable. Et j'ai trop sur la conscience pour espérer que cela se produise dans un avenir proche.

Avec un sourire contraint, il se pencha pour prendre la main de son ami, sans s'arrêter à l'expression bouleversée de celui-ci. Il était reconnaissant en cet instant que le lien qui les unisse soit plus fort que les mots.

— Merci pour vos conseils avisés, Ben, murmura-t-il. Avec le temps, vous verrez, les choses s'arrangeront.

Le moine hocha la tête. Damien redescendit la nef en direction de la double porte en bois. Chemin faisant, il lui sembla entendre la voix de Ben qui lui répondait :

— Je prierai pour cela, Damien. Oui. Pour vous et pour dame Alissande, je prierai.

10

Damien était aussi prêt qu'il le serait jamais.

Il se tenait dans la partie de la cour d'armes réservée aux exercices militaires et regardait la petite table que les serviteurs avaient comme d'habitude dressée à l'ombre du mur d'enceinte. Depuis quatre jours maintenant, on leur préparait en cuisine un en-cas léger afin qu'ils reprennent des forces entre deux exercices.

La triste vérité, c'était qu'ils touchaient à peine à toute cette nourriture, parce que chaque fois qu'ils faisaient une pause, Damien était trop pressé de reprendre la séance. Il avait décrété qu'ils devaient répéter et pratiquer les différentes positions de combat encore et encore, mais sa motivation première, reconnaissait-il à présent, était moins celle d'un instructeur exigeant que d'un homme qui profitait de la situation pour prendre des libertés avec son élève – ces douces libertés qui l'avaient plongé dans le désespoir qui était le sien aujourd'hui.

Mais les choses allaient changer, se promit-il. Il veillerait à ce que les séries d'exercices soient entrecoupées de nombreuses pauses et, lorsqu'ils se restaureraient, il prendrait place face à la jeune femme, et non à côté d'elle, de manière à mettre la table entre eux. Puis ils mangeraient et boiraient jusqu'à ce que toutes les victuailles servies à leur intention soient épuisées.

Oui, aujourd'hui, il garderait le contrôle de la situation, quoi qu'il lui en coûte.

Depuis qu'il avait quitté la chapelle, il s'était obligé à envisager tous les écueils et pièges susceptibles de lui faire oublier ses bonnes résolutions. Il pensait avoir tout prévu et était prêt à faire ce qu'il fallait pour se comporter désormais de manière honorable envers Alissande.

Serait-il capable de résister à la tentation ? Saurait-il garder la tête froide lorsqu'il tiendrait Alissande serrée contre lui, et que son parfum enivrant l'étourdirait ?

Cela restait à démontrer.

Oh Seigneur !

« Tu en es capable », se morigéna-t-il dans un regain de détermination tandis qu'il s'approchait de la table. Il engloutit une pâtisserie avant d'avaler d'un trait un grand verre de cidre. Puis il s'étira et commença à s'échauffer pour se préparer à la séance à venir. Il se rappela qu'Alissande avait montré une réticence certaine à l'idée de s'entraîner en public, ce qui allait probablement l'aider à garder le cap.

Il commençait tout juste à reprendre confiance en sa capacité à se maîtriser quand il aperçut la jeune femme qui traversait la cour dans sa direction.

Un seul coup d'œil suffit à ruiner ses espoirs naissants. Elle s'avançait de cette démarche gracieuse qui le mettait sens dessus dessous chaque fois que ses yeux se posaient sur elle. Mais aujourd'hui… aujourd'hui, il y avait en elle quelque chose de différent. Il n'aurait su dire quoi, mais c'était indéniable.

Par tous les saints du paradis…

Était-ce cette lueur dans son regard violet ? Cette façon de tenir la tête plus haut que d'ordinaire ? D'osciller doucement des hanches ? Contrairement à son habitude, elle n'avait pas dissimulé ses cheveux lustrés sous un voile, et les portait en couronne, coiffure qui accentuait la pureté de ses traits. Quant à sa robe... Dieu du ciel, elle épousait ses formes, soulignant la fermeté de sa jeune poitrine, la finesse de sa taille et la rondeur affolante de ses hanches.

La gorge sèche, il la regarda s'approcher.

— J'espère que je ne vous ai pas fait trop attendre, dit-elle d'une voix basse qui le bouleversa.

— Non, non...

Sa propre voix était si enrouée qu'il dut se racler la gorge avant d'ajouter :

— J'étais en train de revoir mentalement les différents mouvements que je veux vous prendre... euh, je veux dire vous apprendre !

— Oh, très bien. Mais, si vous n'y voyez pas d'inconvénient, avant de commencer, j'aimerais me sustenter un peu. Mère et moi nous sommes lancées dans une interminable discussion pendant que nous brodions, et je n'ai pas eu le temps de déjeuner.

Il hocha la tête, l'invita d'un geste à se servir. Passant devant lui, elle s'empara d'une tartelette aux fraises et d'un gobelet qu'elle remplit de cidre. Le doux parfum de l'ambre gris et de la reine-des-bois vint chatouiller les narines de Damien, qui réprima un frisson. Yeux clos, presque contre sa volonté, il inspira profondément, comme s'il prenait plaisir à se tourmenter avec les tendres souvenirs que cette délicieuse fragrance éveillait en lui.

Voilà qui n'était pas de très bon augure.

Déterminé à ne pas s'engager dans cette voie si dangereuse, il rouvrit les yeux à l'instant où Alissande mordait à belles dents dans sa tartelette. Fasciné, il la regarda passer ensuite le bout de la langue sur ses lèvres pulpeuses pour récupérer une miette égarée. Puis, comme elle vidait lentement son gobelet de cidre, il continua de fixer sa bouche alors même qu'il savait qu'il aurait dû détourner les yeux. Son sang commença à bouillir dans ses veines, et il se mit à danser d'un pied sur l'autre, son sexe en érection, comprimé dans ses braies, commençant à le gêner sérieusement.

Au prix d'un effort surhumain, il s'arracha à la contemplation de cette bouche affolante. Il n'avait rien à gagner et tout à perdre s'il continuait à céder à de tels caprices, si innocents qu'ils paraissent. Il aurait dû se rappeler qu'il n'avait pas besoin de toucher Alissande pour avoir envie d'elle. Sa seule présence lui avait toujours tourné la tête.

Il respira à fond, s'efforça de penser à des choses parfaitement anodines et la pression diminua un peu dans ses braies. Alissande choisit ce moment pour faire un pas vers lui, lever la main et lui frôler la joue dans une caresse incroyablement sensuelle. Ce geste inattendu, et la sensation qui en découla lui coupèrent le souffle.

Il eut un petit hoquet involontaire.

— Vous ne vous sentez pas bien, Damien ? s'inquiéta-t-elle, une petite flamme amusée au fond des yeux. Vous devriez boire quelque chose. Pardonnez-moi, je ne voulais pas vous surprendre, ajouta-t-elle. Je voulais simplement enlever une petite miette qui était restée collée sur votre joue. Voyez ?

Pour la première fois de sa vie, lui sembla-t-il, il demeura véritablement muet. Après avoir reculé de deux pas, il saisit le gobelet qu'elle lui tendait et en but le contenu d'une traite, regrettant de n'avoir pas à portée de main un breuvage plus fort que du cidre.

— Je sais que vous préférez commencer la séance sans tarder, enchaîna-t-elle d'une voix aussi suave que du miel. Mais, auparavant, j'aimerais vous demander votre avis.

— À quel propos ? croassa-t-il.

— À propos des progrès que j'ai faits ces derniers jours.

Si Damien n'avait commencé à douter sérieusement de ses sens, il aurait juré qu'Alissande avait le regard plus lourd qu'à son arrivée, et qu'elle venait de faire un, non, deux pas pour réduire la distance qui les séparait. Elle arqua un sourcil en même temps qu'un sourire en coin retroussait ses lèvres exquises.

— Eh bien, quelle est votre opinion ? insista-t-elle, comme il ne se décidait pas à répondre.

Un peu de fruit cuit était resté collé à son doigt. Lentement, elle le porta à sa bouche et le suça négligemment avant de le retirer, humide de salive.

— Suis-je… douée ?

Damien aurait sans doute eu besoin de s'asseoir si ses jambes ne lui avaient paru lestées de plomb.

Non seulement il réussit, Dieu sait comment, à rester debout, mais il parvint aussi à répondre d'une voix rauque :

— Je dirais que vous vous débrouillez très bien, Alissande. Oui, vraiment très bien.

Elle eut un sourire radieux et, pour autant qu'il puisse en juger, ingénu, et s'écria :

— Je suis soulagée de vous l'entendre dire ! J'ai hâte de commencer la séance et de découvrir quelles nouvelles positions vous allez m'apprendre aujourd'hui, fit-elle en glissant son bras sous le sien pour l'entraîner au milieu de la cour.

Damien résista au désir de la regarder, le double sens de ses propos ayant de nouveau chahuté ses sens. Avec détermination, il se prépara pour la leçon en s'efforçant de passer en revue les mouvements qu'ils avaient étudiés lors de la séance précédente, afin de les répéter comme ils en avaient l'habitude. Voyons… ah oui, il lui avait montré une série de contre-attaques à utiliser lorsqu'un assaillant vous ceinturait par l'arrière.

Miséricorde !

La veille, il se rappelait très bien avoir pris un plaisir infini à sentir ses fesses rondes pressées contre son ventre…

— Commençons-nous ? lança gaiement Alissande.

Arraché à ses pensées, il se rendit compte qu'elle l'avait précédé de quelques pas et attendait, le dos tourné, les bras légèrement écartés du corps.

Dents serrées, il prit position derrière elle en pestant contre lui-même. Tout cela était ridicule, bon sang ! Il était un guerrier chevronné, il avait pris part à des batailles sanglantes, supporté la morsure du soleil dans le désert et les tortures des inquisiteurs français. Il pouvait bien dompter les élans de son corps !

À contrecœur, il entoura la jeune femme de ses bras et la plaqua contre lui avec plus de brutalité qu'il ne l'aurait fait en d'autres circonstances. Sa bouche se trouvait tout près de l'oreille d'Alissande et il lui parut normal de s'excuser. Apparemment concentrée, elle se contenta de hocher la tête.

Prenant soin de ne pas respirer trop fort pour ne pas s'enivrer de son parfum, Damien se força à regarder droit devant lui.

Puis, comme elle ne bougeait pas, il finit par demander :

— Y a-t-il un problème, madame ? Vous ne vous souvenez pas de la parade que nous avons répétée la dernière fois ?

— Si, je m'en souviens.

— Alors, commençons.

— Attendez. Je ne suis pas tout à fait prête.

Damien sentit quelques gouttes de sueur lui perler au front. Le feu qui couvait en lui menaçait de flamber. Si Alissande ne commençait pas bientôt cet exercice…

— Je pensais juste à quelque chose, expliqua-t-elle. Quand nous irons rejoindre la Cour, d'ici deux jours, nous ne pourrons plus nous entraîner. Ce serait vraiment trop bizarre de s'exhiber ainsi au château d'Odiham. Mais, ensuite, je pense que nous devrions reprendre les séances. Je ne me sens pas encore assez sûre de moi et j'aimerais me perfectionner. Qu'en pensez-vous ? s'enquit-elle en tournant vers lui un regard innocent.

Pour la deuxième fois, Damien s'étrangla. Ses lèvres frémissantes n'étaient qu'à quelques centimètres des siennes. Il se raidit, prenant garde de ne pas bouger d'un pouce.

— Je pense que vous avez raison, répondit-il dans un souffle.

Elle hocha la tête. Elle ne semblait apparemment pas deviner quelle tempête faisait rage en lui.

— Tant mieux, fit-elle, car j'y ai beaucoup songé, et je dois vous dire qu'en dépit de mes réticences initiales, je vous suis maintenant infiniment reconnaissante de m'avoir fait cette proposition. C'est une chance inouïe que vous m'avez offerte. J'ai une dette envers vous, et j'aimerais vous rendre la pareille.

Elle lui adressa un doux sourire, et Damien ne put que la dévisager, muet, idiot. Son inquiétude allait croissant, car il sentait d'instinct que, quelle que soit l'idée qu'Alissande avait derrière la tête, la situation était en train de lui échapper.

— À quoi donc pensiez-vous ? demanda-t-il parce qu'elle semblait attendre qu'il lui pose la question, ce qui était, comprit-il trop tard, la pire des choses à faire.

Le sourire d'Alissande s'élargit.

— J'ai réfléchi. Je me suis dit que nous pourrions nous livrer à une activité que vous trouverez sûrement tout aussi stimulante que nos séances de lutte. Mais elle devra avoir lieu en privé, cette fois.

— En… en privé ?

— Oui. Pour ce à quoi je pense, il vaudrait mieux que nous ayons un peu d'intimité. Je ne crois pas que vous aimeriez qu'on nous observe.

Incrédule, Damien retint son souffle. Elle ne parlait quand même pas de… Non, ce n'était pas possible ! Il était fou de supposer ne serait-ce qu'un instant qu'elle et lui…

— En fait, je ne vois pas pourquoi nous devrions attendre de retrouver la Cour pour commencer, poursuivit Alissande. Nous pourrions nous y mettre dès ce soir, ici, à Glenheim. Dans notre chambre.

Abasourdi, Damien ne souffla mot. Prenant apparemment son silence pour un assentiment, elle enchaîna :

— Bien, maintenant que cette question est réglée, nous commençons la leçon ?

En guise de réponse, un vague grognement sortit de la gorge de Damien. Mais il n'était pas du tout prêt, et fut totalement pris au dépourvu quand Alissande, suivant à la lettre les instructions données lors de la précédente séance, lui saisit le petit doigt de la main droite et le tordit brusquement.

Retenant un cri, Damien relâcha sa prise. La diablesse en profita aussitôt pour lui flanquer un solide coup de coude dans le thorax.

Courbé en deux, le souffle coupé, Damien recula de quelques pas en chancelant. C'était exactement le résultat recherché.

Mains sur les hanches, Alissande le regarda tomber à genoux. Vaincu – et plutôt deux fois qu'une ! songea-t-il, désabusé.

Le rire clair et joyeux de la jeune femme résonna à ses oreilles.

— Vous vous êtes trompé au moins sur un point, messire Damien : j'ai réussi à vous prendre par surprise. Mais je dois admettre que vous aviez raison sur un autre.

— Le… quel ? ahana Damien, qui avait du mal à retrouver une respiration normale.

Il ne put s'empêcher de sourire devant la mine fanfaronne qu'elle affichait.

— Cette parade fonctionne parfaitement. Encore mieux que je n'aurais osé l'espérer ! répondit-elle, avant de s'esclaffer de nouveau.

Cette journée n'en finirait donc jamais !

Alissande piaffait d'impatience en attendant le soir. Elle ne se rappelait pas avoir attendu quelque chose avec autant de fébrilité. Toute la journée, elle n'avait eu qu'une idée en tête : tourmenter Damien, le rendre fou de désir, puis le plonger dans le désespoir, tout comme elle l'avait été la semaine précédente.

Ce n'était guère charitable. Quand elle l'avouerait à son confesseur, il lui infligerait certainement comme pénitence de réciter un grand nombre de neuvaines et de faire quelques bonnes actions pour se racheter.

Mais elle s'était tellement amusée !

Oh, la tête qu'il avait faite quand elle avait suggéré de le remercier de son entraînement si profitable le soir même, dans leur chambre, en toute intimité ! Et comme il avait réagi au moindre de ses gestes !

Cela lui avait mis du baume au cœur, car elle avait été blessée qu'il s'amuse à ses dépens au cours de leurs séances d'entraînement. Elle aussi pouvait se permettre des familiarités et jouer de son pouvoir. La prudence aurait voulu qu'elle s'en tienne là et cesse de le tourmenter, mais il s'en serait tiré à trop bon compte.

— Vous me semblez d'excellente humeur ce soir, ma cousine, remarqua Michel, la tirant brusquement de ses pensées.

Il se tenait sur le seuil de la chambre, un gros panier rempli de vélins usagés, d'encriers en corne, de plumes et autres accessoires d'écriture.

— Ce n'est quand même pas la perspective de recopier des lettres qui vous enthousiasme autant ? reprit-il en souriant. Je sais que votre beauté n'a d'égal que votre esprit, ma chère, et c'est bien volontiers que je vous apporte les fournitures que vous m'avez réclamées. Toutefois, je ne vois pas bien ce que vous allez en faire. Il y a des façons plus agréables de passer une soirée que de demeurer penchée sur une écritoire, à se noircir les doigts et à attraper un torticolis.

Alissande se mit à jouer avec une plume qu'elle venait de saisir dans le panier.

— Je crois au contraire que la soirée va être très agréable, mon cousin.

Michel secoua la tête en riant et marmonna quelque chose à propos des lubies féminines. Puis il entreprit de disposer sur la table les diverses fournitures. Alissande lui prêta volontiers main-forte. Lorsqu'ils eurent fini, elle l'étreignit.

— Merci, Michel. Je sais combien ce matériel est précieux, je tiendrai ma promesse d'envoyer une douzaine de pièces de vélin neuves aux enlumineurs du monastère.

— Je n'en doute pas une seconde, ma cousine. Ces pièces usagées ne manqueront pas aux moines qui seront ravis d'avoir des parchemins neufs. Ce sont quand même les seules personnes que je connaisse qui soient tout excitées à la vue d'un vélin et d'une plume... hormis vous, ma cousine ! acheva Michel avec un clin d'œil.

Riant, Alissande glissa son bras sous celui de son cousin et le raccompagna jusqu'à la porte.

— Ah, Michel, vous allez me manquer ! Êtes-vous certain de ne pas vouloir rejoindre la Cour en notre compagnie ? Pourquoi rester à Glenheim ?

Le prêtre s'immobilisa pour caresser la joue de la jeune femme.

— Il faut bien que quelqu'un veille sur votre mère. Et puis, je ne connais personne à Odiham, excepté Hugues, qui préférerait se jeter dans les flammes de l'enfer plutôt que d'évoquer notre lien de parenté. D'autant plus maintenant qu'il sait quel rôle j'ai joué dans votre mariage !

— Il est vrai qu'il était furieux, reconnut Alissande, soudain soucieuse. Et nous ne pouvons exclure l'éventualité qu'il se venge sur vous, Michel. Vous devez en tout cas vous y attendre. Votre frère a toujours détesté qu'on contrecarre ses projets, et je crains que les liens du sang n'aient, hélas, aucune valeur à ses yeux.

— Allons, ma cousine, qu'est-ce que ceci ? Vous craindriez pour moi ? dit Michel, feignant d'être inquiet.

— De Hugues, je redoute toujours le pire, répondit-elle avec gravité.

Il lui prit les mains, puis s'inclina pour déposer un baiser sur son front.

— N'ayez crainte, mon amie, je saurai rester vigilant en toutes circonstances.

— Prenez bien soin de ma mère durant mon absence. Et s'il arrive quoi que ce soit, faites-moi prévenir au plus vite. Odiham ne se trouve qu'à deux journées de cheval, ne l'oubliez pas.

— Je m'en souviendrai. Que Dieu vous protège dans votre voyage, Alissande. Dites aussi à messire Damien que je vais prier pour qu'il remporte le tournoi, ajouta-t-il. Qui sait ? Peut-être réussira-t-il enfin à inculquer quelques notions d'humilité à mon frère.

Sur un dernier sourire, Michel agita la main et quitta la chambre. Alissande le regarda s'éloigner avec un mélange de tendresse et d'anxiété. Elle considérait Michel plus comme un frère que comme un cousin, et, si elle était heureuse qu'il ait trouvé la paix de l'âme en entrant dans les ordres, elle ne pouvait s'empêcher de se tracasser à son sujet. Il n'avait personne vers qui se tourner en cas de problème, hormis elle, sa mère et les autres prêtres. Or, il avait beau plaisanter, il savait aussi bien qu'elle que Hugues était capable de tout. Ce dernier n'avait jamais caché le mépris que lui inspirait son benjamin, moins solide physiquement et de caractère plus sensible. Alissande ne doutait pas un instant que Hugues utiliserait tous les moyens en son pouvoir pour parvenir à ses fins.

Y compris son propre frère.

Mais Hugues trouverait bientôt son maître sur un terrain où il lui serait difficile d'user de ses méthodes habituelles, à savoir l'intimidation et la force brute, tenta-t-elle de se rassurer.

Pour remporter un tournoi, seule comptait l'habileté du chevalier. Et si Damien avait le même talent qu'autrefois – et Alissande avait toutes les raisons de croire que sa technique s'était encore améliorée –, Hugues aurait bien de la chance de quitter la lice indemne.

Mais avant d'assister à cette défaite, qui lui semblait inéluctable, Alissande avait d'autres satisfactions en vue. Ainsi, elle avait hâte d'accueillir Damien ce soir pour, comme l'avait suggéré sa mère, lui « rendre la monnaie de sa pièce ».

Un sourire lui vint aux lèvres à cette perspective. Elle s'approcha de la table sur laquelle étaient disposées les fournitures que Michel avait eu la gentillesse de lui prêter. Doucement, elle fit courir ses doigts sur le pourtour du plateau. Assurément, cette soirée s'annonçait plaisante. Si tout se passait comme elle l'avait prévu, Damien allait recevoir une leçon, mais sûrement pas celle qu'il avait imaginée !

Elle ferait en tout cas tout ce qu'il fallait pour.

11

La nuit était tombée. Damien s'immobilisa dans le couloir, à l'étage, en proie à une sorte de peur diffuse qui était certes ridicule quand on songeait que la porte qu'il s'apprêtait à franchir était celle de sa propre chambre. Mais c'était justement là le problème : il savait *qui* l'attendait à l'intérieur.

S'il n'avait promis à Alissande de la retrouver dans leur chambre après le dîner – promesse arrachée contre son gré, dans un moment de vulnérabilité extrême –, il se serait empressé de mettre dix lieues entre lui et cette satanée porte !

Mais il avait donné sa parole et ne pouvait plus se dédire.

Quoi qu'il en soit, il n'était pas question qu'il s'attarde. Oh non ! Il ferait une brève apparition et veillerait à conserver toute sa maîtrise – ce qui ne serait sûrement pas aisé, car il subodorait que la tentation serait plus forte que jamais – puis, à la première occasion, il fuirait à toutes jambes.

Oui, il *fuirait*, il n'avait pas honte de l'admettre !

C'était cela ou céder aux pensées qui l'assaillaient depuis quatre jours... et qui avaient à voir avec des formes diablement tentantes de jeux amoureux auxquels il pourrait se livrer avec Alissande sans rompre son engagement de conserver leur union chaste.

De savoir que cette situation était entièrement de son fait rendait les choses plus difficiles à avaler. En effet, il ne pouvait s'en prendre qu'à lui-même si, après s'être autorisé certaines privautés avec Alissande durant leurs séances d'entraînement, celle-ci avait manifestement décidé d'inverser les rôles en s'octroyant celui de la séductrice.

Qu'il ait entre-temps décidé de cesser de se conduire avec elle comme il l'avait fait ces derniers jours ne changeait rien à l'affaire. Alissande avait déjà commencé à se venger en le rendant fou de désir...

Mais ce n'était pas en restant planté comme une buse devant la porte qu'il arrangerait la situation.

Dents serrées, il rassembla toute son énergie, comme il le faisait avant de se jeter dans la bataille, puis il fit les deux pas qui le séparaient de la porte. Là, il souleva le loquet et entrebâilla le lourd battant de bois de quelques centimètres seulement.

Une lumière dorée s'échappait de la pièce, mais l'interstice était trop étroit pour qu'il pût distinguer quoi que ce soit.

Finalement, après un regard de regret en direction du couloir obscur, il franchit le seuil d'un pas déterminé.

Et s'arrêta net.

Derrière lui, la porte se referma avec un bruit mat, mais il demeura cloué sur place, s'efforçant de comprendre ce que signifiait la scène devant lui.

Alissande était penchée sur une table d'aspect robuste qu'il n'avait jamais remarquée auparavant. Ses vêtements étaient simples, pour ne pas dire pratiques, et ses cheveux entièrement dissimulés sous une guimpe sombre. Seule une mèche soyeuse s'en était échappée, qui dessinait une charmante torsade sur sa joue.

En dehors de cela, il fallait avouer qu'elle n'avait plus rien de la sirène aguicheuse qui s'était adressée à lui dans la cour d'armes.

La table était jonchée d'un fatras hétéroclite. Alissande était occupée à rassembler une liasse de parchemins, dans le but apparemment de dégager un endroit sur le plateau. Elle ne semblait pas avoir remarqué qu'il était entré dans la pièce.

Ou alors, sa présence la laissait totalement indifférente.

— Que diable tout cela signifie-t-il ? demanda-t-il avec brusquerie.

Elle releva la tête, lui jeta un vague coup d'œil, puis reporta son attention sur les vélins.

— Ah, Damien ! Pourquoi restez-vous planté près de cette porte ? Venez, il n'est que temps de commencer.

L'injonction fit renâcler Damien. Il n'accepterait pas qu'elle lui donne des ordres, ni qu'elle le traite comme un écolier… du moins ce qu'il imaginait être un écolier, puisqu'il n'avait jamais reçu aucun enseignement dans les matières fondamentales.

Avec une nonchalance étudiée, il recula, s'adossa au chambranle, pour bien lui faire comprendre qu'il obtempérerait quand il en aurait envie, et seulement à ce moment-là.

— Commencer quoi ? s'enquit-il d'un ton détaché.

— Mais… la leçon, bien sûr.

— La leçon ?

Il réalisa soudain qu'il ne devait pas avoir l'air très vif, à répéter ainsi ses propos. Trop tard. Il ne lui restait plus qu'à continuer de jouer les désinvoltes.

Alissande cessa enfin de s'activer et se redressa, les mains sur les hanches.

— Je vous ai dit que je voulais vous remercier de la peine que vous vous êtes donnée en m'enseignant des techniques de défense. Vous vous en souvenez, n'est-ce pas ? Eh bien, je me suis organisée pour que nous puissions commencer, dès ce soir. Je vais vous apprendre à lire et à écrire.

— *Quoi ?*

S'arrachant au chambranle, Damien rejoignit la jeune femme en trois enjambées et considéra les objets disposés sur la table. Il y avait des vélins, des plumes, des encriers. Il se cabra intérieurement. Non, impossible. Inconcevable ! La seule vue de ce matériel le faisait se sentir parfaitement idiot, inapte, inepte. Il était fait pour guerroyer, brandir une épée ou un glaive, pas pour manier la plume, bon sang de bois !

Les yeux étrécis, il fixa Alissande qui soutint son regard sans ciller.

— Qu'est-ce qui a pu vous faire croire que je souhaitais apprendre à lire et à écrire ? articula-t-il d'un ton coupant.

— Et qu'est-ce qui a pu vous faire croire que je souhaitais apprendre à combattre à mains nues ? riposta-t-elle, les bras croisés sur la poitrine.

— C'était absolument indispensable, répliqua-t-il. Vous devez être en mesure de vous défendre au cas où vous seriez attaquée par Hugues ou n'importe quel autre homme. Vous l'avez vous-même reconnu !

— Certes, c'est indispensable. Tout comme il est indispensable que vous appreniez à lire et à écrire.

— Cela n'a rien de comparable !

— C'est tout aussi important, martela-t-elle avec entêtement. Et ces nouvelles connaissances vous accompagneront le reste de votre vie.

— J'ai vécu jusqu'à présent sans savoir ni lire ni écrire, je ne vois aucune raison de changer cet état de fait.

Elle lui adressa un regard tolérant avant de contrer :

— Vous oubliez que vous êtes désormais le seigneur de ce château… au moins pour les quelques mois qui restent avant que notre accord ne prenne fin.

— Oui, et alors ? grommela-t-il en croisant à son tour les bras.

Il voyait très bien où elle voulait en venir et commençait à se rendre compte que la bataille était perdue d'avance.

— Dois-je vous énumérer les raisons qui rendent nécessaire que vous maîtrisiez au moins les rudiments de l'écriture et de la lecture ?

Il se renfrogna, et serra les poings. Il ne voulait pas apprendre. Il n'en avait aucune envie. Ce n'était pas qu'il ne comprenait pas l'avantage qu'il y avait à posséder de telles connaissances. Elles pouvaient se révéler fort utiles, en fait. Il en avait eu la démonstration flagrante lors de sa première séance de travail avec Edgar Charmand, l'intendant du château.

Mais la vérité, c'était que, n'ayant jamais été considéré comme quelqu'un d'assez important sur le plan social pour recevoir un tel enseignement, il se sentait aujourd'hui inférieur. Voire déficient.

Du temps de sa jeunesse, tout cela n'avait que peu d'importance à ses yeux, car il n'était qu'un simple chevalier qui se battait pour gagner le respect d'autrui et de quoi vivre dans une relative aisance matérielle. Mais, dès qu'il avait rencontré Alissande, cela ne lui avait plus suffi. Il s'était mis à désirer des choses qui ne seraient jamais siennes parce qu'elles échappaient totalement à son contrôle. Être issu d'une lignée aristocratique en faisait partie.

Mais, au-delà de tout cela, il éprouvait une peur irraisonnée qui l'empêchait ne serait-ce que d'envisager ce qu'Alissande lui proposait. Cette peur était ancrée en lui et l'aiguillonnait sans relâche. Il ne parvenait pas à s'en débarrasser. Elle se résumait de manière aisée : et s'il n'arrivait pas à apprendre à lire et à écrire correctement ? S'il échouait, en dépit de ses efforts ? Si, comme le chuchotaient certaines mauvaises langues, lui, le chevalier sans fief, se révélait incapable de maîtriser ces connaissances réservées à l'élite ?

Non, il ne se risquerait pas à affronter une telle possibilité !

Il se sentait suffisamment peu digne d'intérêt dans ses relations avec Alissande. Il ne serait pas dit qu'elle ajouterait « crétin » à la liste de noms peu flatteurs dont elle pouvait déjà le qualifier.

Comme si elle comprenait les motifs qui se dissimulaient derrière son refus, elle insista d'une voix douce :

— Damien, cela n'a rien de difficile, vous verrez. Si seulement vous saisissez cette chance, vous vous rendrez compte que rien ne vous en empêche. Faites-moi confiance, personne n'en saura jamais rien.

Damien resta obstinément muet. Ses poings demeuraient serrés, mais les paroles apaisantes d'Alissande avaient dénoué quelque chose en lui. C'était peut-être seulement la façon dont elle avait prononcé ces mots. Avec un sérieux et une gravité indubitables. Elle semblait prête à faire tout son possible pour ménager sa fierté.

Finalement, il demanda d'une voix rauque :

— Puis-je avoir l'assurance que vous seule serez au courant ? Que personne, pas même Ben ou Michel, ne saura ce que nous faisons ici ?

— Personne, Damien. Je vous en fais la promesse.

Elle le regarda droit dans les yeux, et il lut dans ses prunelles violettes une sincérité absolue. Elle était vraiment magnifique, songea-t-il, même dans ces vêtements dépourvus d'élégance, avec ce voile qui recouvrait ses cheveux. Elle possédait ce genre de beauté lumineuse qui aurait éclipsé les étoiles elles-mêmes.

Mais il y avait chez elle quelque chose de plus que cette beauté. Une qualité unique qui, il s'en rendait compte, lui avait terriblement manqué ces cinq dernières années. S'il était tombé éperdument amoureux d'elle et n'avait plus regardé aucune autre femme, c'était en grande partie parce qu'elle portait à autrui une attention infaillible qui allait bien au-delà de la simple écoute. Elle semblait capable de ressentir les émotions des autres, de voir le monde à travers leurs yeux.

C'était là une qualité rarissime, et Damien savait qu'il aurait pu passer le reste de sa vie à la chercher sans jamais la trouver chez quiconque... hormis chez Alissande.

— Pourquoi ? demanda-t-il, la gorge nouée par des émotions contradictoires. Pourquoi voudriez-vous m'apprendre à lire et à écrire ?

« Pourquoi moi, entre tous ? Et surtout, pourquoi maintenant ? » n'osa-t-il ajouter.

Alissande ne s'y trompa pas. Elle savait parfaitement ce qu'il voulait dire. Rien ne l'obligeait à lui tendre la main, à se donner du mal pour lui. Et après ce qu'il lui avait fait subir dernièrement, il ne le méritait certainement pas !

Avec un sourire mi-figue mi-raisin, elle haussa les épaules.

— J'ai préféré choisir un chemin plus noble que celui que j'aurais pu prendre, étant donné les circonstances.

— Et comment décririez-vous la séance d'entraînement de cet après-midi, dans ce cas ?

— Je dirais qu'il s'agissait d'un aperçu de ce qui était possible. Aurais-je dû choisir un autre chemin ?

— Dieu m'en préserve !

Les yeux violets se mirent à pétiller de malice :

— Pour l'heure, considérez ceci comme une trêve temporaire, Damien. Et passons aux choses pratiques.

Il vaudrait mieux, je pense, que les leçons aient lieu le soir, ici, dans notre chambre. Ainsi, nous aurons moins de risques que quelqu'un nous surprenne.

— Vous avez réfléchi à tout.

Cette fois, il lui sourit franchement. Le simple fait de la regarder l'emplissait d'une douce sensation de chaleur.

Alissande lui rendit son sourire, et il fut submergé d'une vague de... De quoi s'agissait-il au juste ? Du bonheur ? Oui, cela y ressemblait.

Pris au dépourvu, il dut s'éclaircir la voix avant de murmurer :

— Merci, Alissande. Je ne sais pas quel genre d'élève je serai, mais... je suis prêt à essayer, si vous voulez bien être mon professeur.

— Ce sera avec grand plaisir, Damien. Vraiment.

La voix de la jeune femme semblait aussi enrouée que la sienne, tout à coup. Sur un geste de sa part, il s'approcha et prit un siège.

La sensation de douce chaleur ne l'avait pas quitté. Elle se propageait dans sa poitrine, telle une flamme qui grandissait en lui, chassant peu à peu les ténèbres qui l'engloutissaient depuis si longtemps.

Et tandis que la sensation s'intensifiait, il comprit qu'elle n'était pas due à la pensée de passer des heures en compagnie d'Alissande, mais tout simplement au fait qu'il savait qu'elle avait dit la vérité : elle prendrait un réel plaisir à lui enseigner les lettres. Et pour cette raison, lui-même en prendrait aussi.

Des heures plus tard, Alissande était étendue sur le lit, incapable de trouver le sommeil. Elle résistait à l'envie qui la taraudait de se retourner pour regarder Damien et s'efforçait d'oublier qu'il était allongé là, tout près, et qu'elle aurait pu le toucher en allongeant le bras.

Au prix d'un petit effort d'imagination, elle sentait même sa chaleur se communiquer à la couverture qu'ils partageaient. Elle sentait aussi ses grandes mains remonter le long de son dos dans une caresse douce, douce... puis redescendre jusqu'à sa taille, s'y attarder, et glisser sur son ventre.

Oui, elle le sentait presque.

Dieu qu'elle avait envie de le sentir, de le toucher... de l'aimer !

Elle avait ressenti ce désir avec plus de force que jamais lorsqu'il avait remis sa fierté entre ses mains en acceptant de devenir son élève. Jusqu'au bout, elle n'avait pas su quelle serait l'issue. En voyant son expression quand il était entré dans la chambre, elle s'était demandé s'il n'allait pas faire demi-tour et disparaître. Mais, finalement, il avait relevé le défi.

Qu'il soit prêt à l'admettre ou non, Damien n'était pas libéré de l'attraction qui les liait autrefois. Alissande s'en était rendu compte dès la première nuit qu'ils avaient passée ensemble à Glenheim. Et la suite des événements n'avait fait que la conforter dans cette opinion.

Ce qu'il lui restait à accepter, c'était qu'elle avait envie de lui, en dépit de la clause insultante qu'il avait ajoutée à leur arrangement, et en dépit de sa propre volonté de préserver son cœur, de demeurer libre de toute domination masculine.

Le désir qu'elle éprouvait pour Damien était une tentation de tous les instants, une douleur délicieuse, même si elle savait combien il était vain. Damien était hanté par de sinistres démons, il avait renié sa foi en Dieu et, ce faisant, mettait en danger son âme. S'abandonner à sa passion pour lui, ce serait fermer les yeux sur cette vérité irréfutable, n'est-ce pas ?

Pourtant, elle le désirait quand même, que ce soit mal ou pas.

Elle en avait eu la certitude tandis qu'elle le regardait s'échiner à écrire sur le vélin, d'une main malhabile au début, puis plus assurée à mesure que les heures passaient. Le front plissé, ses longs doigts serrant la plume, il avait recopié les lettres qu'elle avait écrites sur un autre parchemin. Tandis qu'il recommençait, encore et encore, une boucle sombre était tombée sur son front. Il n'y avait même pas pris garde.

Contrairement à Alissande, qui avait dû faire appel à toute sa volonté pour ne pas la repousser de la main. Le simple fait de le frôler lui procurait un tel plaisir !

Lorsque la leçon s'était achevée, elle en avait presque éprouvé du soulagement. Non que Damien lui ait posé le moindre problème en tant qu'élève. Au contraire, il se montrait plein de bonne volonté. Mais au moins, réfugiée dans leur lit, derrière les rideaux tirés, elle pouvait lui tourner le dos et résister à la tentation de le contempler. Elle pouvait feindre de dormir et n'était pas obligée d'entretenir l'une de ces conversations où chaque phrase lui semblait à double sens et chargée d'insidieuses allusions érotiques.

Tout cela la rendait peu à peu folle.

Elle avait envie de jaillir hors de son propre corps pour échapper à ce désir torturant. Et en cet instant, tourmentée plus que jamais par le feu de la passion, elle envisageait même de se relever et de s'habiller sans bruit pour gagner la chapelle plongée dans les ténèbres, le seul sanctuaire où elle pourrait trouver l'apaisement par la prière et la méditation.

Mais l'aube approchait. En se rendant au village si tôt, elle risquait d'attirer l'attention, voire d'alimenter des ragots. Comment expliquer que...

Alissande se figea soudain. S'était-elle endormie ? Rêvait-elle ? Oui, sûrement. Il n'y avait pas d'autre réponse possible.

Car Damien la touchait.

Sous la couverture, sa main remontait lentement le long de son dos. De son dos *nu*, car contrairement à Damien, qui gardait des braies et une chemise pour dormir, elle ne portait rien.

Elle sentait sur sa peau frissonnante la caresse de ses doigts tièdes qui ne semblaient pas s'égarer, mais chercher délibérément son contact. Il s'immobilisa juste à l'épaule, la massant doucement comme pour évacuer la tension accumulée dans ses muscles douloureux après les longues séances d'exercices. Un bien-être merveilleux commença à envahir la jeune femme. Elle ferma les yeux et, d'instinct, creusa les reins pour l'inviter à continuer, trop surprise et bouleversée qu'elle était pour réagir autrement.

Des frissons délicieux coururent le long de sa colonne vertébrale, se propageant jusque dans ses bras. Les pointes de ses seins durcirent.

Dieu Tout-Puissant…

Dormait-il ? Savait-il ce qu'il faisait ? Si c'était le cas, pourquoi continuait-il ? Peut-être aurait-elle dû le repousser et…

Elle ne put retenir un gémissement sensuel lorsque la main de Damien glissa sur son flanc et se referma tout naturellement sur son sein. D'un coup, le temps parut s'abolir. Elle le retrouvait tel qu'il était cinq ans plus tôt, quand il se lovait contre elle après l'amour.

C'était plus qu'elle ne pouvait en supporter. Les larmes jaillirent de ses yeux et roulèrent sur ses joues. Elle voulut se tourner, bien décidée à réveiller Damien si vraiment il était en proie à quelque rêve passionné. À cet instant, la main qui tenait son sein s'anima soudain. D'un pouce habile, il titilla la pointe dressée qui durcit davantage. Sa réaction fut immédiate. De nouveau, elle gémit, tandis qu'un endroit secret entre ses cuisses se mettait à palpiter presque douloureusement.

Elle défaillait. La fièvre consumait son corps, des sensations délicieuses l'envahissaient. Comme s'il comprenait tacitement ce dont elle avait besoin, ce qu'elle désirait le plus, Damien promena lentement la main sur son ventre, avant de l'insérer entre ses cuisses.

Alissande tressaillit et se cambra presque contre son gré quand il immisça un doigt entre les pétales humides de son sexe, puis frotta le petit bouton qui se nichait là. Des éclairs de plaisir la transpercèrent et elle crut voir des étoiles.

— Damien, je vous en prie, réveillez-v...

Elle s'interrompit dans un cri étouffé. Il venait de la faire basculer sur le dos, afin d'être plus à l'aise pour explorer son intimité. Les cuisses d'Alissande s'écartèrent spontanément. Sans cesser de stimuler la fleur de son désir par de lents mouvements circulaires du pouce, il glissa le majeur en elle.

Alissande laissa échapper un cri rauque.

— Chut, Alissande... laissez-vous aller, lui souffla-t-il à l'oreille.

Sa bouche glissa le long de son cou, puis sur sa gorge. Il happa entre ses lèvres la pointe d'un sein, la suça, la lécha, alors même que sa main enfouie entre ses cuisses continuait de la tourmenter délicieusement.

À travers le brouillard de plaisir qui émoussait sa lucidité, Alissande parvint à articuler :

— Mais... nous ne pouvons pas ! Damien, notre accord... Vous avez stipulé...

— Oui, je sais, ma douce.

Il avait relevé la tête et sa main s'était presque immobilisée. Alissande ne put s'empêcher d'arquer les hanches, quémandant presque les sensations merveilleuses qu'il savait si bien distiller. Puis elle chercha son regard dans la lumière naissante de l'aube.

— Nous ne sommes pas obligés de faire l'amour, Alissande. Il y a d'autres manières de se procurer du plaisir... si vous êtes d'accord. Mais continuer ainsi, m'interdire de vous toucher, feindre de ne rien éprouver...

Il s'interrompit, et un désir intense, presque douloureux, crispa ses traits.

— Nous pouvons nous tenir à notre accord et ne pas consommer cette union temporaire. Mais je vous demande de me laisser vous aimer... autrement... si seulement vous le souhaitez autant que moi.

Ses yeux bleus brillaient d'une passion qui faisait écho à celle que ressentait Alissande. Son corps le réclamait avec ferveur, mais elle ne pouvait faire abstraction du petit bond qu'avait fait son cœur tandis qu'il parlait.

Elle sentit sa gorge se nouer et les larmes lui monter aux yeux.

Seigneur, tout cela ne les mènerait nulle part !

Jamais Damien ne lui donnerait son cœur. Pas après tout ce qu'il avait enduré par sa faute. Et de son côté, comment pourrait-elle se risquer à aimer de nouveau alors qu'elle connaissait la face sombre de l'amour et craignait de ne pas survivre si elle devait se consumer de nouveau en vain. Car telle était l'inébranlable vérité : Damien la quitterait dans moins de six mois, et alors elle se retrouverait seule.

Cette perspective était trop douloureuse pour qu'elle s'y attarde. Dans un sursaut de révolte, elle se concentra sur ce qui était possible *maintenant*, sur ce qu'elle désirait le plus au monde, même si c'était égoïste, stupide et éphémère.

Elle s'en contenterait, décida-t-elle. Elle se cramponna à cet espoir avec ce qui ressemblait à du désespoir. Au moins puiserait-elle, au cours des longues années de solitude à venir, du réconfort dans le souvenir de ces instants passés avec Damien.

Tendant la main, elle lui effleura la joue de ses doigts tremblants, un geste cent fois répété lors de leur vie d'avant, et dans lequel elle mit toute sa tendresse et tout son cœur. Damien ferma les yeux et se laissa aller contre sa main en exhalant un long soupir.

— Moi aussi, je me souviens, chuchota-t-elle. Et je rêve de partager de nouveau tout ceci avec vous, Damien. Mais je veux encore plus que cela. Je veux faire l'amour avec vous. Vraiment. Comme autrefois.

Il se raidit, rouvrit les yeux. Un mélange d'espoir, d'incertitude et de désir farouche assombrirent ses yeux.

— Mais si nous venions à concevoir un enfant, Alissande ? En toute conscience, je ne pourrais pas...

— Vous n'avez pas à vous inquiéter à ce sujet, Damien. Il n'y aura pas d'enfant.

À la surprise succéda le doute dans le regard de Damien. Avant qu'il puisse objecter, elle posa l'index sur ses lèvres.

— Ce serait trop long de vous expliquer pourquoi j'en suis sûre. Mais faites-moi confiance, nous n'avons rien à craindre de ce côté-là.

Il garda le silence, ferma de nouveau les paupières. Le long de sa mâchoire, un petit muscle tressauta. Quand il rouvrit les yeux, la faim teintée de désespoir qu'Alissande y lut la frappa en plein cœur.

— Au-delà de cela, vous comprenez, n'est-ce pas... que rien ne pourra changer l'homme que je suis devenu ? Ni empêcher que... je parte à la fin ? Vous comprenez ? répéta-t-il d'une voix chargée de regrets.

Les larmes qu'Alissande retenait l'empêchaient de parler. Elle se contenta de hocher la tête, s'entendit pousser un soupir de béatitude quand il referma les bras autour d'elle pour l'attirer contre lui et nicher le visage dans son cou.

Oh, la sensation de ce corps viril et puissant pressé contre le sien ! Cette chaleur, ce parfum masculin, c'était tellement grisant ! Enfouissant les doigts dans les cheveux qui bouclaient sur sa nuque, elle lui embrassa le front, la tempe, la joue, avant de glisser jusqu'à sa bouche tentatrice...

Et le désir qu'ils refrénaient tous deux depuis si longtemps se déchaîna soudain dans ce baiser fiévreux qu'ils échangèrent.

Aveuglément, Alissande fit courir ses paumes sur le dos musclé de Damien. Elle voulut le libérer de ses braies, mais il l'en empêcha. Puis il s'écarta juste assez pour plonger son regard vibrant de passion dans le sien tandis que sa main glissait sur son flanc, se refermait sur l'arrondi de sa hanche avant de rejoindre par des chemins détournés son intimité frémissante.

— Cela fait si longtemps que je rêve de vous toucher ainsi, Alissande... Seigneur, je ne peux pas m'arrêter...

— N'y songez surtout pas, Damien... Je vous en supplie.

Elle aurait voulu que ces instants durent, durent... que chaque seconde s'étire pour mieux s'en délecter. Telle une terre desséchée qui a besoin de se gorger d'eau, elle avait soif de plaisir. Mais la vague grossissait en elle à chaque caresse. Cela faisait si longtemps... si longtemps... Pourtant, Damien semblait n'avoir rien oublié de ce qu'elle aimait ; il jouait de son corps avec un art consommé, un sens de la nuance qui la bouleversait. Tout était si juste, si parfait.

— Par tout ce qui est saint, Alissande, de toute ma vie je n'ai rien vu de plus beau que vous !

Il couvrit son cou de baisers et elle renversa la tête afin de se livrer davantage encore. Il lui mordillait le lobe de l'oreille, goûtait sa peau et lui arrachait des frissons en cascade. C'était enivrant de savoir qu'il la désirait autant qu'elle le désirait !

Comme il repoussait d'une main tremblante une boucle sur sa tempe, elle devina combien il lui en coûtait de devoir dompter sa passion. Son doigt courut sur sa joue, suivit le petit creux à la base de sa gorge. D'instinct, elle se cambra vers lui pour offrir ses seins à ses caresses.

Durant tout ce temps, ses doigts nichés entre ses cuisses continuaient de s'activer, tantôt rapides, tantôt lents, lui arrachant presque des sanglots de bonheur.

Ondulant du bassin en rythme, Alissande crispa soudain la main sur le drap. Elle gémit, tournant la tête de gauche à droite, et de droite à gauche, impatiente, éperdue. Soudain, le plaisir la souleva telle une vague géante, elle demeura un instant à en chevaucher la crête, ses muscles intimes se contractant follement, puis retomba sur le lit, pantelante, extatique, avec l'impression de flotter très haut dans le ciel.

Il lui fallut du temps pour reprendre pied dans le monde réel. Son corps était encore agité de frissons incoercibles lorsqu'elle se rendit compte qu'elle était pelotonnée contre le flanc de Damien, à l'abri dans le cercle de ses bras.

Comme il tournait la tête, elle rencontra son regard. Leurs lèvres se joignirent et Damien laissa échapper un grondement de plaisir, qui ranima aussitôt son désir.

Elle tâtonna en direction de sa ceinture et tira sur ses braies. Elle le voulait aussi nu qu'elle. Elle voulait voir ce corps magnifique. Mais il lui saisit les mains et les immobilisa, entrecroisant ses doigts aux siens.

— Non, ma douce. Attendez un instant, je vous prie…

— Que… qu'y a-t-il, Damien ?

Il eut un lent sourire qui la fit fondre.

— Presque rien, répondit-il. Tout d'abord ceci…

S'étant redressé, il saisit les pans des tentures du baldaquin et les rapprocha d'un geste vif, plongeant le lit dans la pénombre.

— Ensuite cela... ajouta-t-il d'une voix plus rauque, en se débarrassant de ses braies.

L'instant d'après, renversé sur le dos, il agrippa la jeune femme par la taille et la positionna de façon qu'elle se tienne à califourchon au-dessus de son sexe rigide.

— Et enfin, ceci, conclut-il dans un murmure sensuel.

Et d'un puissant coup de reins, il s'enfonça en elle jusqu'à la garde.

Alissande poussa un cri sourd qui fit écho au grondement qui montait dans la gorge de Damien. Des taches lumineuses dansèrent devant ses yeux. Spontanément, elle commença à se mouvoir, s'émerveillant de le sentir de nouveau en elle, *à elle*, alors qu'elle avait cru l'avoir perdu à jamais.

Il lui fallut quelques secondes pour s'apercevoir que Damien s'était figé, les mains crispées sur ses hanches.

— Par tous les saints, Alissande, attendez ! Ne bougez pas, sinon je ne tiendrai pas. Je veux faire durer le plaisir.

Elle respira lentement, posa les mains sur son torse musclé, et s'efforça de dompter les sensations merveilleuses qui la poussaient à onduler au-dessus de lui. Mais la bataille était perdue d'avance. Il était profondément enfoui en elle, et c'était si bon, si bon... qu'après un instant, elle réalisa qu'elle ne pouvait se rendre à sa requête.

Non, sa vie en eût-elle dépendu... elle n'aurait pu lui dénier ce plaisir fulgurant qui l'avait elle-même foudroyée quelques instants plus tôt.

Ainsi, considérant que ce n'était qu'un juste retour des choses, elle l'agrippa par les épaules et roula sur le côté afin de l'amener au-dessus d'elle. Pour ne pas rompre leur intimité physique, il n'eut d'autre choix que de suivre son mouvement, et poussa un gémissement lorsqu'elle arqua le bassin afin de le prendre plus profondément en elle.

— N'attendez plus, Damien ! souffla-t-elle. Faites-moi l'amour, maintenant, comme nous en mourons tous deux d'envie...

Dans la pénombre qui les entourait, elle devina plus qu'elle ne vit la crispation de ses traits. Il capitula, et entama un va-et-vient langoureux, qui prit rapidement un rythme plus rapide. Éblouie, Alissande se cramponnait à ses épaules. La sensation incroyable était en train de renaître...

Au bord de la jouissance, elle se cabra, enfouit le visage au creux de son cou. D'une seule poussée, il l'envoya une fois encore au paradis, et elle cria son nom. Une seconde plus tard, il la rejoignait dans l'extase, répandant en elle sa semence brûlante.

L'orage passé, il s'écroula sur elle. Le poids de son corps lui était un fardeau délicieux qu'elle accueillit avec bonheur. En proie à cette exquise lassitude qui suit l'amour, elle mêla ses doigts à ceux de Damien, et lui embrassa le front, repue, comblée comme elle ne l'avait pas été depuis cinq ans.

Yeux clos, il arborait une expression paisible. Il bascula sur le flanc pour ne pas écraser la jeune femme, mais son bras demeura drapé en travers de sa taille et ses doigts entrelacés aux siens.

— Pardonnez-moi d'avoir résisté si peu de temps aux feux du désir, belle dame, chuchota-t-il d'une voix étouffée qui traduisait son épuisement.

Elle lui embrassa le dos de la main, puis ramena leurs mains jointes sur son ventre, avant de répondre :

— Vous n'avez pas de reproches à vous faire. C'était merveilleux. Et cela faisait très longtemps... pour nous deux, je suppose.

— Vous n'avez pas idée. Ma dernière fois était avec vous, Alissande.

— *Comment ?*

Elle tourna vivement la tête, sidérée, partagée entre la joie et la honte.

— Je vous rappelle qu'après vous avoir quittée, j'ai rejoint la confrérie des chevaliers du Temple.

— Oui, je sais, mais… j'avais cru comprendre que les règles strictes des Templiers s'étaient peu à peu assouplies. Et puis, après tout ce temps… je n'imaginais pas que…

Elle n'acheva pas sa phrase. Damien roula sur le dos et elle remarqua qu'il prenait soin de tirer la couverture sur lui afin de dissimuler la partie inférieure de son corps.

— Il est vrai que certains ne parviennent pas à respecter leur vœu de chasteté, concéda-t-il. Ainsi, mon frère Alexandre. Moi, je l'ai fait, Alissande. J'ai appartenu corps et âme à l'ordre du Temple, et ce jusqu'à mon arrestation. Je ne suis pas du genre à prendre une promesse à la légère.

Alissande perçut le caractère inflexible de l'homme qui venait de prononcer ces mots. Elle en eut le souffle coupé et se sentit curieusement intimidée, tout à coup.

Le silence tomba entre eux, et elle s'interrogea. Comment devrait-elle se comporter avec Damien, désormais ? Devaient-ils faire comme si rien ne s'était passé entre eux ?

Doux Jésus, cela lui semblait tout bonnement impossible !

Damien résolut son dilemme en tendant le bras, dans une invite muette à se blottir contre lui. Elle hésita une fraction de seconde, puis obtempéra avec reconnaissance et cala la joue au creux de son épaule.

Une fois de plus, elle s'émerveilla de la facilité avec laquelle ils retrouvaient les gestes de tendresse d'autrefois et, en proie à une émotion douce-amère, elle mesura à quel point tout cela lui avait manqué.

— Merci, Alissande, murmura-t-il après avoir poussé un profond soupir.

Son imagination devait lui jouer des tours, car elle aurait juré percevoir dans sa voix du chagrin en même temps que du contentement.

— C'est moi qui vous remercie, Damien. Vous en avez fait bien plus que moi. Pourquoi mériterais-je vos remerciements ?

Elle s'était mise à lui caresser machinalement la poitrine. Sous ses doigts, et en dépit de la chemise, qu'il n'avait pas ôtée, les cicatrices dessinaient des bosses et des creux, mais à ses yeux, elles n'altéraient en rien la beauté virile de cet homme.

— Pour m'accepter tel que je suis, répondit-il. Et pour me laisser revenir dans votre vie, de cette façon.

Elle faillit se récrier : « Mais vous ne l'avez jamais quittée, Damien ! Ne le savez-vous donc pas ? »

Elle soupira à son tour, et se pelotonna contre lui, se laissant bercer par les battements réguliers de son cœur. Elle ne voulait songer qu'à l'instant présent et à sa douceur. Pour l'heure, cela lui suffisait.

Leur réconciliation inattendue, ce sentiment d'appartenance qui l'emplissait en ce moment même, alors qu'elle se trouvait dans ses bras, tout cela était trop neuf. Se rappeler que tout cela finirait par passer et qu'elle se retrouverait fatalement seule de nouveau lui apparaissait trop cruel.

Damien resserra le bras autour d'elle dans un geste protecteur merveilleusement rassurant. Après tant d'années de rêves vains et de regrets cuisants, cela suffisait à emplir Alissande d'une joie incrédule. Elle s'abandonna donc à son étreinte et glissa dans un sommeil sans rêve.

La tête d'Alissande pesait sur l'épaule de Damien. À sa respiration devenue régulière, il comprit qu'elle s'était endormie.

Ce qui venait de se passer entre eux était tout simplement inouï.

Il n'avait rien prémédité. Il ne s'était même pas autorisé à envisager cette éventualité quand ils s'étaient mis au lit. Mais c'était arrivé, voilà tout. Il avait réagi à une envie, un besoin viscéral de la toucher, sans faire cas des conséquences.

Et cela avait été merveilleux.

Les yeux fermés, il cala sa nuque contre le traversin. Le parfum d'Alissande montait jusqu'à lui, lui rappelant que tout ceci n'était pas un rêve. Elle était bel et bien là, assoupie au creux de son bras.

Il lui avait donné du plaisir. Ils avaient fait l'amour et elle en avait eu envie autant que lui. Elle l'avait supplié de ne pas arrêter, avait crié son nom dans la jouissance…

Ces souvenirs incroyables réveillaient son désir. Il avait l'impression d'avoir entrevu un coin du paradis. Alissande était si belle en proie aux affres du plaisir ! Il aurait pu regarder des heures ses traits délicats crispés par la violence de l'extase, écouter sans fin ses soupirs et ses petits gémissements émouvants…

Une chose était certaine, il ne regrettait rien. Et même s'il ignorait ce qui les attendait maintenant, il était convaincu d'avoir eu raison de suivre son instinct.

Durant les mois qu'il leur restait à partager, il protégerait Alissande et lui offrirait ce plaisir merveilleux qui les faisait vibrer tous deux. Mais il n'y aurait rien de plus entre eux. Il n'avait rien à lui offrir, surtout pas son cœur meurtri, broyé, carbonisé par les flammes de l'amertume et de la souffrance au point d'en être devenu méconnaissable.

Son cœur ne lui appartenait plus. Il l'avait perdu en même temps qu'il avait perdu la foi.

Bien que ce soit Alissande qui l'ait repoussé cinq ans auparavant, il sentait qu'elle espérait plus que ce qu'il était à même de lui donner. Mais même si ses sentiments avaient changé, même si, quelque part tout au fond de lui, il lui avait pardonné, même s'il trouvait un moyen d'obtenir cette richesse qui lui permettrait d'envisager un avenir quelconque avec elle, cela ne suffirait pas.

Alissande avait besoin d'un homme à part entière, un homme à la réputation sans tache, qui serait accepté dans le giron de l'Église, et non d'un renégat qui passerait le reste de sa vie à redouter qu'on l'arrête pour le jeter en prison et le torturer.

Pour les quelques mois à venir, ils devraient se contenter de cette complicité charnelle qui les unissait. Et bien sûr, il ferait tout ce qui était en son pouvoir pour la protéger des noirceurs de ce monde. Il trouvait d'ailleurs plutôt ironique que pour remplir cette mission, on l'ait choisi, *lui*, l'ancien templier brisé par ce monde même...

Alors qu'il cherchait le sommeil, il se répéta encore et encore ce qu'il ne voulait pas oublier. Il devait se convaincre que c'était là la seule chose à faire au risque de les conduire tous deux à leur perte.

Ils ne partageraient jamais rien de plus que ce qu'ils avaient aujourd'hui.

Que Dieu lui vienne en aide, il devait s'y résigner.

12

Trois nuits plus tard.

Une brise fraîche s'infiltrait par la fenêtre et réveilla Alissande, l'extirpant des ténèbres d'un rêve désagréable.

Elle ouvrit les yeux, tenta de se repérer, et se rendit compte qu'elle se trouvait dans un lieu qui ne lui était pas familier.

Kentley Abbey. Oui, ils faisaient route vers Odiham quand le crépuscule les avait surpris. Réfugiés dans une abbaye, ils s'étaient vus proposer une petite chambre pour passer la nuit.

Alissande s'aperçut qu'elle respirait par à-coups et que ses joues étaient mouillées de larmes. Dans son cauchemar, Damien l'avait quittée et elle avait le cœur brisé. L'émotion était si forte qu'elle la sentait encore en elle.

« Ce n'est qu'un rêve, un simple rêve », chuchota une voix apaisante en elle.

Tournant la tête, elle constata que, rêve ou réalité, Damien n'était plus couché à côté d'elle. Elle tendit le bras pour tâter les draps. Ils étaient frais sous sa paume. Il était donc parti depuis un moment, juste après qu'ils avaient fait l'amour, comme chaque soir depuis leurs retrouvailles.

Cette nuit, leur étreinte avait été plus tendre que jamais. Si belle qu'Alissande avait failli pleurer après l'extase. Damien avait lui aussi atteint la félicité, mais une ombre était restée accrochée dans son regard, comme si un fardeau invisible pesait sur lui.

Ensuite, il l'avait attirée contre lui et, appuyé sur un coude, il l'avait contemplée en silence, manifestement troublé, tout en lui caressant la joue. Avant qu'elle ait pu lui demander à quoi il pensait, il s'était incliné pour l'embrasser. Puis il avait roulé sur le dos en lui souhaitant une bonne nuit.

Au bout d'un moment, elle avait entendu sa respiration s'apaiser et elle s'était autorisée à dormir elle aussi.

À présent, il n'était plus là.

Assise sur la couchette qui leur servait de lit, elle chercha à distinguer sa silhouette dans la chambre. La lune était quasi pleine ce soir-là, et la lumière pénétrait à flots par l'unique fenêtre. Mais Damien n'était de toute évidence pas là.

Elle se leva, et jeta par la fenêtre un coup d'œil dans le jardin qui jouxtait le bâtiment dans lequel ils étaient logés. Celui-ci était plein de ces herbes médicinales que tout abbaye ou monastère se devait de cultiver. Sous les rayons de lune, les feuillages semblaient recouverts d'une fine pellicule de cire et les fleurs peintes en bleu et argent.

Et soudain elle le vit, adossé à l'angle du mur de pierre, près d'un treillage auquel s'accrochait un fouillis de plantes grimpantes. Il avait enfilé ses braies et sa chemise, dont les pans ouverts bâillaient sur sa poitrine nue.

Alissande passa rapidement une robe de chambre avant d'aller le rejoindre. Alors qu'elle approchait, il releva la tête, et elle fut une fois de plus frappée par sa beauté. Il arborait cette expression songeuse qui lui donnait envie de prendre son visage entre ses mains et de l'embrasser encore et encore, jusqu'à chasser de son esprit les pensées moroses et les souvenirs néfastes qui y rôdaient.

— Je vous demande pardon si je vous ai réveillée en quittant le lit, dit-il quand elle s'immobilisa près de lui.

— Ne vous excusez pas, c'est un cauchemar qui m'a réveillée.

Il hocha la tête, détourna le regard.

— La nuit et moi avons déclaré une sorte de trêve… Parfois, elle me laisse dormir, parfois je suis la proie de mes pensées jusqu'à l'aube.

— Ce soir, elle a gagné la bataille, semble-t-il, fit remarquer Alissande.

Il acquiesça avec un demi-sourire.

— Est-ce la perspective imminente de ce tournoi qui vous tourmente ? voulut-elle savoir.

— Ce n'est pas tant le tournoi en soi que ce qui l'accompagnera. Les gens que je devrai affronter. Leurs regards. Et leurs commentaires…

Sa voix s'éteignit. Alissande ne comprenait que trop bien son inquiétude et un vif sentiment de culpabilité l'assaillit. Ils savaient tous deux que leur retour à la Cour s'annonçait difficile, mais, indéniablement, c'était Damien qui en pâtirait le plus. C'était lui qui, des années auparavant, avait été la victime des commérages ; lui, le simple chevalier jugé indigne de la noble dame qu'elle était.

— Je suis désolée de ce que vous devrez affronter à Odiham, chuchota-t-elle.

Elle se garda d'ajouter : « Par ma faute », mais elle le pensait si fort que les mots parurent flotter dans l'air.

— Ne le soyez pas. C'est inutile, car nous n'y pouvons rien. Tout ira bien dès que je serai dans la lice, assura-t-il.

Alissande se mordit la lèvre. Ce qu'il disait n'était pas entièrement vrai. Car elle pouvait bel et bien faire quelque chose. Quelque chose devant quoi elle reculait depuis que Damien avait fait son retour dans sa vie. Elle pouvait lui avouer la vérité, lui expliquer les vraies raisons de son rejet, cinq ans plus tôt. Cela reviendrait certes à lever le voile sur sa propre lâcheté, une lâcheté si terrible que, aujourd'hui encore, elle avait encore du mal à l'admettre. Mais elle ne pouvait se permettre d'attendre plus longtemps. Cela aurait été trop injuste de faire peser ce fardeau supplémentaire sur les épaules de Damien.

Relevant la tête, elle se décida à briser le silence qui était tombé entre eux.

— Damien, je... il y a quelque chose que je souhaite vous dire. Nous n'avons pas vraiment abordé le sujet de ce qui s'est passé il y a cinq ans... Ce que je vous ai dit ce jour-là, après le tournoi... n'était pas la vérité.

Sa voix était devenue presque inaudible. Elle se força à poursuivre :

— Je suis la seule à blâmer pour ne pas vous avoir parlé de cela plus tôt. Mais aujourd'hui, dans notre intérêt à tous deux, je me dois de vous révéler ce qui s'est vraiment passé. Je vous demande de m'écouter sans m'interrompre.

Damien s'était figé. Il semblait avoir cessé de respirer. Le silence s'étira entre eux et elle songea que, peut-être, quand il se déciderait enfin à bouger, ce serait pour passer devant elle et l'abandonner là, dans ce jardin, avant de rentrer sans un mot dans l'abbaye...

Mais il n'en fit rien, bien sûr, et se contenta de la regarder d'un air douloureux, comme s'il avait du mal à croire qu'elle osait mentionner cette histoire, après tout ce temps.

— Il n'y a rien à expliquer, Alissande. Le passé appartient au passé, et nous ne gagnerons rien à le déterrer.

— Je sais que cela ne changera rien à ce qui s'est produit, Damien. J'espère seulement que cela rendra les jours à venir plus doux à supporter.

Elle déglutit avec peine, et chercha son regard.

— Ne voulez-vous pas m'écouter ? Je vous en prie, implora-t-elle.

Il serrait les mâchoires et un petit muscle s'était mis à tressauter sur sa joue. L'anxiété qu'elle lisait dans ses yeux était presque insupportable. Elle crut qu'il allait de nouveau protester, tenter de la dissuader, mais finalement, il se contenta d'un bref hochement de tête.

Un grand calme envahit Alissande, qui lui donna la force de faire ce qu'elle aurait dû faire cinq ans plus tôt.

— Ce jour-là, quand je vous ai tourné le dos, après votre victoire, Damien, cela n'avait rien à voir avec votre rang social ou le fait que mes sentiments à votre égard aient pu changer. Je vous l'ai pourtant fait croire, dans la tente de mon père, parce que je voulais vous taire la vérité, parce qu'il était plus facile pour moi de vous mentir que d'admettre à quel point j'étais terrifiée…

Les doigts crispés sur les pans de sa robe de chambre, elle poursuivit sans le quitter des yeux :

— En réalité, j'étais simplement trop lâche pour obéir aux désirs de mon cœur, par crainte de ce qui pourrait se passer… de ce qui s'était *déjà* passé et que j'avais pris comme un terrible avertissement.

— Je ne comprends pas.

— Si je vous ai repoussé, c'est à cause du scandale qui a impliqué votre frère Alexandre et demoiselle Marguerite.

Les sourcils froncés, Damien croisa les bras sur sa poitrine dans un geste qui révélait son irritation.

— Voilà qui me paraît un peu difficile à accepter, Alissande. Cet esclandre, nous en avons discuté à plusieurs reprises, vous et moi. Et c'est *vous*, madame, qui avez suggéré d'annoncer publiquement notre amour après le tournoi, afin que personne ne puisse nous reprocher d'avoir agi en catimini, comme Alexandre et Marguerite.

Alissande secoua la tête.

— Mais il n'y avait pas que cela, Damien. Vous ne saviez pas tout.

— Que pouvait-il y avoir d'autre ? Mon frère est tombé amoureux d'une femme au-dessus de sa condition, tout comme moi. Il l'a courtisée en secret, comme j'ai été contraint de le faire avec vous. La différence, c'est qu'avant qu'il ait le courage de déclarer publiquement ses sentiments, en homme d'honneur, le père de Marguerite les a surpris. Alexandre a eu le choix entre quitter l'Angleterre ou vivre le genre d'enfer que seul un comte dont la fille a été déshonorée par un simple chevalier peut faire subir à un homme. Il est parti…

Les yeux de Damien étincelaient.

— Mais moi, Alissande, j'aurais été prêt à courir ce risque ou à affronter n'importe quelle autre épreuve au nom de notre amour. Je serais resté quel que soit le prix à payer. Mon frère n'a pas eu ce courage. Il a choisi la solution la plus facile… tout comme vous, qui vous êtes détournée de moi devant la noblesse réunie en prétendant que nous n'étions rien l'un pour l'autre. Voilà la vérité. Il n'y a rien d'autre à ajouter, conclut-il.

— Il y a beaucoup plus au contraire.

— Alors, expliquez-moi, car je n'ai pas la moindre idée de ce dont il s'agit. Nous partagions *tout* à l'époque, Alissande. Ne vous en souvenez-vous pas ? Nous nous disions tout.

— Non, Damien. Je n'avais pas eu le temps de vous le dire, mais Marguerite attendait un enfant.

Damien la fixa, incrédule.

— Elle était enceinte de... mon frère ? articula-t-il.

Alissande acquiesça, le cœur lourd.

— Je l'ai appris le matin du tournoi. Marguerite m'a adressé un message désespéré en me suppliant de venir la retrouver dans sa tente. Elle était pâle, en larmes. Elle m'a annoncé que son père allait l'envoyer au loin pour la soustraire aux yeux du monde. Je n'ai d'ailleurs pu lui parler que quelques minutes, car l'un des gardes de lord Welton est venu la chercher presque aussitôt. Elle a juste eu le temps de me dire qu'elle allait avoir un bébé.

Stupéfait, Damien se passa la main dans les cheveux avant d'avouer :

— Seigneur, je n'en soupçonnais rien ! Alexandre ne m'a jamais parlé de cette grossesse.

— Peut-être n'était-il pas au courant. Marguerite elle-même ne s'en était rendu compte que très peu de temps auparavant, et elle s'est confiée à moi ce matin-là, poussée par le désespoir, et parce que nous étions amies de longue date. Par la suite, je ne l'ai pas revue, mais j'ai entendu dire que l'enfant n'avait pas survécu à l'accouchement. Il ne lui est donc rien resté que sa honte, son cœur brisé, et de longues années de pénitence, cloîtrée dans un couvent, loin de tous ceux qu'elle aimait.

Damien secoua la tête, manifestement atterré par la nouvelle qu'il venait d'apprendre. Il ferma les yeux un instant et, lorsqu'il les rouvrit, Alissande dut faire un effort pour croiser son regard, tant elle avait honte de ce qu'elle s'apprêtait à lui dire. Mais, étant donné les circonstances, il avait le droit de savoir, d'entendre la vérité de sa bouche, de la lire dans ses yeux.

— Que vous dire, Damien, sinon que cette histoire m'a proprement affolée. J'avais mené jusque-là la vie choyée et insouciante due à mon rang social et à ma richesse. Quand j'ai vu ce qui arrivait à Marguerite, j'ai compris soudain que cela aurait pu m'arriver à moi. Que j'aurais pu me retrouver enceinte, enfermée dans un couvent, honnie par tous. Et, pire, que notre idylle vous faisait courir le risque d'être envoyé en exil comme Alexandre, sauf que, vous connaissant, je savais que vous resteriez pour combattre quiconque tenterait de nous séparer, fût-ce au prix de votre vie. Quelle sotte j'ai été, car c'est la voie que vous avez choisie, au bout du compte !

En dépit de la honte qui la terrassait, elle se contraignit à garder la tête haute et à continuer :

— C'est par peur que je vous ai repoussé, Damien. J'étais jeune, stupide, terrifiée à l'idée d'affronter l'opprobre. J'ai préféré nous briser le cœur à tous deux plutôt que de risquer d'endurer ce que Marguerite et Alexandre avaient vécu.

Un petit sanglot étouffé jaillit de sa gorge. À présent, elle le regardait à travers le rideau de larmes qui lui brouillait la vue.

— J'ai eu tort, bien sûr, reprit-elle. Cela a été une terrible erreur. Mais savoir qu'on s'est trompé n'y change rien. On ne peut plus revenir en arrière. Ce qui est fait est fait.

Il la regardait et elle retrouvait dans ses yeux le lien d'autrefois, cette entente qui allait au-delà des mots, comme s'ils n'avaient jamais été séparés. Désormais, Damien savait. Cela ne changerait rien à ce qu'ils vivaient aujourd'hui, mais au moins connaîtrait-il les vraies raisons de leur malheur.

Au demeurant, il paraissait vaguement soulagé, comme si, en parlant, elle avait ôté un grand poids de ses épaules.

Il hocha la tête, l'air grave.

— Alissande, si seulement j'avais... si seulement nous nous étions...

Il s'interrompit. Les mots étaient trop difficiles à prononcer. Elle le savait aussi bien que lui : il était trop tard pour les mots, trop tard pour combler le gouffre qui s'était creusé entre eux. Ils avaient emprunté des chemins différents. Ils avaient changé, s'étaient endurcis. Plus jamais ils ne seraient ces amants innocents et passionnés qu'ils avaient été.

Alissande luttait pour refouler ses larmes.

— Je sais, Damien, chuchota-t-elle. Moi aussi, je regrette.

Une larme solitaire roula le long de son nez. Elle esquissa un pauvre sourire.

— Et le plus ironique dans tout cela, ajouta-t-elle, c'est que je n'avais pas à craindre de partager le triste sort de Marguerite, même si je n'en savais rien à l'époque... Comme je vous l'ai dit à demi-mot l'autre soir, je n'avais aucun risque de concevoir un enfant.

Sourcils froncés, Damien objecta :

— Pourtant, à mon arrivée à Glenheim, dame Blanche a exprimé des inquiétudes au sujet d'une éventuelle grossesse.

— Ma mère refuse de perdre espoir, mais j'ai, quant à moi, dû me rendre à l'évidence. J'ai été mariée quatre ans à Godfrey sans jamais voir mon ventre s'arrondir. Plus les mois passaient, plus il s'emportait contre moi, me reprochant de ne pas être capable de concevoir. La dernière année de notre mariage a été horrible...

Sa voix se brisa. Elle se tut, yeux clos, opposant une barrière mentale aux images sordides qui envahissaient sa mémoire. Mais la douleur refusait de refluer et faisait éclore dans sa poitrine une bulle douloureuse qui enflait, enflait, et menaçait de l'étouffer...

Lorsque Damien lui frôla la main, elle tressaillit vivement, prise de court.

— Je suis navré, Alissande. On dirait bien qu'aucun de nous deux n'a réussi à trouver la paix, ces dernières années.

Il posait sur elle un regard compréhensif, et sa douleur s'apaisa légèrement. Mais elle avait perçu d'infinis regrets dans sa voix, et, de fait, il reprit :

— Je vous suis reconnaissant de l'honnêteté dont vous avez fait montre, Alissande. À mon tour, je dois vous confesser quelque chose. Ne vous fustigez plus pour ne pas m'avoir révélé la vérité plus tôt. Aucun de nous ne peut savoir comment la situation aurait tourné si vous ne m'aviez pas repoussé. Mais même si vous m'aviez dit tout cela le jour de mon arrivée, quand nous avons conclu cet accord, je n'aurais pas...

Il s'interrompit, cherchant ses mots, et enchaîna enfin d'une voix enrouée :

— Ce que j'essaie de vous dire, c'est que cela n'aurait pas affecté ma décision. Je n'ai pas posé mes conditions dans le but de vous blesser ou pour me venger. La vérité, c'est que je ne peux pas redevenir celui que j'étais et que vous avez connu. Cet homme-là est mort. Et puis, imaginez que l'on découvre que l'acte d'absolution est un faux... Je serais jeté en prison et aucun de mes proches ne serait à l'abri de la vindicte des inquisiteurs. Voilà pourquoi les choses doivent en rester là entre nous.

— Je comprends...

Il avait raison. Et même si ses aveux faisaient renaître en elle un espoir aussi ténu qu'entêté, elle devait trouver la force de l'étouffer.

— Et je suis d'accord avec vous. Moi aussi, j'ai changé, et pas plus que vous je ne puis redevenir la personne que j'étais quand nous nous sommes connus.

Le silence retomba. D'un geste plein de tendresse, Damien essuya du doigt la trace humide que la larme avait laissée sur la joue d'Alissande. Puis, d'une voix douce et empreinte d'émotion, il déclara :

— Tout ce que je puis vous offrir, vous l'aurez, Alissande. Demain, nous atteindrons Odiham Castle. Je vous promets de vous protéger contre Hugues ou contre tout autre homme qui se risquerait à vous importuner. Vous avez ma parole.

Alissande aurait eu tant à lui dire en réponse, mais sa gorge était tellement nouée qu'elle s'en trouva incapable. Elle se borna à hocher la tête, résolue à demeurer forte, à se persuader que leur relation ne pouvait évoluer différemment, qu'attendre autre chose aurait été futile, voire dangereux.

Elle devait tirer un trait sur le passé et renoncer à un avenir commun pour vivre uniquement dans le présent.

Dans les yeux de Damien, elle lisait les mêmes émotions, la même nostalgie de ce qui avait été… et ne serait jamais plus.

Finalement, il glissa le bras autour de ses épaules pour l'envelopper de sa chaleur.

— Venez, madame. L'aube sera là d'ici quelques heures et nous serons fort occupés au matin. Il faut nous reposer un peu, murmura-t-il en l'entraînant vers l'abbaye.

13

Odiham Castle, Hampshire, deux jours plus tard.

Alissande émergea de la tente dans laquelle Damien et elle allaient vivre durant une semaine. Elle leva les yeux vers le ciel où s'amoncelaient des nuages couleur de plomb, promesse de pluie pour les heures à venir. Les choses ne s'annonçaient certes pas sous les meilleurs auspices.

Ils étaient arrivés la veille, comme prévu, et avaient passé la journée à s'installer. Les domestiques avaient monté la tente. Les festivités qui accompagnaient le tournoi débuteraient le soir même par un banquet. On danserait également dans la grande salle octogonale qui était la particularité d'Odiham Castle. À en juger par le nombre de tentes colorées dressées près de la lice, il y aurait foule, ce soir, pour festoyer, boire, ripailler et écouter les ménestrels.

Les joutes elles-mêmes commenceraient le lendemain matin. Alissande espérait bien que, d'ici là, le temps se serait éclairci. Sinon, les concurrents seraient contraints de s'affronter sous un crachin désagréable, voire une pluie battante, et les chevaux devraient patauger dans une boue épaisse et collante.

Mais nul n'était maître des éléments...

Entre-temps, ils devraient endurer la cérémonie d'ouverture durant laquelle on procéderait aux présentations devant le roi. Cette perspective enchantait autant Alissande que l'idée de se faire percer un abcès... Mais Damien et elle n'avaient d'autre choix que de s'y soumettre.

— Êtes-vous prête à paraître devant la Cour ?

Damien venait de sortir à son tour de la tente. Comme elle, son premier réflexe avait été de regarder le ciel. Depuis qu'ils avaient franchi le pont-levis du château, il avait semblé en proie à une tension constante. Ce soir pourtant, il paraissait détendu.

— Vous êtes très belle, madame.

— Merci.

Elle sentit ses joues s'empourprer. Un simple compliment suffisait à attiser la passion qui sommeillait en elle, et ne demandait qu'à se déchaîner dès qu'elle se trouvait près de lui. Et que des images intimes et troublantes lui viennent à l'esprit dès qu'elle posait les yeux sur sa bouche sensuelle et ses mains élégantes ne l'aidait certes pas. Même dans la journée, le souvenir des caresses brûlantes échangées dans le secret de la nuit ne la quittait pas.

— Cette couleur vous va à ravir, et vous êtes adorable quand vous rougissez ainsi, insista-t-il pour la taquiner.

— Vous avez vous-même fière allure, monsieur.

— Je n'y suis pour rien, je dois l'avouer. C'est encore à la prévoyance de dame Blanche que je puis me vêtir décemment aujourd'hui.

Le sourire qu'il lui adressa, destiné à la désarmer, atteignit parfaitement son but.

— Ma mère est douée, il est vrai. Elle est capable de transformer n'importe quel loqueteux en prince charmant, rétorqua-t-elle pour le taquiner à son tour.

Il se mit à rire.

— Vous lui ferez part de mon éternelle reconnaissance la prochaine fois que vous la verrez, car sans elle, c'est certain, j'aurais été cantonné aux écuries ou à l'office !

Sur ces mots, il s'inclina dans une révérence exagérément galante. Alissande s'esclaffa. Se redressant de toute sa taille, il lui offrit le bras dans un geste plein de courtoisie.

— Êtes-vous prête, madame ? Nous sommes attendus au banquet.

— Oui, messire. Je serai très honorée d'y assister en votre compagnie, répondit-elle en glissant la main au creux de son bras.

Elle craignait que cet intermède plein de légèreté soit le dernier avant des heures, ou peut-être même le restant de la semaine.

La herse de la porte principale était relevée. Plusieurs sentinelles royales en gardaient l'entrée. Elles étaient secondées par des scribes occupés à dresser la liste des personnalités qui franchissaient le seuil. Cette liste serait ensuite remise au héraut d'armes, afin que celui-ci connaisse l'identité de chaque participant au tournoi.

Le héraut du roi en obtiendrait également un exemplaire, afin de procéder aux présentations, lorsque les chevaliers devraient se présenter devant leur souverain.

Alissande et Damien n'étaient plus qu'à une vingtaine de pas de la porte quand la jeune femme se rendit compte que quelque chose était en train de se passer.

— Et voilà, ça commence, murmura-t-elle.

Damien avait lui aussi remarqué que tous les regards convergeaient dans leur direction et s'appesantissaient sur leurs personnes. Certains étaient plus habiles à dissimuler leur curiosité que d'autres, qui, sans le moindre scrupule, les dévisageaient et échangeaient des commentaires à voix basse.

Le couple s'immobilisa devant le premier scribe dont les cheveux hirsutes frisottaient en raison de l'humidité ambiante. Celui-ci leva les yeux de son parchemin, la mine avenante. Alissande lui rendit son sourire, même si elle savait qu'il s'agissait là d'une amabilité de façade. Le scribe traitait avec déférence chaque nouvel arrivant, jusqu'à être renseigné sur son identité. Ensuite, soit il se répandait en saluts, courbettes et compliments s'il avait affaire à un membre de la Cour, soit il abandonnait sur-le-champ ses manières obséquieuses pour devenir hautain, voire désagréable en cette journée trépidante où il avait fort à faire et n'était pas forcément de bonne humeur.

Il n'était pas utile de faire des ronds de jambe devant un manant.

La physionomie du scribe se métamorphosa dès que Damien eut annoncé :

— Messire Damien de Ashby et dame Alissande de Surrey.

Bien qu'il ait parlé à mi-voix, chaque syllabe parut se répercuter sur les murs du château dans le soudain silence qui s'était fait autour d'eux.

— Ah, euh… oui, bien sûr, bredouilla le scribe, qui avait légèrement pâli avant de s'empourprer jusqu'aux oreilles.

Il feuilleta ses parchemins avec une certaine fébrilité, comme s'il cherchait un renseignement quelconque.

La mine sévère, Damien haussa un sourcil et s'enquit sèchement :

— Y a-t-il un problème ?

— Non ! Non, pas du tout, messire. C'est juste que je…

Il jeta un coup d'œil à l'autre scribe qui lui renvoya un regard impuissant. Il saisit alors sa plume et se mit à écrire sur le vélin tout en murmurant :

— Messire Damien de Ashby, de la maison Ashby.

Il s'interrompit, leva les yeux.

— Avez-vous toujours le même blason, messire, ou en avez-vous pris un autre lorsque vous étiez... au loin ?

Alissande éprouva alors un choc en comprenant soudain que cet étrange accueil n'était pas seulement lié au scandale qui avait entaché la dernière apparition de Damien à la Cour, ni même à son appartenance à la confrérie de l'ordre du Temple. Il semblait que le scribe, cet employé de rang subalterne au sein de la maison royale, était au courant du calvaire que Damien avait vécu entre les mains des inquisiteurs. Or, pour les plus humbles, s'adresser à un survivant tel que Damien, c'était un peu comme parler avec un fantôme, ou une âme damnée de retour de l'enfer.

C'était à Hugues, se doutait-elle, qu'il devait cet accueil.

— Je porte le blason de la maison Ashby, comme d'habitude, répondit Damien d'une voix ferme.

— Très bien, messire. Je vais en référer au roi d'armes[1] du tournoi ainsi qu'au héraut du roi.

Le scribe semblait s'être ressaisi. Il nota les renseignements supplémentaires sur son parchemin, puis leur fit signe de passer.

— La cérémonie d'accueil officielle commencera d'ici une heure, les prévint-il encore. En attendant, vous trouverez des tables sur tréteaux disposées dans la cour. Des rafraîchissements y sont proposés si vous le désirez.

---

1. Roi d'armes : officier de France, chef des hérauts d'armes, qui entre autres fonctions annonçait les tournois. *(N.d.T.)*

Damien et Alissande franchirent la porte. Ils remarquèrent bien évidemment le discret signe de tête que le deuxième scribe adressait à un jeune page qui se trouvait dans les parages. Aussitôt, celui-ci traversa la cour et fila vers une porte latérale derrière laquelle il disparut.

— Hugues a demandé qu'on le prévienne de notre arrivée, commenta Damien à mi-voix, sans se départir de sa nonchalance.

— Apparemment.

Alissande lui lança un coup d'œil incertain et vit qu'il pinçait les lèvres dans une moue empreinte d'amertume.

Après s'être assurée que personne ne se trouvait à portée de voix, elle reprit :

— Vous savez, rien ne nous oblige à continuer si vous ne le souhaitez pas. Il suffit de faire rayer nos noms de la liste des invités. Et dans deux jours, nous serons de retour à Glenheim.

Damien lui retourna un regard surpris. Un léger sourire flotta sur ses lèvres, offrant un curieux contraste avec la lueur féroce qui dansait dans ses yeux.

— Non, madame. Ce serait le pire que nous puissions faire. Vous êtes et vous resterez sous ma protection. Et n'ayez crainte, je suis de taille à affronter Hugues de Valles, ou n'importe qui d'autre.

Alissande ne répondit pas. En dépit de ces paroles qui se voulaient rassurantes, l'appréhension lui nouait l'estomac. Elle avait les mains moites et dut résister à l'envie de les essuyer furtivement sur sa robe.

Hugues était passé maître dans l'art de la manipulation. Qui sait quels pièges, machinations, et complots divers étaient en train de germer dans son esprit malfaisant ?

Mais Damien le savait tout autant qu'elle, désormais, aussi garda-t-elle le silence et le suivit-elle en direction d'une table sur laquelle étaient posés des hanaps et des outres de vin en priant pour trouver le moyen de se calmer. Car la journée était loin d'être terminée et la présentation au roi n'allait pas tarder...

Damien regardait Alissande boire – engloutir, plutôt – son troisième hanap de vin aux épices depuis leur arrivée dans l'enceinte d'Odiham, à peine une demi-heure plus tôt.

La jeune femme jetait des regards inquiets en direction des gens qui se tenaient à distance respectueuse d'eux, comme si elle s'efforçait de deviner leurs sentiments.

Damien avait connu nombre de ces nobles personnages à l'époque où lui-même fréquentait l'entourage du roi. Mais, apparemment, aucun ne voulait être le premier à lui adresser la parole. D'un point de vue social, c'était trop risqué. Il était une sorte de paria, à présent ; un ancien champion tombé en disgrâce, mais aussi un homme qui, tout récemment encore, faisait partie de l'ordre du Temple, et avait séjourné dans les geôles de l'Inquisition. Si l'on ajoutait à cela qu'Alissande avait, semblait-il, fait un pied de nez au roi en épousant un roturier sans même solliciter sa permission, on ne pouvait décemment s'étonner que la plupart des seigneurs et dames de la Cour les évitent comme la peste.

Si cela n'affectait pas Damien outre mesure, il voyait bien qu'il n'en allait pas de même pour Alissande qui était fort tendue, à en juger par la quantité de vin qu'elle avait absorbée. C'était à lui de trouver le moyen de l'apaiser, comprit-il.

— Venez, madame.

Il lui prit la main, doucement, mais avec fermeté, et la cala au creux de son bras si bien qu'elle n'eut d'autre choix que d'abandonner son hanap et de le suivre. Il se dirigea vers la grande porte voûtée.

— Où allons-nous ? s'inquiéta-t-elle.

— À l'intérieur.

— Mais... pourquoi ?

Il ne répondit pas. Par chance, le vin la rendait plus malléable que d'ordinaire et elle ne protesta pas. Cramponnée à son bras, elle trouva quand même le moyen de trébucher alors qu'ils s'engageaient dans un couloir sombre, aussi dut-il ralentir l'allure. À plusieurs reprises, ils croisèrent des domestiques et quelques invités, mais Damien ne s'arrêta pas.

Enfin, il trouva l'endroit qu'il cherchait et s'immobilisa.

Ils se trouvaient à l'extrémité d'un large corridor dont le mur était percé d'une fenêtre de forme ogivale décorée d'une dentelle de pierre. Celle-ci donnait sur une courette, pour le moment déserte. Une croix en pierre sculptée se dressait en son milieu, entourée d'un carré d'herbes aromatiques.

L'air embaumait le romarin et le basilic.

Damien fit face à Alissande.

— Je veux que vous preniez quelques instants pour vous imprégner de la sérénité de ces lieux et faire le vide dans votre esprit.

— *Quoi ?*

Les joues rosies par le vin et la chaleur, Alissande le considéra bouche bée, l'air de penser qu'il avait perdu l'esprit.

— Faites ce que je vous dis, madame. Reprenez-vous avant de tomber en pâmoison devant tous ces gens. Et rappelez-vous par la même occasion que nous assistons seulement à la cérémonie d'ouverture d'un tournoi. Pas à une exécution.

— Je le sais parfaitement ! s'exclama-t-elle, indignée. Et je n'arrive pas à croire que vous m'ayez entraînée loin de la grande cour pour... pour... *ceci !*

D'une main impatiente, elle désigna le carré d'herbes. Ses narines délicates palpitaient et ses prunelles étincelantes avaient pris l'éclat froid du saphir.

Damien se retint de rire. Elle n'était pas d'humeur à plaisanter et risquait fort de sortir de ses gonds. Lui prenant le menton, il murmura :

— Vous ne trouvez donc pas cet endroit charmant, madame ?

— Eh bien… oui, je suppose, acquiesça-t-elle avec exaspération, les yeux rivés aux siens. Et *vous*, monsieur ? Trouvez-vous le paysage charmant ?

— J'avoue que ce que je vois me plaît infiniment, dit-il en ébauchant un sourire.

Il n'avait pas détourné une fois les yeux de son visage. Il était clair que la beauté qu'il louait n'était pas celle du petit jardin.

Alissande poussa un soupir, puis consentit à sourire à son tour.

— Toutefois, ce n'est pas pour le cadre que je vous ai amenée ici, reprit-il.

— Ah, non ?

— Non. Je ne suis venu à Odiham qu'une seule fois par le passé, et je dois vous avouer que je ne connaissais même pas l'existence de ce jardin. Lors de mon précédent séjour, cette cour ne contenait que deux bancs de bois et un carré de mauvaises herbes.

— Dans ce cas… que sommes-nous venus faire ici ?

Elle semblait avoir perdu de son assurance et Damien dut se faire violence pour ne pas la taquiner.

— Ceci, répondit-il.

Et, inclinant la tête, il l'embrassa comme il rêvait de le faire depuis le début de cette longue journée. Il lui mordilla d'abord les lèvres, les frôla tendrement, puis son baiser se fit plus intime, plus exigeant.

Prise de court, Alissande s'était d'abord raidie. Mais, dès que sa bouche eut effleuré la sienne, elle se laissa aller contre lui tandis que ses mains remontaient sur ses épaules.

Elle lui rendit son baiser avec une ardeur qui le surprit. Était-ce le vin qui la rendait si fougueuse ? s'interrogea-t-il. C'était une possibilité à envisager, et il se promit que, partout où ils résideraient désormais, que ce soit à Glenheim ou sur l'un des nombreux domaines dont Alissande était la maîtresse, il veillerait à s'approvisionner en cet excellent vin d'épices si revigorant !

Comme leur baiser délicieux prenait fin et que Damien se redressait, Alissande chancela légèrement. Il la saisit spontanément par la taille.

— Vous ne tenez pas sur vos jambes, belle amie, s'esclaffa-t-il J'ignorais que mes baisers avaient le pouvoir de faire défaillir les dames !

— Je ne suis nullement sur le point de défaillir, mais… j'ai sans doute un peu abusé du vin d'épices, avoua-t-elle, la mine penaude.

Il feignit la déception.

— Vraiment ? Vous m'ôtez mes illusions, madame. Eh bien, il ne me reste plus qu'à perfectionner ma technique, conclut-il avec un soupir exagéré.

Sa plaisanterie atteignit son but, car elle se mit à rire.

— Puisque vous tenez tant à recevoir des compliments, sachez que votre technique est déjà excellente ! Mais il n'y aura plus de baisers tant que je ne serai pas de nouveau en pleine possession de mes moyens.

— Ah. Je ne sais si je pourrai patienter tout ce temps…

— Oh, vous êtes impossible !

Elle avait beau froncer les sourcils, son regard rêveur ne trompait pas.

— Allons, insista-t-il, dites-moi quand j'aurai de nouveau le plaisir de goûter à vos lèvres ?

— Je ne puis vous le dire avec précision ; en revanche, je peux vous assurer d'une chose, fit-elle, mutine.

— Dites, je vous en prie, ne me faites pas languir.

Elle eut un sourire charmant.

— Si votre objectif, en m'amenant ici, était de me détendre, vous avez réussi.

Une voix masculine familière s'éleva soudain dans le dos de Damien :

— Comme c'est touchant ! J'aurais presque des scrupules à interrompre un si tendre interlude.

Damien pivota pour faire face à Hugues de Valles tout en repoussant Alissande derrière lui. Il croisa son regard sans ciller. Son instinct lui soufflait qu'en dépit de son humeur manifestement belliqueuse, Hugues n'entreprendrait aucune action agressive.

— Lord Harwick, le salua-t-il avec un bref hochement de tête.

Il s'écarta légèrement de façon qu'Alissande puisse se glisser à son côté si elle le souhaitait. Ce qu'elle fit, lui entourant la taille du bras en un geste confiant et naturel qu'il ne put s'empêcher de trouver agréable.

À son tour, Hugues le salua d'un signe de tête.

— Ashby.

Puis il enveloppa Alissande d'un regard évaluateur.

— Ma chère cousine, reprit-il, cette nuance de rose vous sied à ravir. Ashby ferait bien de vous avoir à l'œil, car vous faites un dessert bien plus appétissant que ceux servis à la table du roi. Pour ma part, je pourrais ne faire qu'une bouchée de vous !

Il ponctua cette remarque crue d'un sourire salace qui arracha un frisson à Alissande. Dardant un regard glacial sur lui, Damien rétorqua :

— Alissande ne risque rien à mes côtés, comme toujours… messire.

Il avait tardé à ajouter le titre de courtoisie. L'insolence était délibérée, mais Hugues se contenta de répondre :

— C'est ce que nous verrons.

Qu'il n'ait pas relevé inquiéta Damien, mais il n'eut pas le temps de s'appesantir sur ce fait, car le visage de Hugues s'éclaira soudain d'un sourire cauteleux, et il reprit avec une jovialité feinte :

— Mais pourquoi s'attarder dans ce couloir humide alors que les festivités se déroulent ailleurs ? J'étais parti à votre recherche parce que la cérémonie de présentation va commencer. Après tant d'années d'absence, je me doute que vous ne voudriez rater cela pour rien au monde, monsieur. Et croyez-moi, vous n'êtes pas le seul ! ajouta-t-il, sardonique. Nombreux sont ceux qui attendent avec impatience de voir à quoi vous ressemblez.

L'insinuation était claire. Avant même leur arrivée, Hugues n'avait pas perdu de temps pour raviver les vieux ragots.

Comme Damien gardait le silence, Hugues feignit de s'étonner :

— Comment ? N'avez-vous pas hâte ? C'est pourtant là l'occasion de faire la connaissance de ceux que vous affronterez demain dans la lice.

S'autorisant un sourire de prédateur, Damien laissa tomber avec dédain :

— Cela m'indiffère au plus haut point. Un seul adversaire m'intéresse, pour des raisons qui n'ont rien à voir avec notre rencontre imminente dans la lice. Or, il se trouve que j'ai déjà eu l'occasion de le jauger… et qu'il ne m'impressionne guère.

Contrairement à Damien qui excellait dans l'art de maîtriser ses émotions, Hugues n'avait pas l'habitude de se dominer. Il frémit sous l'insulte, et son visage vira au cramoisi. Les traits déformés par la fureur, il réussit cependant à ne pas exploser et cracha :

— C'est ce que vous croyez, Ashby. Mais nous verrons bien !

— Certes, opina Damien qui, imperturbable, indiqua l'extrémité du couloir. En attendant, nous devrions gagner la salle de banquet, non ?

Sans un mot, Hugues tourna les talons. Damien s'empara de la main d'Alissande, et tous deux emboîtèrent le pas au comte de Harwick qui s'éloignait d'une démarche rageuse. La jeune femme était de nouveau tendue, et ses pupilles étaient dilatées par l'inquiétude. Damien maudit Hugues d'avoir anéanti ses efforts. Tout était à refaire, et c'est dans un état d'extrême vulnérabilité qu'Alissande allait faire son apparition devant le roi et la Cour.

Cela dit, ils n'auraient pu rester indéfiniment devant le carré d'herbes aromatiques. Et Alissande aurait été de nouveau nerveuse à l'idée d'affronter l'épreuve qui les attendait. Au fond, Hugues n'avait fait que couper court à leur délicieux intermède.

Le regard fixé sur le dos puissant de Harwick, il songea que, contrairement à ce qu'il avait sous-entendu, le comte s'annonçait un adversaire redoutable. Qu'il combatte à la loyale restait à démontrer. Quoi qu'il en soit, Damien avait la ferme intention de ne jamais baisser sa garde devant lui, dans la lice ou ailleurs.

Dans l'intervalle, ils allaient rencontrer le roi, et la soirée promettait d'être pour le moins désagréable.

Alors qu'ils approchaient de la grande salle, Damien se remémora avec nostalgie le bref moment de quiétude qu'il venait de partager avec Alissande. Comme il aurait aimé prolonger ces minutes et lui épargner ce qui allait suivre !

Mais ce n'était, hélas, pas possible.

L'heure n'était pas aux tendres sentiments. Il devait se préparer au combat, s'endurcir et redevenir le guerrier impitoyable qu'il savait pouvoir être s'il voulait affronter les batailles qui s'annonçaient avec succès.

Ils s'immobilisèrent un court instant devant la lourde double porte. Sur l'injonction de Hugues, les sentinelles ouvrirent les battants et un brouhaha, mélange de rires, de bruits de conversation et de cliquetis de vaisselle, leur parvint. Des parfums de viande rôtie et d'épices flottèrent jusqu'à eux.

Oui, le moment était venu, songea Damien en prenant une profonde inspiration.

Et il était prêt.

14

Le regard d'Alissande glissa sur l'assemblée et un flot de souvenirs lui revint en mémoire. La dernière fois qu'elle avait assisté à un tel événement, le roi Edouard Ier régnait encore. Cela remontait à seulement deux étés. Godfrey avait insisté pour qu'ils paraissent à la Cour, car Hugues l'avait convaincu que cela servirait ses intérêts s'il parvenait à s'imposer dans l'entourage proche du roi et à obtenir ses faveurs.

Deux ans…

Cela semblait impossible. Parfois, Alissande avait l'impression que tout ceci s'était produit la veille, et parfois, qu'une vie entière s'était écoulée.

La voix de Damien interrompit le cours de ses pensées :

— Venez, madame. Le roi et la reine ont déjà pris place à table. Les dames et leurs champions se rassemblent pour les présentations. Nous devons les rejoindre pour attendre notre tour.

Il semblait tendu et elle lui jeta un coup d'œil. Elle n'avait pas l'habitude de le voir aussi mal à l'aise, encore qu'elle ne pouvait le blâmer : ils étaient sur le point de rencontrer le roi et allaient devoir justifier leur mariage précipité pour lequel ils s'étaient passés de sa permission. Au mieux, ce serait embarrassant ; au pire... désastreux.

Alissande acquiesça et, la main posée sur son poing fermé, ils fendirent la foule. Tout en marchant, elle chercha des visages amis autour d'eux. Elle reconnut plusieurs nobles dames en compagnie desquelles elle avait tiré l'aiguille des heures durant à la Cour. Certaines les observaient avec fascination, mais la plupart détournèrent la tête quand elle voulut les saluer d'un sourire.

Elle aurait dû s'y attendre, et pourtant, elle ne put s'empêcher d'être blessée. Ces gens la prenaient de haut, elle, la fille d'un comte, qui avait été aussi la femme d'un comte par son mariage avec Godfrey Claremont. Autrefois, on ne parlait que d'elle dans les salons et à l'office. Elle était admirée, célébrée.

Mais, aujourd'hui, on se détournait d'elle. Sa décision d'épouser un simple chevalier et de défier ainsi l'autorité du roi semblait avoir diminué sa valeur. Il n'était plus de bon ton d'être vu en sa compagnie.

Alissande se souvenait qu'autrefois, elle n'écoutait que d'une oreille ceux qui se plaignaient de la superficialité qui régnait à la Cour. Même quand c'était Damien qui bouillait de rage parce que sa roture lui valait des camouflets répétés, elle se contentait de rire et cherchait à apaiser son indignation sans vraiment la comprendre.

Aujourd'hui, elle comprenait, du moins un peu, ce qu'il avait dû éprouver. Ce rejet unanime et injuste la touchait plus qu'elle ne l'aurait souhaité. Et elle s'en voulait de s'être fourvoyée au point d'avoir cru un jour que tous ces gens étaient ses amis.

Toute à ses pensées, elle ne se rendit pas tout de suite compte que ses doigts s'étaient crispés sur le bras de Damien. Celui-ci détourna les yeux de la table royale pour lui demander dans un chuchotement :

— Qu'y a-t-il, Alissande ?

— Rien... Je viens juste de mesurer à quel point l'épreuve sera difficile et... je voudrais vous remercier une fois encore, Damien, pour avoir accepté d'entrer avec moi dans la fosse aux lions.

À sa grande surprise, il rejeta la tête en arrière et éclata de rire. Autour d'eux, plusieurs personnes leur jetèrent des coups d'œil à la dérobée.

— La fosse aux lions ! C'est, je crois, la description la plus pertinente de la Cour qu'il m'ait été donné d'entendre. Mais ce n'est pas la peine de me remercier, Alissande. Car sachez que vous avoir à mes côtés me donne tous les courages.

Il s'était exprimé avec un tel accent de sincérité qu'Alissande en eut les larmes aux yeux. Damien la contempla avec perplexité.

— Seigneur, Alissande, je ne voulais pas vous faire pleurer ! Je ne cherchais pas à me moquer de vous, vous savez.

— Je sais... Ce n'est pas cela, balbutia-t-elle, souriant à travers ses larmes.

— Quoi donc, alors ?

— C'est votre gentillesse qui me va droit au cœur. Vous êtes si bon, si compréhensif...

Il haussa les sourcils, toujours aussi perplexe – et peut-être guère flatté qu'elle lui applique de tels qualificatifs, à lui le guerrier farouche habitué des champs de bataille et des joutes acharnées dans les lices.

Le sourire d'Alissande se mua en rire.

— Oh, ne faites pas attention, Damien ! Attribuez ma réaction à mon anxiété, et n'y pensez plus.

Ce n'était pas vraiment un mensonge, décida-t-elle. Elle était vraiment anxieuse à la perspective de ce qui les attendait.

Secouant la tête, Damien marmonna quelque chose au sujet de l'esprit de femmes et de la façon mystérieuse dont il fonctionnait. À quoi Alissande rétorqua que c'était Dieu Lui-même qui avait voulu que les femmes demeurent des créatures incompréhensibles aux yeux des hommes. Elle n'eut pas le temps de poursuivre dans cette veine, car un héraut venait de souffler dans sa trompette.

— Messire Damien de Ashby et son épouse, dame Alissande de Surrey, clama-t-il.

Alissande eut l'impression que son estomac se tordait dans son ventre. Sa vision se brouilla tandis qu'ils se frayaient un chemin parmi la foule des invités en direction du dais royal.

Autour d'eux, le murmure des conversations qui jusque-là allaient bon train cessa brusquement, et un silence de plomb tomba sur l'assemblée qui parut se figer. Chacun retenait son souffle et tendait le cou, impatient de voir la réaction du souverain face à ses deux sujets désobéissants.

Le malaise d'Alissande ne fit que croître lorsqu'elle se rendit compte que derrière le couple royal – Edouard et sa jeune épouse, Isabelle de France – se tenaient le favori du roi, Pierre Gaveston, ainsi que Hugues de Valles. Si ce dernier affichait une expression sérieuse, elle sut cependant qu'elle n'avait pas imaginé le regard salace qu'il lui adressa, car elle sentit le poing de Damien se crisper sous ses doigts.

Parvenue devant l'estrade surmontée d'un dais, Alissande plongea dans une profonde révérence. À son côté, Damien s'inclina avec respect.

— Relevez-vous et recevez nos salutations.

Ces paroles avaient été prononcées d'une voix ferme, mais dépourvue cependant de cette autorité naturelle que possédait le père du jeune souverain. L'homme était plutôt séduisant, d'apparence athlétique, tel qu'Alissande en avait gardé le souvenir. Mais son regard doux confirmait ce que Michel avait prévu, à savoir, qu'il serait enclin à accepter son union avec Damien sans faire de vagues.

Isabelle de France, épousée sept mois plus tôt, était elle aussi une jolie femme, même si sa beauté n'avait rien à voir avec celle, délicate, des Anglaises. Elle avait un maintien assuré et semblait posséder un caractère affirmé. Le bruit courait qu'elle détestait Pierre Gaveston – ou, du moins, le lien que son mari entretenait avec lui. Il était d'ailleurs assis à la gauche du souverain, sur un siège à peine en retrait et aussi richement ornementé que ceux occupés par le couple royal.

Le silence se prolongea tandis que le regard du roi passait de Damien à Alissande. Ses sourcils étaient légèrement froncés et sa bouche paraissait un peu pincée mais, en dehors de cela, son visage demeurait impassible.

Damien supporta sans ciller cet examen, tel le chevalier discipliné qu'il était. Mais Alissande, qui ne possédait pas une telle maîtrise, ne put s'empêcher de se trémousser sous le regard scrutateur du roi. Alors qu'elle pensait ne pas pouvoir le supporter une seconde de plus, Edouard III s'exprima enfin, d'un ton qui ne laissait subsister aucun doute sur sa contrariété.

— Dame Alissande, vous êtes de haute lignée et Nous déclarons devant cette assemblée que vous avez failli à votre rang en épousant un homme de condition inférieure à la vôtre… et ceci d'autant plus que Nous avions émis le désir de vous voir épouser Notre cher lord Harwick. Vous Nous avez offensé, madame, en bravant Notre volonté avec une telle impudence !

Une brusque nausée submergea Alissande, et elle dut prendre sur elle pour demeurer immobile face au roi. Celui-ci n'avait pas terminé. La mine encore plus renfrognée, il ajouta d'une voix coupante :

— Vous connaissiez pourtant Notre projet, n'est-ce pas ?

Bien qu'ayant le cœur au bord des lèvres, Alissande n'avait pas le choix, elle devait répondre. Baissant les yeux dans une attitude qu'elle espérait humble et repentante, elle articula la phrase qu'elle avait si souvent répétée avec Michel et, cela la rassura, ne reflétait que la vérité :

— Oui, sire. Je vous supplie de me pardonner cette désobéissance qui n'a jamais été motivée par l'envie de braver votre volonté. C'est l'inclination de mon cœur qu'il faut blâmer, je vous conjure de me croire. Jamais je n'ai souhaité faire preuve d'insolence à votre égard et, si je vous ai déplu, j'en suis sincèrement désolée, car je reste votre plus loyal sujet.

Abasourdi, Damien ne put s'empêcher de tourner la tête pour considérer Alissande d'un œil rond. D'où diable sortait-elle ces excuses alambiquées ? s'interrogea-t-il, avant de se ressaisir et de reprendre sa position initiale.

Le roi paraissait presque aussi surpris que lui. Son expression maussade s'était quelque peu radoucie, et il crut voir la reine ravaler un sourire. Pierre Gaveston lui-même avait l'air intéressé. Quant à Hugues, son regard avait pris une teinte si orageuse que Damien n'aurait pas été étonné de voir des éclairs jaillir de ses yeux.

— Est-ce vrai, madame ? s'enquit finalement le roi d'une voix moins comminatoire.

— Je vous en donne ma parole, sire, répondit Alissande, la tête toujours inclinée.

— Êtes-vous prête à jurer devant Dieu que vous avez épousé cet homme qui se tient à vos côtés parce que vous l'aimez, et non pour échapper au mari que Nous vous avions choisi ?

La question résonna dans la grande salle, et l'assistance retint son souffle. Damien attendait, le cœur battant. Alissande serait-elle capable de mentir froidement sans se trahir ? L'instinct de survie l'y aiderait sans doute et, dans une certaine mesure, il l'espérait. Mais le chevalier en lui, qui croyait toujours en certaines valeurs telles que la droiture et l'honnêteté, se rebellait à cette idée. Il avait toujours haï la fausseté.

— Je le jure devant Dieu, sire, répondit Alissande d'une voix qui ne tremblait pas.

Elle paraissait si sincère qu'il semblait impossible de mettre en doute sa parole. Stupéfait et incrédule, Damien ne put s'empêcher de glisser un regard vers la jeune femme qui venait de proférer cet énorme mensonge d'une voix aussi claire et assurée.

Mais, apparemment, Alissande n'en avait pas fini. Et s'il n'avait été entraîné depuis l'enfance à contrôler ses réactions, il serait tombé à genoux en entendant ce qui suivit.

— Sire, comme le savent bon nombre de personnes ici présentes, messire Damien de Ashby et moimême sommes tombés amoureux il y a longtemps. Je n'étais alors qu'une jeune fille et lui un chevalier nouvellement adoubé. Il est vrai que nous nous sommes séparés en mauvais termes, mais nos retrouvailles m'ont apporté une immense joie, et c'est ce qui explique qu'il soit à mes côtés aujourd'hui en tant qu'époux, par la grâce d'un mariage célébré par procuration il y a quatre mois. Sire, une fois encore, je vous supplie de nous accorder votre pardon et de faire preuve à notre égard de la plus grande mansuétude. Ce mariage, qui vous est apparu comme un affront, n'est que la conséquence d'un amour qu'il nous a été impossible de contenir.

Un murmure surpris courut dans la foule. Le roi glissa un regard à Hugues. Ce dernier gardait les yeux rivés au sol, mais il était évident qu'il bouillonnait de rage. Et qu'il n'en resterait certainement pas là.

Damien s'obligea à détourner la tête pour ne pas risquer de croiser le regard de Hugues qui l'aurait vraisemblablement pris comme une provocation. Il ne voulait surtout pas jeter de l'huile sur le feu.

— Et vous, messire Damien, reprit le roi, qu'avez-vous à dire pour votre défense ?

— Rien, sire. Je n'ai rien à ajouter aux dires de dame Alissande qui a fort bien parlé pour nous deux. Nous vous demandons humblement pardon pour cette union hâtive célébrée sous le coup de... l'émotion.

Le roi pinça de nouveau les lèvres, puis, secouant la main en un geste à la fois exaspéré et résigné, il déclara à mi-voix, de manière à n'être entendu que de son entourage proche :

— Fort bien... Mais ne vous avisez pas de réitérer ce genre d'outrages à l'avenir, car Notre patience a des limites !

Puis plus fort, il ajouta :

— Ce mariage surprise Nous a fort déçu et contrarié mais, puisque le mal est fait, Nous n'avons d'autre choix que de Nous soumettre devant une autorité plus puissante que la Nôtre, celle de Notre Seigneur et de la Sainte Église qui ont déjà sanctifié cette union. Acceptez donc la bénédiction de votre roi et allez en paix.

Alissande plongea de nouveau dans une révérence tandis que Damien s'inclinait. Puis ils s'éloignèrent sans tarder alors que le héraut annonçait déjà le nom d'une autre dame et de son champion qui prendrait part à la compétition du lendemain.

Enfin, l'épreuve était achevée ! Si incroyable que cela paraisse, ils en étaient sortis victorieux, et sans qu'aucune catastrophe ne survienne.

Entraînant Alissande à sa suite, Damien chercha un endroit tranquille à l'abri des regards. Ils se réfugièrent finalement dans un angle de la grande salle, près d'une table chargée de victuailles. Lâchant la main de sa compagne, il lui fit face.

— Vous avez fait merveille ! la félicita-t-il.

— Merci.

Sa réponse était si peu enthousiaste que Damien la dévisagea, curieux de savoir dans quel état d'esprit elle se trouvait à la suite de cette royale entrevue. Elle avait les traits un peu tirés, peut-être, mais ce n'était guère étonnant après avoir subi les foudres du roi.

— Vous avez été très convaincante, renchérit-il, dans l'espoir qu'elle révèle ce qui avait motivé ses propos.

Mais elle demeura silencieuse, les yeux fixés sur ses mains croisées.

— J'ai été impressionné, madame, reprit-il après avoir marqué une pause. Soit vous êtes devenue une remarquable menteuse, soit…

Elle releva si vivement la tête qu'il s'interrompit. Mais déjà elle la baissait de nouveau, non sans qu'il ait eu, il l'aurait juré, le temps de lire, dans ses beaux yeux violets, la réponse à sa question à demi formulée.

Il en ressentit un choc, d'une douceur éblouissante, qui se propagea dans tout son corps.

Par tous les saints du paradis…

— Nous disons ce que l'on attend de nous, Damien, fit-elle enfin, d'une voix si sourde qu'il eut du mal à l'entendre par-dessus le brouhaha des conversations qui avaient repris dans la grande salle.

— Ce n'est donc que cela ? répliqua-t-il, tenace. Vous n'avez fait que dire ce que vous vous sentiez obligée de dire ?

Il ne la quittait pas des yeux, à la fois irrité et soulagé par sa réponse.

— Damien, je…

— Pardonnez-moi, messire.

Ils pivotèrent dans un bel ensemble vers le page qui s'était approché à leur insu. Celui-ci portait la livrée royale, mais Damien ne se souvenait pas de l'avoir aperçu auparavant. Cela n'avait rien d'extraordinaire au demeurant, étant donné le nombre de serviteurs qui gravitaient autour du souverain. Ce qui intriguait Damien, en revanche, c'était l'attitude de ce tout jeune garçon. Il semblait nerveux et ses yeux ne cessaient d'aller et venir entre Alisande à lui.

— Vous êtes bien messire Damien de Ashby ?

— En effet. Qu'y a-t-il ?

— Je suis porteur d'un message d'un de vos écuyers. Un certain messire Reginald. Il vous fait dire que votre cheval, celui que vous devez monter demain, est tombé malade. Il vous prie de le rejoindre sans attendre dans les écuries, car il craint que la bête ne soit pas en mesure de participer au tournoi.

— Malade ? Quel genre de maladie ? s'enquit Damien, les sourcils froncés.

Comme le jeune page pâlissait, Damien commença à avoir des doutes. Son hongre n'avait pas eu le moindre problème de santé au cours des quatre mois qui venaient de s'écouler. Et quand il était passé le voir, quelques heures plus tôt, l'animal lui avait paru en parfaite santé.

— Votre écuyer ne l'a pas précisé, messire. Il a juste dit qu'il n'aurait jamais l'audace d'interrompre votre soirée si ce n'était pour une raison de première importance.

Ravalant un juron, Damien reporta son attention sur Alissande qui l'observait d'un air soucieux.

— Allez-y, fit-elle avant qu'il puisse dire quoi que ce soit. Je vais retourner à notre tente et y attendre de vos nouvelles.

Damien se rembrunit. Cette histoire ne lui plaisait décidément pas. Les tentes des champions étaient dressées non loin de la lice. Le chemin qui permettait de s'y rendre serait probablement éclairé par quantité de torches, et loin d'être désert avec tous ces futurs combattants qui allaient et venaient. N'empêche… Il détestait l'idée qu'Alissande se rende où que ce soit sans escorte.

Le page avait l'air d'un lapin prêt à détaler. Maintenant qu'il avait transmis son message, il ne pensait visiblement plus qu'à s'éclipser. Damien le retint néanmoins quelques secondes de plus.

— Comment t'appelles-tu, mon garçon ?

— Simon, messire, répondit-il en se dandinant d'un pied sur l'autre.

Damien s'empara de sa bourse en cuir et en dénoua le lacet.

— Tiens, Simon, fit-il en lui tendant une pièce. Escorte ma dame jusqu'à notre tente pendant que je vais voir de quoi il retourne aux écuries.

— Damien, ce n'est pas nécessaire, protesta Alissande avec douceur. Les tentes sont toutes proches, je ne risque rien.

— Peu importe. Je tiens à ce que vous disposiez d'une escorte en toutes circonstances.

« Au cas où il s'agirait d'un piège ourdi par Hugues dans le but de vous séparer de moi », ajouta-t-il à part soi. Alissande dut deviner ses pensées, car elle acquiesça d'un signe de tête.

— Et ne prends pas des chemins détournés, Simon. À moins que tu ne souhaites recevoir de ma part une tout autre récompense que cette pièce que je viens de te donner ! menaça-t-il.

— N'ayez crainte, messire. Je veillerai à ce que votre dame parvienne sans encombre à votre tente. Je ne la quitterai que lorsque je l'aurai remise entre les mains de vos serviteurs.

Damien effleura la joue d'Alissande et, à regret, se détourna d'elle.

Il n'aimait pas la laisser seule ainsi, mais il n'avait pas le choix. Il ne pourrait participer au tournoi du lendemain si sa monture lui faisait défaut.

Désireux de régler ce problème sans tarder afin de rejoindre Alissande au plus vite, il quitta la grande salle, suivi par les regards scrutateurs de nombreux invités.

Le chemin qui menait aux communs était étrangement désert, nota Damien tandis qu'il s'efforçait de se guider de mémoire grâce aux rayons de lune. Les écuries et diverses dépendances d'Odiham Castle étaient situées à l'angle du mur d'enceinte, au point le plus éloigné de la grande salle, et il regretta de ne pas s'en être souvenu à temps ; il se serait muni d'une torche.

Il était très étonné de voir aussi peu de domestiques dans les parages. Mais sans doute étaient-ils occupés à d'autres tâches en cette soirée de fête, raisonna-t-il.

Déjà, il distinguait dans la nuit la flamme des torches qui illuminaient les alentours des écuries et entendait les chevaux renâcler doucement. Que Reginald ne soit pas venu à sa rencontre lui parut de mauvais augure. Cela signifiait sûrement que l'état de son hongre était tel que son écuyer s'était refusé à le quitter…

Un chuintement l'avertit au dernier moment. Il eut à peine le temps de se redresser qu'un objet rigide le frappa au niveau des épaules. La douleur explosa dans son dos, et il se rendit compte qu'il aurait été atteint à la base du crâne s'il n'avait eu le bon réflexe.

Prenant d'instinct une position de combat, les jambes à demi fléchies, il pivota dans la direction de son assaillant, prêt à parer le prochain coup. Apparemment, on venait de le frapper à l'aide d'une de ces lances utilisées lors des joutes. Un nouveau sifflement fit vibrer l'air, et il aperçut l'extrémité de l'arme qui arrivait à toute allure vers sa tête. L'homme qui la manipulait était petit et râblé. Se baissant vivement, Damien roula sur le sol pour éviter la masse meurtrière. À la lueur des torches, il entrevit une chevelure roussâtre et deux yeux luisants de haine. Sa roulade fut arrêtée net comme il heurtait un deuxième homme surgi des ténèbres. Il tenta de se relever d'un bond, mais son nouvel assaillant lui décocha un coup de poing en pleine mâchoire, l'envoyant mordre la poussière. Le goût cuivré du sang lui emplit la bouche et ses oreilles se mirent à bourdonner. Il n'eut pas le temps de réagir qu'un autre coup bien appliqué, venant d'une autre direction, le cueillit à l'estomac, lui coupant le souffle.

Bon sang, ils étaient *trois !*

Il trouva la force de rouler sur le côté et se recroquevilla. Les coups se mirent à pleuvoir. Se protégeant tant bien que mal la tête de ses bras repliés, Damien réussit à inspirer un grand coup. Au moment où l'air entrait dans ses poumons, un déclic se produisit. L'envie de se battre enfla en lui, de plus en plus farouche. Il avait déjà éprouvé des sursauts de ce genre lorsqu'il était aux mains de ses tortionnaires, mais, cette fois, il n'avait d'autres chaînes que la douleur pour l'empêcher de riposter.

Et, bon sang, il ne la laisserait pas l'arrêter !

Avec un feulement de rage, il se détendit brutalement, poings levés. Il atteignit l'un de ses attaquants en pleine poitrine et le fit basculer en arrière d'un coup de pied tandis que, dans la foulée, il lançait la jambe de côté, touchant un autre assaillant au genou. L'articulation craqua sous la violence du choc, et l'homme poussa un cri étranglé avant de s'effondrer à terre.

Damien avait les poumons en feu. Il eut à peine le temps de prendre une autre inspiration que, déjà, les deux autres se ruaient sur lui. Ses instincts guerriers parfaitement affûtés, il riposta à la double attaque, rendit coup pour coup et parvint finalement à arracher la lance des mains de son assaillant.

Une arme, enfin !

Ses ennemis l'ignoraient encore mais, désormais, même à trois contre un, les chances devenaient égales.

Avec la précision, la souplesse et la puissance d'un homme rompu à l'art du combat, il se servit de la lance dans une succession de coups rapides, brutaux, impitoyables, qui eut rapidement raison de ses adversaires.

Il entendit un grognement étouffé, puis un ordre bref annonçant la retraite. L'homme à qui Damien avait brisé le genou semblait s'être volatilisé dans la nuit. Quant à ses deux compagnons, ils tournèrent les talons et s'enfuirent sans demander leur reste. Résolu à découvrir le pourquoi de cette attaque sauvage, Damien se jeta à leur poursuite et parvint à agripper la tunique d'un des deux hommes. Hélas, le vêtement se déchira et, à bout de souffle, il finit par renoncer.

Il s'immobilisa, haletant, un bout de tissu dans la main. Au loin, il entendit une porte claquer, puis des frottements et des ahanements, comme si les fuyards escaladaient un mur ou une palissade.

Le silence retomba enfin.

La respiration hachée, Damien attendit que les battements de son cœur se calment. La colère qui l'avait porté jusque-là reflua, remplacée par la douleur. Une douleur qui palpitait en tant d'endroits différents qu'il n'aurait pu les compter.

Avec un grognement sourd, il tomba à genoux dans la poussière, s'efforçant de mettre de l'ordre dans ses pensées. Cela dit, il n'avait pas besoin d'avoir l'esprit clair pour deviner qu'on ne l'avait pas attaqué par hasard. Que non ! D'ailleurs, aucun de ses assaillants n'avait, ne serait-ce que feint de lui arracher la bourse qui pendait à sa ceinture.

Il baissa alors les yeux sur le morceau de tissu toujours serré dans son poing. À la lumière des torches provenant des écuries toutes proches, il reconnut les couleurs de Hugues de Valles.

Cette ordure était encore plus vile qu'il ne l'avait cru !

Fermant les yeux, il prit de petites inspirations régulières et s'appliqua à dompter sa colère, se rappelant que toute cette énergie, s'il la libérait, jaillirait en pure perte. Mieux valait la garder en réserve pour s'en servir de manière plus efficace. Contre Hugues, par exemple. Le lendemain.

Levant la main, il se tâta le front et grimaça en sentant sous ses doigts une estafilade qui saignait abondamment. Voilà qui expliquait pourquoi il avait dû ciller sans cesse durant la bagarre, bien que sur le moment il ait cru qu'il s'agissait de sueur.

Il cracha et se rendit compte que sa bouche aussi était pleine de sang. Il grommela un juron. Si sa tête lui faisait un mal de chien, son corps était plus douloureux encore. Il lui faudrait bien une heure pour faire le décompte de ses blessures, mais il savait déjà avec certitude qu'il avait une côte cassée. Pour preuve la douleur fulgurante qui le transperça comme il gonflait d'air ses poumons pour crier, dans l'espoir d'attirer l'attention de ses écuyers.

Il inspira de nouveau, ressentit une douleur térébrante dans le thorax et, terrassé par la nausée, faillit s'évanouir.

De toute évidence, il ne parviendrait pas à obtenir de l'aide de cette manière. Il ne lui restait donc plus qu'à se débrouiller pour franchir la centaine de pas qui le séparaient des bâtiments les plus proches…

Dents serrées, il parvint à s'agenouiller, puis à se relever doucement. Le bras plaqué contre ses côtes meurtries, il se dirigea, clopin-clopant, vers l'entrée des écuries tout en s'interrogeant. Hugues avait-il organisé ce guet-apens pour se venger des piques qu'il lui avait lancées dans le couloir, près du carré d'herbes aromatiques ? Ou espérait-il simplement l'intimider, voire le diminuer physiquement au point qu'il soit contraint de déclarer forfait le lendemain ?

Il ne pouvait pas non plus écarter l'hypothèse que cette attaque n'ait été qu'une diversion destinée à le séparer d'Alissande, donnant ainsi à Hugues la possibilité d'enlever la jeune femme.

Ce fut la peur qui lui donna la force de presser l'allure. Il devait alerter ses hommes et en envoyer quelques-uns jusqu'à la tente. Dans l'état où il était, ses soldats seraient plus rapides et plus efficaces que lui.

Mais Hugues ne perdait rien pour attendre. Le lendemain, blessé ou pas, Damien se promettait de faire rendre gorge à cette vermine ! Et il y prendrait un plaisir infini.

15

Alissande arpentait l'espace confiné de la tente, humant le parfum réconfortant des chandelles à la cire d'abeille qu'elle avait apportées de Glenheim et disposées un peu partout dans de jolis bougeoirs.

Dans l'espoir de se distraire, elle observait les ombres des flammes qui se tordaient et s'étiraient sur les pans en soie de la tente. De temps à autre, elle jetait un coup d'œil à Edmée qui faisait de son mieux pour s'occuper à son ouvrage de broderie, même s'il était évident que la petite suivante était aussi inquiète que sa maîtresse.

Cela faisait maintenant plus d'une demi-heure qu'Alissande était de retour sous la tente et elle n'avait toujours aucune nouvelle de Damien. Après l'avoir raccompagnée, Simon l'avait saluée à la hâte, puis avait regagné le château, si vite qu'on aurait cru qu'il avait les chiens de l'enfer aux trousses.

Cela ne ressemblait pas à Damien de s'absenter aussi longtemps sans envoyer quelqu'un la prévenir de ce qu'il se passait. Les écuries étaient à dix minutes à peine de la lice près de laquelle les tentes des concurrents avaient été dressées. Il aurait au moins pu dépêcher un écuyer pour lui dire si la situation était aussi sérieuse qu'ils le redoutaient.

Tout cela n'augurait rien de bon.

Edmée releva brusquement la tête et posa son ouvrage dans son giron.

— Vous avez entendu, dame Alisande ?

Celle-ci se figea, l'oreille tendue. Elle fronça les sourcils. Non, elle n'entendait rien du tout, mis à part les bruits habituels : le froissement des toiles de tentes que la brise agitait, quelques cliquetis de vaisselle, et le murmure étouffé des conversations entre les serviteurs qui vaquaient à leurs occupations en attendant le retour de leurs maîtres.

— Si... Écoutez madame ! Je viens de l'entendre de nouveau... quelqu'un vous appelle !

Alissande tendit de nouveau l'oreille et... Edmée avait raison ! Une voix inconnue, à peine audible, soufflait son nom.

Se levant d'un bond, Alissande courut relever le pan de tissu qui servait de porte. Heureusement, afin de guider les pas des nobles seigneurs et dames lorsqu'ils rentreraient du banquet, de nombreuses torches avaient été allumées le long du chemin qui menait du château à la lice. Elle distingua une silhouette qui approchait en courant.

— Dame Alissande !

L'homme parlait d'une voix étouffée pour ne pas attirer l'attention des serviteurs qui se trouvaient dans les tentes voisines. Alissande le reconnut aussitôt. C'était un des hommes d'armes de Glenheim et il avait reçu pour consigne de monter la garde près des montures dans les écuries.

— Que se passe-t-il, Bernard ? Où est messire Damien ? s'enquit-elle, fébrile.

Plutôt que de lui répondre, il l'interrogea :

— Tout va bien, madame ? N'avez-vous pas été dérangée ou importunée ?

L'homme haletait et lançait des regards méfiants autour de lui, comme s'il s'attendait à voir surgir un ennemi à tout moment. Il gardait également la main sur la poignée de son épée, prêt à la dégainer.

— Tout va bien, assura-t-elle. Il n'y a qu'Edmée et moi-même qui attendons des nouvelles. Où se trouve messire Damien, Bernard ? J'exige que vous me répondiez sans délai !

— Pardonnez-moi, madame. Sur ordre de messire Damien, je devais avant tout m'assurer que vous alliez bien. Il se trouve qu'il a été lâchement attaqué sur le chemin des écuries par trois vauriens dont il n'a pu voir le visage. Il est toutefois certain que le piège a été tendu par lord Harwick et a donc craint pour votre sécurité.

— Est-il blessé ? s'écria Alissande en agrippant le soldat par la manche. Seigneur, où est-il ?

— Il est capable de marcher, madame. Du reste, il ne devrait plus tarder. Pour tout vous dire, il a refusé qu'on lui prête assistance, mais il est sûr qu'il va avoir besoin de soins. Vous devriez préparer vos onguents et remèdes, madame, car il est possible qu'il souffre de maux plus sérieux que les simples coupures et meurtrissures apparentes.

Doux Jésus !

Après avoir hélé Edmée pour lui demander de sortir la panière où étaient rangés les herbes médicinales, potions et onguents divers qu'elle emportait toujours en voyage, Alissande voulut se précipiter sur le chemin, afin de se porter aux devants de Damien pour l'aider, qu'il le veuille ou non, à regagner la tente. D'une main posée sur le bras, Bernard l'arrêta.

— Je regrette, madame, mais je ne puis vous laisser quitter la tente.

— Comment ? s'indigna-t-elle en lui arrachant son bras. Dois-je vous rappeler que je suis votre maîtresse et que c'est de moi que vous recevez vos ordres ?

— Pardon, madame, mais c'est votre époux qui m'a donné cette consigne. Il m'a averti que j'en répondrais sur ma vie si je vous laissais partir. Messire Damien est désormais le seigneur de Glenheim et, de fait, ses ordres priment sur ceux de tous les autres habitants du château, madame.

« Quel idiot buté ! » s'emporta Alissande intérieurement.

Mais, avant qu'elle ait le temps d'argumenter davantage, un mouvement à la périphérie du champ où se dressaient les tentes attira son attention. Dans la semi-pénombre, elle distingua trois silhouettes. Et son cœur bondit dans sa poitrine. Deux gardes de Glenheim Castle encadraient Damien. Ils progressaient lentement, sans chercher à le soutenir car, comme Bernard l'avait expliqué, Damien se déplaçait par ses propres moyens.

Échappant à la vigilance de Bernard, Alissande se précipita vers lui. Elle vit tout de suite l'entaille qui barrait le front de Damien. L'ecchymose avait déjà viré au violet. Il avait également la lèvre fendue. Mais la lueur farouche dans son regard l'incita à dominer son émoi.

— Où êtes-vous blessé ? s'enquit-elle d'une voix calme en écartant le pan d'étoffe qui fermait la tente.

Elle ne s'autorisa à lui prendre le bras que pour l'aider à gagner la couchette surélevée qui leur servait de lit.

— Un peu partout, répondit-il en s'asseyant avec précaution sur le matelas de plumes.

Un soupir sifflant lui échappa lorsqu'il écarta le bras qu'il avait gardé plaqué contre son torse.

— Laissez-moi vous aider à vous dévêtir, nous allons juger de l'étendue de vos plaies, lui enjoignit-elle.

Doucement, elle tira sur sa manche. Damien se raidit, mais, devina-t-elle, ce n'était pas à cause de la douleur.

— Il vaudrait peut-être mieux qu'un de mes hommes s'en charge, objecta-t-il. Je ne voudrais pas vous effrayer.

— Fadaises ! J'ai appris à suturer les plaies en même temps que la couture et la broderie. En tant que maîtresse du château, j'ai soigné mille blessures et certaines fort vilaines. N'ayez crainte, je n'ai pas l'âme sensible.

— Je ne parlais pas de ces nouvelles blessures, Alissande.

Elle comprit enfin qu'il faisait allusion aux stigmates laissés par les tortures, ces cicatrices qui affectaient le bas de son corps et qu'il s'était ingénié à lui cacher. Jamais il n'était apparu nu devant elle en pleine lumière. Non, même quand ils faisaient l'amour, Damien veillait toujours à tirer les tentures du baldaquin afin que l'obscurité règne et le dissimule.

La jeune femme hésita à peine.

— Je ne veux pas que quelqu'un d'autre que moi vous soigne, Damien.

Elle soutint son regard sans ciller afin qu'il voie qu'elle ne plaisantait pas. Bien sûr, elle serait perturbée à la vue de ses blessures, les anciennes comme les récentes. Mais parce qu'elle ressentirait de l'indignation devant ces preuves de la barbarie humaine, et certainement pas du dégoût.

Apparemment, Damien souffrait trop pour discuter plus avant. Il hocha donc la tête sans plus protester, lui donnant sa permission tacite. Alissande ne mit guère de temps à réunir les herbes médicinales dont elle avait besoin. Elle alla également chercher de l'eau et du vin, à la fois pour préparer ses emplâtres et pour offrir à boire à Damien. Enfin, elle se munit de bandages au cas où elle découvrirait une quelconque fracture.

Après avoir renvoyé Edmée, Bernard et les hommes d'armes qui attendaient des instructions devant la tente, elle fit face à Damien, les poings sur les hanches.

— Avant toute chose, vous allez boire une timbale de ce vin dans lequel j'ai mis certaines herbes. Cela aidera à calmer la douleur. Le goût n'est franchement pas fameux, et cela passerait sans doute mieux avec une cuillerée de miel, mais je ne crois pas qu'il serait sage d'attendre qu'un domestique aille en chercher au château.

Docile, Damien saisit le récipient qu'elle lui tendait et en but le contenu d'une traite, non sans réprimer une grimace.

— Le remède peut être pire que le mal, madame !

— Vous feriez bien d'y prendre goût, car vous n'avez pas fini d'en boire, rétorqua Alissande avec malice.

— Vraiment ?

— Oui. Deux timbales par jour, jusqu'à ce que vous soyez guéri.

— Mais je compte bien être sur pied dès demain matin pour combattre dans la lice et piétiner votre cousin ! se récria-t-il.

Alissande sursauta.

— Vous plaisantez, j'espère ?

— Après tout ce qu'il a fait, vous n'allez quand même pas prendre sa défense ?

— Certainement pas. Je serais ravie de le voir humilié devant la Cour tout entière. Non, il ne s'agit pas de lui, mais de vous, Damien. Je doute fort que vous soyez en état de combattre demain matin.

Il eut un rire moqueur.

— Bien sûr que je combattrai ! Du reste, je ne peux faire autrement sans perdre la face.

— Blessé comme vous l'êtes, vous risquez votre vie. Et, dans ce cas, vous ferez exactement le jeu de

Hugues ! jeta-t-elle en lui décochant un regard furieux.

— Au contraire, je vais lui donner ce qu'il mérite, et ce chaque jour de la semaine qui s'annonce.

Sa voix était si glaciale et son regard si implacable qu'Alissande en frissonna. Elle n'aurait pour rien au monde aimé compter parmi les ennemis de Damien.

— Pour ce qui est de mes blessures, reprit-il, il nous reste à déterminer si elles sont vraiment sérieuses. Mais, en dehors d'une côte cassée et de quelques coupures qui ont besoin d'être suturées, je ne pense pas qu'il y ait des raisons de s'inquiéter.

— Eh bien, c'est ce que nous allons voir, riposta-t-elle, agacée par tant d'obstination.

Elle commença par nettoyer l'estafilade qui lui zébrait le front à l'aide d'un peu d'eau tiède et d'huile essentielle de thym. Damien ne frémit même pas, bien que l'opération dût forcément être douloureuse. Il ne réagit pas non plus lorsqu'elle frictionna doucement sa lèvre fendue avec des feuilles de trèfle froissées afin de nettoyer la plaie et d'atténuer le gonflement. Le jus de trèfle brûlait pourtant les chairs à vif, Alissande le savait d'expérience. C'était même si douloureux que la dernière fois qu'elle avait eu besoin d'en presser contre ses lèvres gercées l'hiver passé, ses yeux avaient larmoyé pendant au moins dix minutes !

De fait, le courage de Damien l'impressionnait.

Admirative, Alissande lui demanda de tendre les bras afin de lui retirer plus aisément son bliaut. Elle le débarrassa également de sa chemise et de ses braies, ce qui se révéla en définitive plus facile qu'elle ne l'avait craint, grâce au stoïcisme de Damien. Par moments, il serrait les dents et retenait sa respiration, mais c'étaient là les seuls signes d'inconfort qu'il s'autorisait à montrer.

Bientôt, il fut entièrement dévêtu, à l'exception de ses courtes braies et Alissande vit de nouveau les terribles cicatrices qui lui marquaient le torse et l'abdomen, mais également celles qui déformaient ses jambes. Ses yeux se mirent à la piquer. Bravement, elle s'efforça de contenir ses larmes et continua de le soigner méthodiquement.

— Je suis navré de vous bouleverser, Alissande, dit-il d'une voix douce.

Elle comprit qu'il avait deviné son effroi en dépit des efforts qu'elle faisait pour demeurer impassible.

Elle leva les yeux sur lui.

— Je ne suis pas bouleversée pour les raisons que vous croyez, Damien. Sincèrement.

Elle avait réussi à parler, mais frémit tant sa propre voix était rauque. Voilà qui allait lui donner une raison supplémentaire de la croire menteuse, comme lorsqu'elle avait affirmé devant le roi qu'elle s'était mariée par amour. Mais c'était aussi bien, supposa-t-elle. Mieux valait qu'il ne soupçonne pas la vérité, à savoir qu'elle n'avait pas menti le moins du monde.

— J'aurais souhaité vous épargner cette épreuve, dit-il dans un soupir. Je sais que la différence est de taille entre l'homme que j'étais il y a cinq ans et celui que je suis aujourd'hui. Au moins, quand je suis habillé, il m'est plus facile de me cacher de vous… et de moi. Aussi j'aimerais assez que vous vous hâtiez, madame. Inutile de prolonger cette séance plus que nécessaire.

Il y avait dans son regard un mélange d'humour désabusé et de honte, et Alissande décida soudain qu'elle ne pouvait en rester là. Lui parler ouvertement l'obligerait à exposer son cœur en partie, ce qui était toujours dangereux quand on avait affaire à Damien. Mais elle ne pouvait décemment plus continuer ainsi.

— Vous évoquez sans cesse cet autre homme que vous seriez devenu, Damien. Mais je vous dois vous dire que ces cicatrices qui mutilent votre chair ne signifient rien à mes yeux. Quand je les vois, je ne ressens ni dégoût ni même pitié. Non, je n'éprouve que de la colère envers ceux qui vous les ont infligées. Vous ne le savez donc pas ?

S'obligeant à le regarder sans ciller, elle poursuivit :

— Je voudrais que vous compreniez quelque chose une bonne fois pour toutes. Les sentiments que je vous porte n'ont jamais été liés à votre apparence physique. Je ne nie pas que je vous aie toujours considéré comme un homme séduisant, et sur ce point, rien n'a changé. Vous continuez de me plaire, comme vous l'avez, j'en suis sûre, remarqué lorsque nous sommes seuls dans notre chambre.

D'un geste sec, elle saisit sur la table un pot d'onguent, ainsi qu'une bande de tissu enroulée sur elle-même.

— Je n'ai rien de plus à ajouter sur le sujet, Damien, mais j'espère que les choses sont désormais claires dans votre esprit.

Il la dévisageait d'un air stupéfait après cette déclaration d'une rare franchise, pourtant, il s'obstinait à conserver le silence. C'était assez surprenant pour quelqu'un qui n'avait jamais eu le moindre mal à exprimer ses opinions, quelles qu'elles soient.

Un peu embarrassée de s'être autant dévoilée, Alissande baissa les yeux et se concentra sur l'emplâtre qu'elle était en train d'appliquer sur sa jambe. Dans la foulée, elle entreprit de recoudre la plaie sur son flanc gauche. Elle la recouvrit ensuite d'un bandage après l'avoir imbibée d'onguent cicatrisant.

Damien n'émit qu'un seul grognement, lorsqu'elle tira un peu fort sur le bandage qui lui ceignait le torse. Par ailleurs, il demeura imperturbable, toujours muet, toujours docile.

Une fois les soins terminés, Alissande l'aida à s'étendre sur le dos. Comme son regard tombait au-dessous de sa taille, elle remarqua enfin une réaction chez lui, quoique purement physique, et très masculine…

Une brusque chaleur lui enflamma les joues, et elle s'empressa de détourner les yeux de l'énorme renflement qui tendait ses braies. Durant leurs ébats de ces derniers jours, Damien ne l'avait pas vraiment laissée explorer son corps. Il s'était en revanche concentré sur le sien qu'il avait passé des heures à redécouvrir. Et elle y avait pris un plaisir infini. Elle se souvenait avec amusement comment, des années plus tôt, alors qu'elle n'était encore qu'une jeune vierge effarouchée, elle avait été surprise et choquée de découvrir cette preuve tangible et très impressionnante du désir qu'il avait d'elle.

En cet instant, elle avait une envie folle de le toucher. Elle y résista cependant, convaincue que les circonstances ne s'y prêtaient guère. Après tout, en dépit de ses soins, Damien souffrait encore…

Saisissant le drap de lin, elle le rabattit de manière à dissimuler pudiquement cette partie de son anatomie qui lui donnait des idées mal venues. Puis elle se détourna afin de ranger ses pots d'onguents et ses herbes médicinales. Le rire rauque de Damien la prit par surprise. Elle pivota de nouveau pour lui faire face, prête à le remettre vertement à sa place s'il s'avisait de se moquer d'elle.

Ses yeux, découvrit-elle, pétillaient de malice, et elle faillit lui adresser une remarque bien sentie lorsqu'elle comprit soudain la raison de son amusement. En effet, au lieu de dissimuler chastement son érection, le drap dont elle avait pris soin de le recouvrir formait une sorte de pyramide obscène.

— Vous ne le dompterez pas aussi aisément, madame, commenta-t-il, ironique. Comme toujours, dès qu'il s'agit de vous, il n'en fait qu'à sa tête.

— Oh, je… je suppose que… Eh bien…

Alissande senti ses joues la brûler tandis qu'elle bredouillait et tentait, sans grand succès, de maîtriser son hilarité.

— Je ne vois qu'une solution, soupira Damien. Quoique… ajouta-t-il en haussant un sourcil. Peut-être y en a-t-il deux ou trois, tout bien réfléchi. Mais je vous assure que la première qui m'est venue à l'esprit est de loin la plus agréable.

Le pouls Alissande s'emballa, et elle répondit avec audace :

— Je crois savoir à quoi vous faites allusion, mais quelles sont les deux autres solutions, je vous prie ?

Dans les yeux de Damien, la lueur malicieuse pétilla de nouveau.

— Eh bien, tout d'abord un bain glacé, répondit-il. Ce qui ne serait pas chose aisée, puisque nous sommes en plein été, que la température est plutôt clémente, et que, de surcroît, je suis provisoirement invalide.

— Invalide, vraiment ? répéta-t-elle d'un ton dubitatif.

— Mais oui, madame. Mes blessures m'interdisent tout mouvement. Aussi suis-je à votre entière merci.

Dans ses prunelles bleues, le pétillement était devenu flamme.

— Mmm… fit Alissande, l'index posé sur les lèvres dans une attitude de profonde réflexion, alors qu'en vérité, la perspective de prendre le contrôle des opérations lui apparaissait étrangement excitante. Que pourrais-je bien faire d'un tel pouvoir ? s'amusa-t-elle, avant de s'exclamer soudain : Oh, je sais ! Je commencerai d'abord par ceci…

Elle souleva la couverture, saisit avec délicatesse le lacet qui maintenait ses braies fermées et tira doucement en veillant à ne pas toucher Damien, même à travers le tissu.

Elle lui jeta un coup d'œil. Son regard brûlait d'un tel feu qu'elle crut qu'elle n'aurait pas le cran de continuer. Les muscles de son abdomen étaient contractés, mais il demeura silencieux. Seul son souffle un peu haché trahissait sa tension.

— Voyons voir… murmura-t-elle. Je pense que le mieux à faire ensuite serait ceci…

La passion qui la gagnait était perceptible dans sa voix quelque peu enrouée. De ses mains qui commençaient à trembler, elle retroussa habilement la ceinture des braies sur les hanches de Damien. Libéré de cette contrainte, son sexe s'érigea glorieusement sous son regard réjoui. Elle ne l'avait toujours pas touché, mais ne put s'empêcher d'écarquiller les yeux devant cette vision aussi magnifique que prometteuse.

Un soupir admiratif lui échappa.

La bouche de Damien s'incurva en un sourire satisfait qui eut l'heur de l'agacer. Pourquoi donc fallait-il qu'elle révèle si aisément ses sentiments ? Enfin, elle savait comment reprendre la situation en main. Au sens littéral.

— Et maintenant, souffla-t-elle, je me demande ce qui se passerait si je faisais… *ceci*.

Doucement, elle fit remonter sa paume le long du sexe rigide, qui frémit sous la caresse de ses doigts légers.

Yeux clos, Damien retint brusquement son souffle.

La main d'Alissande s'immobilisa.

Damien rouvrit brusquement les yeux. Le fixant hardiment, elle demanda d'un ton suave :

— Les soins que je vous prodigue vous semblent-ils appropriés, messire Damien ?

— Oui, madame. Tout à fait… Et je ne saurais trop vous inciter à continuer d'exercer sur moi vos talents de guérisseuse.

Le gratifiant d'un sourire lumineux, elle murmura :

— Ah. Est-ce à cela que vous songiez ?

Tandis qu'elle parlait, sa main s'était refermée sur sa virilité. Elle la fit aller et venir lentement, sur toute la longueur, arrachant à Damien un grondement sourd qui résonna délicieusement à ses oreilles.

Son propre désir décuplé, elle se sentit submergée par une vague de chaleur. Pourtant elle continua de le caresser, de lui faire l'amour avec la main, tout en lui chuchotant des mots tour à tour doux ou crus, tandis que, peu à peu, elle l'entraînait vers les cimes de l'extase.

— Alissande… prenez garde ! haleta-t-il. Je ne pourrai bientôt plus me retenir et…

— Chut, tout va bien, coupa-t-elle dans un souffle. Laissez-vous aller, ne pensez à rien, contentez-vous de ressentir.

Dans une acceptation muette, il lui saisit le poignet, pendant qu'elle continuait de le stimuler. Et murmura son nom avant de succomber à la vague furieuse de la jouissance qui le secoua de la tête aux pieds.

Sous ses doigts, Alissande perçut les ultimes palpitations de son sexe. Elle se pencha pour déposer un baiser sur son front. Ils n'échangèrent pas un mot tandis qu'elle l'aidait à rajuster ses braies, puis remontait le drap sur lui. Damien avait les paupières closes. S'était-il endormi ? s'interrogea-t-elle. Elle ne put s'empêcher de sourire à l'idée que, à sa manière, elle avait réussi à *le* faire s'évanouir de plaisir.

Se levant, elle entreprit de se déshabiller, dénoua ses tresses et libéra sa lourde chevelure brune. Enfin, après avoir soufflé les bougies, elle se glissa dans le lit au côté de Damien en prenant soin de ne pas faire de gestes brusques de crainte de frôler son corps endolori.

Elle sursauta en le sentant s'agiter près d'elle. Et plus encore lorsqu'il l'attira contre lui.

— Damien, je vais vous faire mal, s'alarma-t-elle, étonnée qu'il puisse supporter de la tenir ainsi serrée contre son flanc blessé.

— Pas du tout, assura-t-il d'une voix ensommeillée. Je guéris très vite, vous savez. Et avec votre aide… très particulière, ce soir, je serai sur pied en un rien de temps, croyez-moi.

Avant qu'elle puisse commenter sa déclaration hardie, il ajouta :

— En vérité, la dernière fois que je me suis senti aussi bien, c'était… lorsque j'ai partagé votre lit. Et je serais encore mieux si vous me laissiez vous rendre la pareille. Qu'en pensez-vous ?

— J'en pense que ce ne serait pas très sage vu votre état, répondit-elle en réprimant un sourire. Vous devez vous reposer et reprendre des forces.

Il soupira.

— Je suppose que vous avez sans doute raison. Mais sachez que vous ne perdez rien pour attendre. Dès que la nature me le permettra, je vous ferai payer au centuple les tendres sévices que vous venez de m'infliger en profitant honteusement de ma faiblesse.

— Oh, Seigneur ! Je tremble de terreur à la pensée du triste sort que vous me réservez, messire !

— Vous faites bien, car je me montrerai impitoyable.

En riant, elle se blottit avec précaution contre lui. Il déposa un baiser sur le sommet de son crâne, puis laissa échapper un nouveau soupir, de contentement cette fois. Quelques minutes plus tard, il avait sombré dans un profond sommeil. Alissande décida de l'imiter, sachant que les épreuves du lendemain réclameraient toute son énergie si elle souhaitait en triompher.

Car c'était bien là son intention.

16

Une semaine plus tard,
le dernier jour du tournoi d'Odiham.

Le combat aurait lieu aujourd'hui.

Un frisson d'excitation et d'impatience mêlées parcourut Damien. Enfin, il allait affronter Hugues de Valles au cours d'un face-à-face dans la lice !

D'un signe de tête, il demanda à son écuyer de l'aider à enfiler sa cote de mailles par-dessus le gambison[1] qu'il venait de passer. Tout en se préparant, il se remémora la semaine qui venait de s'écouler et les divers événements qui l'avaient amené là où il en était à présent.

Une chose se détachait de l'ensemble : il avait grandement sous-estimé la fourberie de Hugues de Valles, ainsi que sa capacité à influer sur le déroulement du tournoi. Par exemple, jusqu'à présent, Damien n'avait pas réussi à l'affronter en personne. Oh, il ne se berçait pas d'illusions ! Ce n'était ni par lâcheté ni par hasard que Hugues s'était ingénié à l'éviter. En effet, ce dernier avait laissé ouvertement entendre qu'il

---

1. Le gambison est une veste matelassée que le chevalier portait sur son armure ou sous sa cotte de maille. *(N.d.T.)*

s'estimait bien supérieur à lui, non seulement de par sa naissance, mais aussi de par ses talents guerriers.

C'est ainsi que Damien s'était retrouvé à combattre des chevaliers portant, comme Hugues, les couleurs du roi, mais jamais contre Hugues lui-même. Celui-ci se réservait pour l'ultime rencontre qui verrait désigner le champion du tournoi. « Si tant est que messire de Ashby parvienne jusque-là ! » ironisait Hugues à la moindre occasion.

Mais Damien avait bien l'intention de lui infliger la cuisante défaite qu'il méritait.

— Messire, voulez-vous lever les bras ?

La voix de son écuyer l'arracha à ses pensées.

— Ah, euh... oui, Thomas.

Damien avait demandé qu'on ajoute des rembourrages sur les flancs afin de protéger le plus possible ses côtes en prévision du combat à l'épée qui aurait lieu après la joute à cheval. Car il pouvait compter sur Hugues – qui avait sûrement été instruit des conséquences de l'attaque dont il avait été victime – pour viser à cet endroit précis. Par chance, grâce aux onguents d'Alissande, et au bandage dont elle avait enveloppé son torse, la cicatrisation était en bonne voie.

Alissande.

Il s'était efforcé de ne pas penser à elle, ce matin, mais il ne pouvait empêcher une douce chaleur de l'envahir chaque fois que son image s'imposait à son esprit. Depuis le soir de l'embuscade, ils n'avaient pas eu un seul moment d'intimité charnelle. Alissande avait en effet décrété qu'il avait besoin de reprendre des forces entre chaque joute, et même s'ils partageaient la même couche, elle avait refusé de faire l'amour. Il n'avait toutefois pas voulu renoncer au plaisir de s'endormir en la tenant dans ses bras, ce qui n'avait certes pas contribué à calmer son désir.

À la demande de Damien, ils s'étaient séparés tôt ce matin-là, afin qu'il puisse se préparer mentalement et physiquement à l'affrontement. Après avoir quitté la tente, la jeune femme s'était dirigée vers la tribune où se rassemblaient les dames. Un peu plus tard, comme les autres, elle avait tendu un ruban à son champion. Le sien était du même violet que ses yeux, et flottait à cet instant même à l'extrémité de la lance de Damien. Là où tout le monde pourrait le voir quand il entrerait dans la lice.

C'était idiot de puiser du plaisir dans des détails aussi insignifiants, il le savait. En cédant ainsi à la sensiblerie, il risquait de commettre de dangereuses erreurs aux moments décisifs. Mais qu'y pouvait-il ? Quels que soient ses efforts, Alissande accompagnait chacune de ses pensées.

Comme cinq ans plus tôt...

Aujourd'hui, cependant, il n'était plus le même homme, en dépit de ce qu'Alissande semblait croire. Il devait prendre garde à ne pas l'oublier. C'est pourquoi il se répétait encore et encore que la bataille qui s'annonçait était entièrement différente. S'il devait à tout prix la remporter, ce n'était plus désormais pour gagner le cœur d'Alissande, mais pour la protéger et lui assurer un avenir dans lequel lui-même n'avait pas sa place. Un avenir qu'elle vivrait au côté d'un autre.

À cette pensée, une douleur lui transperça la poitrine, si fulgurante qu'il dut serrer les dents.

Son histoire avec Alissande ne pouvait se terminer différemment. Il savait que la ruse – cet acte d'absolution contrefait – à laquelle il devait sa liberté n'abuserait pas éternellement les autorités religieuses. Si quelqu'un découvrait la vérité, ce serait un désastre. Il serait de nouveau livré aux mains de l'Inquisition qui s'en prendrait à ses proches. Son épouse serait aussi suspecte que lui car, pour l'Église, un homme et une femme unis par les liens du mariage ne formaient qu'une seule et même chair.

Non, il ne pouvait faire courir un tel risque à Alissande, même si elle était prête à le prendre.

Ces dernières semaines, il s'était autorisé à laisser libre cours à ses rêves. Il avait imaginé qu'Alissande était réellement sa femme, une femme qui l'aimait suffisamment pour tout abandonner et fuir avec lui dans les montagnes écossaises, là où trouvaient refuge ceux que l'Église avait condamnés.

Le roi d'Écosse, Robert Bruce, avait lui-même été excommunié par le pape. Aussi avait-il ouvert les frontières de son pays à ceux qui avaient été frappés par la même infamie, y compris aux Templiers qui avaient réussi à s'enfuir avant d'être arrêtés.

Damien savait pourtant qu'il ne pouvait exiger d'Alissande un tel sacrifice. Il ne le ferait du reste pas. Il ne pensait pas être capable de supporter un nouveau refus de sa part.

Il avait donc décidé qu'il se contenterait de remplir la mission dont on l'avait chargé. Sous peu, il humilierait Harwick devant toute la Cour et lui ferait perdre une bonne fois pour toutes, espérait-il, l'envie de poursuivre la jeune femme de ses assiduités. Après tout, c'était là ce qu'il savait faire le mieux : combattre et gagner. Il n'avait rien de plus à offrir à Alissande, et peu importait le désir tenace qui continuait de le tarauder.

— Il est presque l'heure, messire, annonça le jeune Thomas en reculant d'un pas.

Pour la deuxième fois en quelques minutes, Damien fut arraché à ses pensées. Il était prêt, à l'exception de son heaume qu'il ne coifferait qu'au tout dernier moment, avant la première passe d'armes.

Il secoua la tête. Décidément, il était bien distrait aujourd'hui. Il devait se reprendre sans tarder s'il ne voulait pas laisser la victoire à Hugues et s'en retourner, tête basse, sous les huées !

Il croisa le regard empli de respect que son écuyer levait sur lui.

— C'est parfait, Thomas. Tu t'es fort bien débrouillé, le complimenta-t-il. Aide-moi à présent à enfiler ma tunique, puis nous serons prêts à affronter la foule qui s'attend aujourd'hui à un grand spectacle.

— Oui, messire ! répondit Thomas, qui luttait visiblement pour contenir son excitation.

Assisté de son écuyer, Damien passa la tunique frappée à l'emblème de la maison Ashby. En dépit de ses humbles origines, il l'arborait avec fierté. Le blason se retrouvait sur son écu : d'azur à trois têtes de léopard d'or et chevron d'hermine.

— Mes lances sont-elles prêtes ? s'enquit-il alors qu'il ajustait la partie maillée de son gantelet sur sa main droite.

— Oui, messire. Reginald et Bertram vous attendent devant l'entrée de la lice pour vous les remettre : trois lances à pointe émoussée. Vous trouverez également votre deuxième épée, votre destrier préféré et votre écu.

— La deuxième monture dont je compte me servir après le tournoi, est-elle prête ?

— Oui, messire.

Damien hocha la tête, satisfait, puis ébouriffa les cheveux du jeune écuyer. Ce geste affectueux lui valut un sourire mi-figue mi-raisin qui trahissait l'exaspération du jeune garçon, impatient d'être enfin un homme.

— Fort bien, Thomas. Va rassembler les outres d'eau et les autres provisions. Il est temps d'y aller et de faire en sorte que personne dans cette noble assemblée n'oublie la bataille qui va avoir lieu… et surtout pas Sa Seigneurie, Hugues de Valles, comte de Harwick !

Damien s'étant révélé le plus vaillant et le plus habile participant du tournoi durant la semaine écoulée, Alissande avait été invitée à s'asseoir au premier rang des tribunes dressées devant la lice. Un privilège qui l'emplissait de fierté.

Elle était néanmoins anxieuse à l'idée du combat qui s'annonçait. Elle aurait dû se douter que, même blessé, Damien puiserait dans ses ultimes ressources afin d'être certain d'affronter son rival. Mais elle ne pouvait s'empêcher de trembler pour lui.

Chaque matin, elle lui avait bandé la cage thoracique, et ce rituel lui avait procuré un certain réconfort. Au moins était-elle sûre que cela était fait correctement. Cela n'avait toutefois pas suffi à apaiser son inquiétude, et la simple mention du nom de son sinistre cousin suffisait à la faire frémir.

Sachant que ruminer ne lui ferait aucun bien, elle s'efforça de se distraire de ses sombres pensées en observant la foule qui se pressait ce matin-là dans les tribunes afin d'assister à l'affrontement le plus attendu du tournoi. Toutes les places étaient prises... hormis celles qui se trouvaient à sa droite et à sa gauche.

Elle avait fini par s'accoutumer à cette mise à l'écart. Nombre des nobles dames et seigneurs qui l'entouraient étaient les premiers à applaudir aux exploits de Damien dans les lices, mais leur enthousiasme s'arrêtait là. Ils n'étaient toujours pas acceptés en tant que couple. L'influence de Hugues à la Cour avait fait d'eux des parias, même après que le roi eut reconnu leur union de mauvaise grâce. Personne ne voulait faire le premier pas en se montrant ouvertement amical avec eux.

Mais c'était aussi bien, en définitive. Elle préférait sa solitude aux commérages qui entouraient le ménage à trois formé par le roi, la reine et Pierre

Gaveston. Bien que le chevalier gascon se soit vu accorder le titre de comte de Cornouailles un an plus tôt, la plupart des membres de la Cour le méprisaient. Sa présence constante au côté du roi et l'intimité dérangeante qu'ils semblaient partager provoquaient de fréquentes disputes entre le souverain et la reine. Bien entendu, cette situation pour le moins délicate donnait lieu à des rumeurs et supputations sans fin.

Une trompette retentit et, comme en écho aux pensées d'Alissande, le roi Edouard et la reine Isabelle firent leur apparition, Pierre Gaveston dans leur sillage. L'assemblée se leva. D'où elle se tenait, Alissande ne distinguait pas très bien le couple royal, mais elle eut tout de même le temps d'entrevoir leurs somptueux atours avant qu'ils ne prennent place dans leur loge et que le roi lève la main, signe que le tournoi pouvait commencer.

À l'extrémité de la lice, il y eut un remue-ménage. Les spectateurs firent silence dans l'attente de l'apparition des combattants. La grille qui séparait l'arène de la zone des préparatifs fut ouverte par trois serviteurs de la maison du roi. Une trompette retentit, plus fortement cette fois, afin d'annoncer l'entrée du champion royal, précédé d'un héraut qui annonça :

— Sa Seigneurie Hugues de Valles, troisième comte de Harwick, concourant sous la bannière de la maison de Valles, en l'honneur de Sa Royale Majesté la reine Isabelle !

Hugues franchit la grille sur son destrier, resplendissant. Sur sa tunique et son bouclier : un blason d'or zébré de trois barres de gueules rouges. Sur son heaume figuraient les mêmes couleurs : une couronne dorée drapée de rubans écarlates, et deux plumes, l'une dorée, l'autre rouge. Au bout de sa lance flottait une petite bannière ornée de fleurs de lys, symbole du royaume de France, que lui avait donnée la reine.

La foule l'acclama avec chaleur, et si Alissande n'avait su quel gredin était son cousin, elle aussi eût pu se laisser impressionner par sa prestance et son allure. En l'état actuel des choses, elle n'éprouva rien d'autre que de l'effroi et un dégoût tenace.

Puis ce fut au tour de Damien de faire son entrée. Alissande le vit s'approcher de la porte, et son cœur se mit à battre à coups redoublés. Il était à pied et tenait la bride de son destrier, son heaume orné de plumes d'azur et d'or calé au creux de son bras. Le soleil accrochait des reflets de lumière dans ses cheveux. Elle le trouva d'une beauté à couper le souffle. Guerrier farouche, impitoyable, d'une puissance presque surnaturelle.

Ayant coiffé son heaume, il grimpa en selle. Son héraut s'avança dans l'arène et proclama :

— Messire Damien de Ashby, concourant sous la bannière de la maison Ashby, en l'honneur de dame Alissande de Surrey !

Damien pénétra dans la lice, les sabots de sa monture martelant le sol, et les acclamations jaillirent. Certains, se rappelant l'avoir admiré plusieurs années auparavant lors de tournois similaires, se mirent à scander sur son passage :

— L'Archange ! L'Archange !

Au bout de sa lance flottait le ruban violet que lui avait donné Alissande le matin même. Le cœur de la jeune femme manqua un battement quand, passant devant les tribunes, il regarda dans sa direction et inclina la tête.

Il poursuivit sa course et, comme l'avait fait Hugues avant lui, s'immobilisa devant la loge royale pour rendre hommage à son souverain et à la reine, avant de faire tourner bride à sa monture pour aller prendre sa place près de l'entrée.

Puis, au milieu des clameurs et des encouragements, le héraut baissa le bras et la joute commença.

17

Le rugissement de la foule fit vibrer l'air. Damien cala l'extrémité de sa lance dans l'encoche prévue à cet effet, éperonna son cheval et galopa à la rencontre de Hugues. N'ayant rien entre eux qu'un champ dépourvu d'obstacles, il revenait à chaque cavalier de diriger sa monture vers son adversaire et de s'assurer de ne pas vaciller de crainte de perdre un point.

Damien ne vacillerait pas.

Le bruit de la foule se fit lointain tandis qu'il pointait sa lance, les yeux rivés au centre du plastron de Hugues. Il avait l'intention de le désarçonner, mais sa victoire n'en serait que plus éclatante s'il brisait sa lance par la même occasion.

Les deux hommes se croisèrent dans un craquement sonore de bois fendu. D'une main experte, Damien ralentit sa monture une fraction de seconde après l'impact et la fit volter pour juger des dégâts infligés à son adversaire.

Hugues était resté en selle. La lance qu'il tenait en main était intacte, car elle n'avait fait que frôler l'épaule de Damien. En revanche, la lance de ce dernier, en heurtant Hugues en pleine poitrine, s'était fendue en deux sous la violence du choc.

Damien avait par conséquent gagné deux points. Une bouffée d'allégresse le submergea tandis qu'il levait la main pour saluer la foule en délire. Il alla reprendre sa position initiale, à l'extrémité de la lice, releva sa visière comme Thomas lui tendait une gourde d'eau et se désaltéra pendant que Bernard, qui l'avait débarrassé de sa lance brisée, allait lui en chercher une neuve.

— Un très beau coup, messire ! commenta Thomas en essuyant la bouche de son maître à l'aide d'un linge. Encore deux semblables, et il sera presque inutile de combattre à pied.

— Nous verrons, fit Damien, prudent. Après cette première passe, Hugues doit être hors de lui. Je suis prêt à parier qu'il va essayer de tricher pour ne pas perdre la face une nouvelle fois.

Thomas eut l'air si horrifié par cette possibilité que Damien ne put retenir un sourire. Avant de rabattre sa visière, il ajouta :

— Je demeurerai sur mes gardes, Thomas, n'aie crainte. Qui sait ? peut-être réussirai-je à le pousser suffisamment dans ses retranchements pour qu'il se montre aux yeux de tous sous son vrai jour.

— Il est temps pour la seconde passe, messire Damien.

Ce rappel venait de Reginald, qui agitait la main près de la palissade. À l'autre extrémité de la lice, Hugues, juché sur sa monture, se mettait en position. Lui aussi avait une lance neuve, bien qu'il n'ait pas brisé la première. Damien plissa soudain les paupières : il avait cru discerner un éclat métallique au bout de ladite lance. Connaissant Hugues, il était bien capable de s'être muni d'une lance ferrée, même s'il était de règle dans un tournoi d'utiliser des lances à bout émoussé, dites lances courtoises. Quoi qu'il en soit, les rayons ardents du soleil, qui brillait haut dans le ciel, empêchaient Damien de distinguer parfaitement l'arme de son adversaire.

Il saurait bien assez tôt de quoi celle-ci était faite, raisonna-t-il, fataliste. Les rênes de son cheval en main, sa lance dressée, il attendit le signal du départ.

Celui-ci fut donné dans la seconde qui suivit. Damien piqua des deux, et sa monture fit un bond en avant, puis se mit à galoper droit sur Hugues qui se rapprochait à vive allure.

Cette fois encore, l'impact fut terrible, et Damien entendit l'extrémité de sa lance craquer contre l'écu de Hugues.

Une vive douleur lui transperça le flanc juste avant qu'il ne vole dans les airs.

Le souffle coupé, il mordit la poussière, mais se força à rouler sur lui-même pour se relever aussitôt, comme il l'avait fait maintes fois en Terre sainte et à Chypre, prêt à se battre encore en dépit de la douleur qui irradiait sa cage thoracique. Ne jamais, *jamais* montrer un seul instant de faiblesse face à l'ennemi de crainte qu'il n'en profite pour vous ôter la vie.

Il lui fallut cependant quelques secondes pour reprendre tout à fait ses esprits. Dans sa chute, il avait perdu son heaume. Ses oreilles bourdonnaient et, autour de lui, tout semblait se passer au ralenti. Il vit son cheval se relever avant de s'éloigner en trottant le long de la palissade. Puis il aperçut Hugues, tête nue lui aussi, qui titubait pour tenter de se remettre debout.

Il était donc parvenu à le désarçonner, lui aussi. Ce constat procura à Damien un frisson de jubilation. Lui au moins avait renversé son adversaire à la loyale, ce qui n'était pas le cas de Hugues.

Il en eut la preuve définitive quand, baissant les yeux sur son flanc gauche, il se rendit compte que son plastron avait été transpercé à l'endroit où il avait prudemment décidé d'ajouter un rembourrage le matin même.

Cette ordure de Hugues s'était servi d'une lance ferrée, violant ainsi toutes les règles de la chevalerie !

Damien se tâta les côtes afin de s'assurer qu'il n'était pas sérieusement blessé. Il semblait que non. Mais, en trichant, Hugues venait de commettre une grave erreur. Car, à présent, Damien n'était pas seulement en colère : il voulait faire couler le sang.

Avec un grondement sourd, il parcourut la quinzaine de mètres qui les séparaient sans chercher le moins du monde à dissimuler son approche.

Hugues eut largement le temps de tirer son épée hors de son fourreau avant que Damien n'écrase la sienne contre son bouclier levé. Celui-ci continua de faire pleuvoir les coups sur son rival, de toutes ses forces, sans faiblir, ne lui laissant d'autre choix que de se défendre.

D'abord déterminé, Hugues perdit de sa superbe à mesure qu'il devenait évident qu'il avait aucune chance face à un adversaire tel que Damien. Et bientôt, la peur se lut dans son regard. Ses parades étaient de moins en moins assurées. Néanmoins, il tentait une attaque de temps à autre dans l'espoir de distraire Damien, guettant la moindre ouverture lui permettant de frapper à son tour.

— Croyais-tu vraiment que j'allais t'abandonner Alissande ? gronda-t-il soudain. Tu n'es qu'un manant, tu ne vaux pas la poussière qui boira ton sang quand j'en aurai fini avec toi, Ashby !

L'insulte ne méritait pas de réponse. Damien avait toujours préféré l'action à la parole. Par trois fois, il balança son épée afin de déséquilibrer Hugues et de l'acculer contre la palissade, dans l'attente de l'instant où il pourrait asséner le coup final. Calme et concentration, s'exhortait-il. Il ne devait pas laisser ses émotions diriger ses mouvements. Au combat, la discipline comptait autant que l'habileté, la souplesse et la rapidité.

Il nota vaguement l'apparition d'une tache de couleur à l'arrière-plan. Il s'agissait de la loge royale. Damien savait que le roi et la reine jugeraient de l'issue du combat. Mais le nuage de poussière que Hugues et lui soulevaient l'empêchait de distinguer quoi que ce soit d'autre. Il n'entendait que les pulsations de son propre sang dans ses oreilles, ne percevait sur sa langue que le goût âcre de la poussière et du sang mêlé, ne voyait rien d'autre que le visage blême et crispé de son ennemi.

Soudain, l'ouverture tant attendue se présenta.

Hugues venait de lever sa lame, prêt à se jeter sur lui. Vif comme l'éclair, Damien bondit en avant dans un mouvement pratiqué mille fois avec ses frères du Temple. La botte n'était cependant pas très connue de ce côté-ci du monde. D'un geste rapide, il fit sauter son épée de sa main droite dans sa main gauche, entailla l'avant-bras de Hugues, avant de lui lancer son coude de toutes ses forces en pleine face.

Hugues bascula lourdement en arrière et s'affala sur le dos. Son épée lui échappa et retomba dans la poussière tandis que le sang jaillissait de son nez brisé, souillant sa tunique. D'un mouvement fluide, Damien assura sa position avant de poser la pointe de sa lame à quelques centimètres de la gorge de son adversaire.

— L'honneur est sauf. Cessez le combat !

Ce cri était sorti de la gorge du roi Edouard.

Encore frémissant de fureur, Damien dut faire appel à toute sa volonté pour détourner les yeux de l'homme à terre qu'il tenait en respect au bout de son épée. Dans la tribune, le roi s'était levé et semblait stupéfait de voir comment une joute censée être amicale s'était, en quelques minutes, métamorphosée en un combat à mort.

Le bras de Damien tremblait, et il dut se raisonner pour ne pas enfoncer sa lame dans la gorge de Hugues afin d'en finir une bonne fois pour toutes. Mais le roi venait de lui donner un ordre et, même si Hugues s'était rendu coupable de tricherie, ce combat était censé être un « pas d'armes ». Damien ne pouvait faire autrement que d'obéir à son souverain.

Lentement, il écarta son épée et pivota pour faire face à la loge royale avant de rengainer sa lame dans son fourreau. Il se tint immobile tandis que Hugues se relevait avec force jurons, tenant son bras blessé.

C'est alors que Damien remarqua le silence qui était tombé sur la lice et les tribunes. Pour la première fois, il reporta son attention sur l'assemblée. Stupeur, indignation, admiration, incrédulité, tels étaient les sentiments qui se lisaient sur les visages tournés vers eux.

— L'honneur est sauf des deux côtés ! reprit le roi. Nous n'avons aucun désir de voir estropier un de Nos sujets au cours d'une joute amicale. Nous déclarons donc le tournoi terminé et Nous accordons la victoire ex aequo à lord Harwick et à messire Damien.

— Non, sire !

Ce cri de révolte avait jailli de la gorge de Hugues.

— Je supplie Votre Majesté de revenir sur sa décision, car j'affirme ici que messire Damien a triché afin de remporter la victoire et que…

— Vous mentez !

Furieux, Damien avait pivoté vers Hugues. D'instinct, sa main avait volé sur la garde de son épée.

— C'est *vous* qui avez triché et violé la règle du *pas d'armes* en utilisant une lance à bout ferré ! gronda-t-il.

L'accusation était lancée. Hugues se détourna et se précipita vers son épée, restée à terre. Il s'en empara et se retourna face à Damien, arborant cette expression amère que celui-ci avait vue aux hommes incapables d'accepter leur défaite. La plupart du temps, cela leur coûtait la vie et, en l'occurrence, Damien n'aurait pu prétendre qu'une telle issue lui aurait déplu.

— Veuillez lâcher vos armes, messieurs. Le combat est terminé avons-Nous déclaré ! tonna Edouard.

Cette fois, on ne pouvait se méprendre sur sa colère. Quelques dames proches de la tribune ornée de bannières et de rubans laissèrent échapper de petits cris d'effroi. Si l'un des combattants osait désobéir à l'injonction royale, il risquait fort de finir la tête fichée sur une hallebarde, aux portes du château.

Adressant à Damien un regard meurtrier, Hugues rengaina lentement son épée. Bien que la main le démangeât de faire le contraire, Damien se força à lâcher la poignée de sa lame. Une fois de plus, les deux adversaires pivotèrent face à la loge royale et le roi s'adressa à eux :

— Ce sont là de graves accusations que vous venez tous deux de proférer. De quelles preuves disposez-vous pour appuyer vos dires ?

Hugues ne répondit pas. Il n'avait d'autres preuves que sa parole. Damien lança un coup d'œil à Thomas qui se tenait à l'autre bout de la lice. En écuyer parfaitement entraîné, il avait couru dans la lice dès que son maître avait vidé les étriers afin de récupérer son destrier et de ramasser les lances qui auraient pu tomber ou se briser au cours de la passe. De toute évidence, il avait été plus rapide que l'écuyer de Hugues, car il brandit en souriant la lance ferrée dont ce dernier s'était servi contre Damien et hocha la tête pour confirmer les dires de son maître.

Damien s'inclina respectueusement avant de s'adresser de nouveau au roi :

— Votre Majesté, j'ai en ma possession la lance qu'a utilisée lord Harwick pour preuve de mon accusation.

Des cris étouffés et des murmures outrés parcoururent l'assistance. Désignant Thomas de la main, Damien ajouta :

— Mon écuyer l'a récupérée alors que nous nous combattions à l'épée. Il n'attend qu'un signe de Votre Majesté pour lui apporter cette preuve.

Les chuchotements redoublèrent. Du coin de l'œil, Damien nota un mouvement au premier rang des tribunes. Une femme s'était levée. Elle portait une robe d'un bleu profond aux manches gansées d'or, et ses cheveux de jais étaient entremêlés de fleurs et de rubans violets.

Alissande.

Têtue, elle s'efforçait de le rejoindre sans se soucier de déranger de nobles invités, son beau visage marqué par l'inquiétude.

Damien reporta son attention sur Hugues qui fulminait :

— Cette preuve n'en est pas une et montre seulement jusqu'à quelles extrémités vous êtes prêt à aller pour remporter ce tournoi ! Sire, c'est la propre lance de Ashby que tient ce garçon, pas la mienne !

D'une voix calme quoique forte, Damien rétorqua :

— Je commence à croire que chaque parole qui franchit votre bouche est pure invention, messire.

— Prenez garde, Ashby ! Vos heures sont comptées si vous me traitez de menteur. Vous n'avez cessé de m'insulter depuis votre retour en Angleterre, vous, le templier corrompu, convaincu d'hérésie. Vous avez eu l'impudence de me ravir ma promise, contre l'avis de votre roi, et contre l'avis de Dieu Lui-même !

La foule réagit avec un regain de virulence, mais Damien l'entendit à peine. Il venait de bondir et sa main ouverte se referma telle une serre sur la gorge de Hugues.

Amenant son visage tout près du sien, il gronda :

— Si mon roi ne m'avait ordonné de vous accorder la vie sauve, vous sentiriez en cet instant la lame de mon épée entre vos côtes ! Mais je puis vous assurer que vous répondrez de vos actes plus tard.

Il repoussa Hugues avec tant de violence que ce dernier tituba en arrière. Sa fureur était telle qu'il se serait jeté sur Damien s'il n'avait été retenu par les gardes postés autour de la lice. Deux autres sentinelles s'approchèrent et saisirent Damien par les bras. Ce dernier ne tenta pas de résister, contrairement à Hugues qui continua de se démener de manière grotesque.

Le roi Edouard, visiblement très en colère, foudroya les deux chevaliers du regard.

— Cela suffit ! Nous ne voulons plus entendre un mot de votre bouche à moins que Nous ne vous en ayons donné la permission. Et Nous vous interdisons de vous approcher à moins de dix pas l'un de l'autre. Il est certes de Notre devoir de régler cette querelle mais, en l'état actuel des choses, Nous sommes fort tenté de vous faire d'abord jeter dans les cachots d'Odiham, et de vous y laisser jusqu'à ce que vous ayez enfin recouvré vos esprits.

Le regard courroucé du roi passa de Hugues à Damien, avant de revenir se poser sur Hugues.

— À la condition expresse qu'aucun d'entre vous ne désobéisse à Nos ordres, Nous sommes prêt à proposer une solution à ce différend. Pouvons-nous poursuivre en ce sens ? s'enquit Edouard Plantagenêt d'un ton sarcastique.

— Oui, sire, répondit Damien, tête baissée.

Hugues lui fit écho. Un peu radouci, le roi se tourna vers les autres participants qui s'étaient regroupés en compagnie de leurs écuyers.

— Ainsi, tel est Notre bon vouloir, proclama-t-il. Vous, Hugues de Valles, comte de Harwick, et vous, messire Damien de Ashby, vous affronterez dans les lices de Guildford Castle, dans le Surrey, d'ici quinze jours, lors d'une joute qui se déroulera sous Nos yeux et dont Nous serons seul juge. Ce sera un combat honorable, et le vainqueur se verra remettre l'épervier d'or incrusté de pierreries qui devait récompenser le vainqueur de ce premier tournoi de la saison. Les deux adversaires se battront à l'épée, à la hache, à la dague, chaque partie ayant droit à sa revanche. Acceptez-vous ces conditions, messieurs ?

La lueur glaciale dans le regard d'Edouard indiquait que les deux adversaires seraient bien inspirés de donner une réponse positive dans les meilleurs délais. Ce qui fut fait dans la foulée.

— Bien. Vous Nous en voyez soulagé, déclara encore le roi, non sans ironie. Si l'un de vous deux ne se présentait pas dans quinze jours, il serait convaincu de tricherie. De fait, la victoire du tournoi et le prix seraient immédiatement attribués à son rival. À présent, si vous pensez pouvoir vous contrôler, vous êtes autorisés à assister au banquet de clôture qui aura lieu ce soir. Dans le cas contraire, Nous vous engageons vivement à dîner ailleurs. Cela vous évitera de passer les quinze prochains jours enchaînés dans un cul-de-basse-fosse, là où votre vue ne risquera pas d'offenser Notre regard !

Le roi laissa passer quelques secondes de silence pour donner plus de poids à ses paroles, puis, levant la main, il s'adressa cette fois à la foule :

— Le tournoi est ajourné et reprendra d'ici deux semaines. Vous pouvez aller vous préparer pour la fête de ce soir.

Les trompettes retentirent. Le roi offrit sa main à la reine et l'escorta hors de la tribune. Les quelques invités qui partageaient la loge royale s'empressèrent de leur emboîter le pas, suivis de leurs serviteurs.

Le silence retomba.

Les gardes encadraient toujours Damien et Hugues, et, dans les tribunes, la foule semblait renâcler à se disperser, comme s'ils espéraient encore un peu d'action. Mais Damien en avait assez. Il avait apporté la preuve de sa vaillance et de sa détermination. Désormais, chacun, noble ou manant, savait qu'il ne fallait pas le traiter à la légère. Alissande était protégée et *bien* protégée, par un époux à qui il ne valait mieux pas chercher querelle. C'était là le principal.

Toutefois, les manœuvres de Hugues l'avaient privé d'un moment qu'il attendait depuis longtemps…

Mais, puisque cela ne contrevenait en rien aux ordres du roi, il ne voyait pas ce qui pourrait l'empêcher d'en jouir à présent.

Il murmura quelques mots aux gardes qui le lâchèrent sans formuler d'objection, puis se dirigea d'une démarche assurée vers Reginald, Bernard et Thomas qui l'attendaient près de l'entrée de la lice. Il prit des mains de Bernard la lance avec laquelle il avait fait son entrée dans l'arène, celle au bout de laquelle flottait le ruban violet d'Alissande. Il dénoua celui-ci et, le gardant serré dans sa main, rebroussa chemin.

À cet instant, comme par enchantement, le nuage qui obstruait le soleil glissa dans le ciel, et ses rayons inondèrent Damien alors qu'il se tournait face aux tribunes.

Les yeux rivés sur Alissande, qui était appuyée à la rambarde, il eut un lent sourire, puis franchit la distance qui les séparait d'un pas déterminé.

Alissande regardait Damien s'approcher, le corps parcourus de frissons tour à tour glaciaux et brûlants.

Qu'est-ce que cela signifiait ? se demandait-elle.

Dieu du ciel ! Il arborait la même expression que cinq ans auparavant, après avoir remporté cet extraordinaire tournoi. Victorieux, il avait marché vers elle pour réclamer ce qui constituait le plus beau des prix à ses yeux : son amour…

Plus étonnant encore, les gens autour d'eux réagissaient exactement comme ils l'avaient fait à l'époque. Les hommes s'étaient mis à taper des pieds en rythme tandis que les femmes échangeaient des murmures admiratifs en dévorant des yeux le magnifique guerrier qui s'avançait vers les tribunes.

Mais Damien ne regardait qu'Alissande.

Elle comprit enfin : il venait échanger le ruban qu'elle lui avait donné un peu plus tôt contre un baiser, et montrer ainsi aux yeux de tous qu'il la préférait à toutes les autres femmes.

Or, il n'avait aucune raison de se livrer à une telle comédie.

Cette pensée frappa Alissande de plein fouet. Même s'ils devaient sauver les apparences devant la Cour et jouer les couples modèles, cela n'avait aucun sens. Damien n'avait du reste pas officiellement gagné le tournoi. Il n'avait donc pas à déclarer sa flamme à une dame de l'assistance, comme le faisaient les vainqueurs selon la tradition.

À moins qu'il n'en ait tout simplement… *envie*.

Par tous les saints du paradis !

— Madame.

Alissande tressaillit. La voix de Damien venait de retentir, chaleureuse, profonde. Il s'était immobilisé au pied des tribunes, juste devant elle. Dans sa main tendue flottait le ruban violet.

— Ceci vous appartient, madame, dit-il.

Une ombre passa brièvement dans son regard avant qu'il ajoute :

— Je vous le rends contre un baiser, et l'acceptation de mon entière dévotion.

Le cœur d'Alissande battait à tout rompre. Sa gorge était nouée. Seigneur Dieu, c'était à cet instant précis qu'elle s'était détournée de lui, cinq ans plus tôt ! Un instant qui n'avait cessé de la hanter depuis.

Elle plongea son regard dans celui de Damien, abasourdie. Il était en train de lui offrir une deuxième chance. Une fois encore, il remettait sa fierté entre ses mains, la laissant décider de ce qu'elle souhaitait en faire.

Cette fois, elle ne le décevrait pas.

Ses lèvres tremblèrent comme elle s'efforçait de lui retourner son sourire. Puis elle se pencha pour s'emparer du ruban de soie violet gansé d'or. Un délicieux sursaut de plaisir la secoua lorsque sa main effleura celle de Damien.

Avant qu'elle ait le temps de se redresser, il lui saisit doucement le menton.

— Pas si vite, madame. Vous oubliez quelque chose.

— Quoi ? dit-elle dans un souffle.

— Mon baiser.

D'une douce pression de la main, il attira son visage vers lui. Sa bouche captura la sienne dans un baiser empreint d'une si tendre passion qu'elle crut que ses jambes allaient se dérober sous elle. Au bord de la panique, elle se cramponna à ses épaules. La tête lui tournait, elle avait l'impression de vivre un rêve bercé des trépidations et des applaudissements de la foule.

— Il nous reste encore une étape à franchir, chuchota-t-il après avoir abandonné sa bouche à regret. Acceptez-vous mon entière dévotion, Alissande ?

Son regard bleu fixé sur elle était si intense qu'un frisson langoureux courut le long de la colonne vertébrale de la jeune femme.

Puis elle se souvint que Damien avait pour *mission* de jouer la comédie, ce qu'il avait d'ailleurs fait ces derniers temps avec beaucoup de conviction. Elle devait à tout prix garder la tête froide.

D'une main hésitante, elle repoussa sur le front du guerrier une mèche de cheveux.

— Peut-être, murmura-t-elle en repoussant doucement une mèche de son front. Cela dépend.

— De quoi ?

— De votre sincérité.

Une expression énigmatique passa sur le visage de Damien, bientôt remplacée par un sourire.

— Mieux vaut vous répondre en action qu'en paroles.

Avant qu'elle ait le temps de dire quoi que ce soit, il lui prit la main et l'entraîna le long de la rambarde jusqu'au premier escalier qu'il lui fit descendre. Sous le regard de la foule, ils traversèrent la lice et rejoignirent l'endroit où Bernard les attendait, les rênes du cheval de Damien à la main.

Ce dernier attrapa Alissande par la taille, et la souleva pour la jucher en selle. Il glissa quelques mots à l'oreille de Bernard avant d'enfourcher sa monture à son tour.

Puis, le bras glissé autour de la jeune femme, il piqua des deux, lança sa monture au galop, et traversa la lice sous les acclamations de la foule déchaînée.

18

Alissande eut un mouvement de surprise quand, après avoir dirigé leur monture vers les tentes, Damien passa sans s'arrêter devant la leur. Se tournant à demi, elle lui adressa un regard interrogateur.

— Je sais que je vais dire une évidence, Damien, mais nous avons dépassé notre tente. Et votre écuyer Thomas nous suit à quelque distance, ce qui est assez inhabituel. Où allons-nous, je vous prie ?

Il lui offrit un sourire mystérieux qui la fit fondre et l'exaspéra en même temps.

— Patience, Alissande, répondit-il avant de déposer un baiser sur le bout de son nez. Vous n'allez pas tarder à le savoir.

Elle dut avoir l'air déconfit, car son sourire s'élargit encore davantage et il ajouta :

— Si ma mémoire est bonne, vous aimez les surprises, non ?

— Sans doute... mais essentiellement quand c'est moi qui les fais !

Il se mit à rire. Se remettant face à la route, elle feignit de bouder. Mais ce n'était pas facile quand son bras musclé contre son ventre lui procurait des sensations incroyables, et que la chaleur de son haleine sur sa nuque lui donnait l'envie de se tourner de nouveau pour le couvrir de baisers...

Ils quittèrent bientôt le chemin principal, traversèrent une zone boisée, avant de déboucher peu après dans une clairière verdoyante qui bordait un lac à la surface miroitante.

— Et voilà, annonça Damien.

— Et voilà quoi ?

— Nous avons atteint notre destination.

Elle attendit qu'il se montre plus explicite, mais il demeura silencieux tandis qu'il mettait pied à terre, puis l'aidait à descendre de cheval.

Alissande jeta un regard autour d'eux, puis, le voyant s'éloigner, elle s'emporta :

— Allez-vous enfin me dire où vous allez, Damien de Ashby ? Et où est Thomas ?

Sans paraître remarquer son irritation, il lança pardessus son épaule :

— Je vais me baigner ; je suis couvert de poussière. Quant à Thomas, il n'est pas loin. Je lui ai ordonné de monter la garde près du hallier que nous avons dépassé tout à l'heure, afin que nous ne soyons pas dérangés.

— Dérangés ? répéta Alissande, les poings sur les hanches.

Cette fois, Damien dut percevoir son irritation, car il s'arrêta, pivota et répondit en souriant :

— Voyons, ne vous tracassez pas. C'est une très agréable surprise, je vous le promets. Je me suis arrangé pour que nous puissions partager une collation loin des regards curieux, du moins si vous n'y voyez pas d'inconvénient. Vous trouverez un panier et une grande couverture de ce côté-ci, précisa-t-il en désignant un coin de clairière situé sous un haut chêne dont les frondaisons formaient comme un dais de verdure. Si vous voulez bien nous installer tout cela pendant que je me lave, je vous promets de vous montrer ma reconnaissance quand j'en aurai terminé.

Elle le considéra bouche bée, avant d'articuler ;

— Vous avez organisé tout cela... avant le tournoi ? Mais comment pouviez-vous connaître l'issue du combat ? Ou même que je... ?

— Je ne doutais pas de ma victoire sur Hugues, avoua-t-il en haussant les épaules. En revanche, j'étais moins sûr de votre réponse. Mais je suis heureux de ne pas m'être trompé sur ce point !

Il n'avait pas l'air contrit le moins du monde, et son sourire espiègle était positivement désarmant. Alissande n'eut pas le temps de répliquer quoi que ce soit. Déjà, il se détournait et repartait en direction du lac.

Il s'immobilisa sur la berge et entreprit de se débarrasser des pièces de son harnois. Il ne lui fallut pas longtemps pour se retrouver nu comme un ver, son corps athlétique baigné de soleil. Il escalada le petit promontoire rocheux qui surplombait le lac et, d'un mouvement fluide, bras tendus, piqua une tête dans l'eau scintillante.

Alissande se rendit alors compte qu'elle retenait son souffle depuis qu'il avait commencé à se dévêtir. Elle inspira une grande goulée d'air au moment où Damien jaillissait à la surface du lac.

Secouant tête, il s'ébroua dans une gerbe d'éclaboussures irisées.

— Brrr, elle est glacée ! avoua-t-il en riant.

— Dans ce cas ne vous attardez pas trop, lui conseilla-t-elle, souriant malgré elle.

Chaque fois qu'elle le regardait, quelque chose en elle semblait revenir à la vie, et un frisson la secouait. Elle aurait volontiers passé le reste de la journée à le contempler, mais il lui avait demandé de préparer leur repas, et elle ne voyait pas de raison de ne pas se soumettre à sa requête.

Bien décidée à se concentrer sur sa tâche, elle s'approcha du grand chêne que Damien lui avait indiqué. D'un geste ample, elle étala la couverture sur le sol moussu, puis inspecta le contenu du panier. Ce qu'elle y découvrit, une fois soulevé le couvercle de paille, la prit de court.

Des plumes d'oie ?

Oui, de longues plumes duveteuses qui reposaient sur une pile de vêtements masculins.

Dans le second compartiment, elle dénicha une coupe de fraises bien mûres, ainsi qu'une poignée de feuilles de menthe et un petit pot de terre qui contenait une substance blanchâtre. Une sorte de pommade, supputa-t-elle. Le seul autre produit destiné à la consommation était, constata-t-elle, une outre de vin.

Pas de quoi faire un festin, assurément !

Agenouillée devant le panier, Alissande s'apprêtait à se retourner pour héler Damien et lui demander des explications quand il jaillit soudain près d'elle et, riant aux éclats, l'empoigna avant de la faire rouler sur la couverture. Il s'était séché entre-temps et son corps entièrement nu était tiédi par la caresse du soleil.

Sans perdre de temps, il entreprit de délacer le corsage d'Alissande. Celle-ci laissa échapper un petit cri de protestation et, le repoussant, parvint à se redresser à demi.

— Cessez, je vous prie, Damien de Ashby ! ordonna-t-elle en le foudroyant du regard. Expliquez-moi, je vous prie, ce que ceci signifie ? ajouta-t-elle en désignant le panier dont le contenu s'était à demi répandu sur la couverture. Et ce que vous faites exactement ?

Damien lui obéit et prit une profonde inspiration, songeant qu'il appréciait ce moment plus qu'il n'était en droit de le faire. Mais c'était plus fort que lui. Elle était si belle. Ensorcelante, même. Surtout quand l'indignation lui empourprait les joues et allumait des étincelles dans ses yeux d'améthyste.

Lentement, il leva la main, et lui caressa la joue, submergé par un sentiment inexplicable surgi du tréfonds de son être, d'un endroit qu'il croyait mort à jamais, anéanti. L'étincelle était là pourtant, se rendit-il compte, stupéfait. Il la sentait crépiter, glorieuse, indestructible, merveilleuse, et répandre en lui une émotion qu'il avait cru ne plus jamais éprouver.

Dieu du ciel…

S'efforçant d'étouffer cette émotion si soudaine et tellement inattendue, il déglutit, puis tenta de retrouver l'humeur taquine et désinvolte qui était la sienne quelques secondes plus tôt.

— Ce que je fais, Alisande ? répondit-il enfin d'une voix rauque. Je suis en train d'essayer de vous déshabiller. Si vous m'en donnez la permission, bien sûr. Sinon, sachez qu'il me sera difficile de faire ce que j'ai prévu.

— Mais… *ici* ? balbutia-t-elle. En pleine nature ?

Les grands yeux violets s'étaient écarquillés. Puis une petite flamme espiègle s'y alluma, qui réjouit le cœur de Damien. Enfin, il retrouvait l'impétueuse Alissande, la jeune fille rieuse et pleine d'audace qui l'avait envoûté au premier regard !

Dans sa poitrine, la douce chaleur irradia davantage encore. Cette fois, il ne pouvait plus l'ignorer. Mais, Seigneur… s'il s'autorisait à songer à l'inconcevable, à envisager la possibilité insensée qu'il soit retombé *amoureux* d'Alissande… Bon sang, il allait devenir fou !

Il était plus sage de se concentrer sur sa beauté irréelle et le plaisir à venir.

Il dut se racler la gorge à plusieurs reprises avant de réussir à déclarer d'une voix à peu près naturelle :

— Autrefois, nous avions l'habitude de nous retrouver dans la prairie, près de Seton Castle. Nous n'avions au-dessus de nos têtes que le bleu du ciel, le soleil, et quelques branches d'arbres. Je me souviens de ces moments avec... nostalgie, confessa-t-il en toute sincérité.

Puis il arqua un sourcil dans une expression qui se voulait coquine :

— En outre, Thomas fait le guet, et je dois m'acquitter d'une promesse. Ne vous ai-je pas prévenue que je vous ferais payer au centuple les tendres tourments que vous m'avez infligés dans notre tente, il y a sept nuits de cela ?

— En effet, acquiesça-t-elle avec un sourire.

— Et vous avez avoué trembler de peur à cette perspective.

— Je me souviens avoir dit cela, messire.

Fixant sa bouche du regard, Alissande fit glisser son pouce sur sa lèvre inférieure. Le geste était si érotique dans son innocence que Damien faillit laisser échapper un gémissement.

— En cet instant même, vous tremblez, n'est-ce pas ? demanda-t-il encore d'une voix enrouée.

— Assurément. Mais ni plus ni moins que vous, messire.

— Si je tremble, c'est de désir pour vous, Alissande, souffla-t-il avant d'incliner la tête pour s'emparer de ses lèvres.

Dieu que sa bouche était douce ! songea-t-il, émerveillé. Elle sentait le miel et la pomme, et fondait sous la sienne, se laissant conquérir avant de reprendre le pouvoir hardiment. Leurs langues se caressaient, se mêlaient, s'exploraient mutuellement et, très vite, leur baiser se fit d'une ardeur dévorante.

Obéissant au désir tyrannique qui puisait en lui, Damien tira d'une main impatiente le lacet qui fermait la robe d'Alissande. Sans cesser de l'embrasser, il la fit glisser sur ses épaules, en même temps que sa chemise, puis sur ses hanches.

Et soudain, elle fut aussi nue que lui. Sur son visage aux traits purs se lisait un mélange de sensualité et de timidité qui le bouleversa. Jamais il n'avait vu femme plus parfaite, et il se prit à trembler à l'idée de caresser cette peau laiteuse qui prenait des reflets soyeux sous les rayons du soleil.

Il s'interdit pourtant de la toucher, bien décidé qu'il était à prendre tout son temps. Avec douceur, il la renversa sur le dos, puis reprit ses lèvres, leur consacrant toute son attention, s'efforçant de lui dire mieux qu'avec des mots à quel point il la désirait.

S'arracher à sa bouche lui fut une épreuve, mais il le fallait s'il ne voulait pas que ces délices ne prennent fin avant que d'avoir commencé.

Se détournant, il tendit le bras pour s'emparer de la coupe de fraises. Sous l'œil interdit d'Alissande, il avala un fruit.

— Je meurs de faim. Pas vous ? s'enquit-il d'un air innocent.

Alissande hésita un instant, puis, se redressant, attrapa quelques fraises dans la coupe.

— J'aime beaucoup les fraises... mais je ne comprends pas bien pourquoi vous avez tenu à me déshabiller pour en manger ! observa-t-elle.

— Ce déshabillage n'a rien à voir avec les fraises, expliqua-t-il en la regardant mordre à belles dents dans un gros fruit juteux.

— Ah, non ? s'étonna-t-elle, les yeux rivés aux siens.

Elle appréciait visiblement autant que lui ce badinage érotique, nota-t-il.

— Les fruits sont destinés à vous donner des forces en vue de ce qui va suivre... et qui ne peut se faire si vous êtes vêtue.

Tout en parlant, il s'était saisi du petit pot d'onguent parfumé à la cannelle.

— Nous allons commencer avec ceci, reprit-il en ouvrant le couvercle.

— Et qu'est-ce donc ?

Il trempa l'index dans la substance onctueuse qui embaumait, puis le posa à la base du cou de la jeune femme et le fit glisser lentement jusque dans la vallée entre ses seins.

Ronronnant telle une chatte, Alissande se renversa en arrière. Damien déposa une traînée de baisers sur la trace qu'avait laissée son doigt, puis, le plongeant de nouveau dans le pot, il étala un peu d'onguent sur les pointes durcies de ses seins.

— C'est un baume que j'ai découvert lors de mes pérégrinations en Terre sainte. Là-bas, on s'en sert en général pour délasser les muscles endoloris et amener le sang vers l'épiderme afin d'accélérer le processus de cicatrisation. Mais il a également d'autres vertus, acheva-t-il en souriant.

— Mmm... c'est délicieusement chaud ! Plus encore que le soleil.

— C'est à cause de la cannelle, expliqua-t-il. C'est agréable, n'est-ce pas ?

Elle se contenta de hocher la tête, les paupières closes, le corps détendu, ce qui était exactement le but recherché.

— Gardez les yeux fermés, Alissande, lui ordonna-t-il avant de faire courir ses doigts sur son ventre... puis plus bas...

Elle tressaillit lorsqu'ils s'immiscèrent entre ses cuisses, puis entre les replis secrets de son intimité. Déjà moite de désir, elle se mit à onduler sensuellement sous ses caresses. Fasciné par le spectacle qu'elle offrait, Damien en oublia de respirer. Il lui fallut faire appel à toute sa volonté pour ne pas se jeter sur elle et assouvir sans délai le désir qui le consumait.

Mais non. C'était trop tôt, se rappela-t-il.

Il posa le petit pot et prit une feuille de menthe qu'il froissa entre le pouce et l'index, avant de la promener sur le corps d'Alissande, suivant le tracé dessiné quelques minutes plus tôt.

Elle poussa un petit cri de surprise en sentant la fraîcheur de la menthe sur sa peau chauffée par la cannelle, cri qui se termina en un gémissement lascif. Damien n'en pouvait plus. Son sexe était si dur qu'il en était douloureux, pourtant, il se contrôla. Il savait qu'en faisant durer ainsi les préliminaires, l'extase n'en serait que plus incomparable.

Il voulait aimer Alissande comme il avait rêvé de le faire durant toutes ces années où il avait été séparé d'elle.

Il s'empara de la plume d'oie et la promena langoureusement sur ses courbes. Ses seins durcirent quand il en effleura la pointe, mais il les abandonna pour descendre à la jonction de ses cuisses qui s'ouvrirent dans une invite manifeste. Haletante, Alissande se tordait et s'arc-boutait, s'offrant à ses caresses sans la moindre pudeur.

Elle finit par le supplier :

— Damien, je vous en prie… Ne me faites pas languir plus longtemps ! Touchez-moi… Caressez-moi… Faites-moi l'amour, je vous en supplie !

Ses plaintes eurent raison du stoïcisme de Damien. Un grondement s'échappa de sa gorge et, capitulant, il lâcha la plume pour cueillir les seins ronds de la jeune femme dans ses paumes. Avide, il happa une pointe rose entre ses lèvres et la suça avec gourmandise avant d'infliger le même supplice à la seconde. Puis sa bouche glissa sur son ventre palpitant.

Cette fois, par Dieu, il n'aurait pu s'arrêter, sa vie en eût-elle dépendu !

Il respira avec délices son parfum suave auquel se mêlaient ceux de la menthe et de la cannelle. Lorsque sa bouche atteignit le buisson de boucles triangulaire, il sentit la main d'Alissande se crisper dans ses cheveux.

— Non, mon ange, ne me refusez pas de vous aimer ainsi, car j'en rêve depuis toujours.

Elle avait redressé la tête pour le regarder, et la passion qui flambait dans ses grands yeux violets lui coupa le souffle. Puis elle se renversa de nouveau sur la couverture dans un mouvement d'abandon qui fit bondir son cœur dans sa poitrine.

Alors, d'une main tendre et ferme, il lui écarta les cuisses.

Il insinua les doigts au creux de son être, s'attarda sur le bouton niché entre les pétales gonflées de sa chair intime, arrachant un cri à Alissande. N'y tenant plus, il goûta à la saveur miellée de sa féminité, la parcourant de baisers légers et de petits coups de langue si habiles que la jeune femme se mit à gémir sans retenue, se tordant sous la montée du plaisir.

Enfin, la jouissance explosa en elle, si violente que, lorsqu'elle retomba sur la couverture, inerte, Damien craignit un instant qu'elle ne se soit évanouie. Appuyé sur un coude, il laissa passer quelques secondes, puis lui caressa doucement la joue en murmurant :

— Alissande ? Tout va bien ?

Les paupières lourdes, elle ouvrit à demi les yeux et lui sourit.

— Tout va bien, Damien. En fait, tout va merveilleusement bien. Mais vous, en revanche…

Sans achever sa phrase, elle le fit basculer sur le dos, et roula sur lui, pressant son intimité brûlante contre son érection. Damien ne put retenir un grondement de fauve, qui enchanta visiblement Alissande, car elle entreprit de se frotter contre lui langoureusement en murmurant, mutine :

— Je crois pouvoir faire quelque chose pour vous. Et sans attendre…

Sur ce, elle posa sa bouche sur la sienne et le gratifia d'un baiser si suave, si fougueux, et si plein d'amour qu'il sut qu'il était perdu et ne s'en remettrait jamais.

— Je veux ne faire qu'un avec vous, Damien, souffla-t-elle. Comme cela aurait dû être… avant… Quand tout allait bien.

Cette requête prononcée d'une voix douce, pleine de nostalgie, fut le coup fatal qui acheva de fissurer la carapace dont il protégeait son cœur depuis tant d'années. Un gouffre parut s'ouvrir en lui, laissant échapper un flot de chaleur, de tendresse et de désir. Pourtant, il n'osait toujours pas nommer ce sentiment qui lui gonflait la poitrine et allait bien au-delà de la simple passion physique ; ce besoin irrépressible qui le poussait à chérir Alissande, à la vénérer de tout son être.

Murmurant son nom, il rendit enfin les armes et s'abandonna à l'émotion qui le ravageait en réclamant la bouche de la jeune femme dans un baiser fou, dévastateur, qui révélait tout ce qu'il ne pouvait plus garder secret.

Alissande lui répondit avec la même ardeur, et il sentit le goût salé de ses larmes sur sa langue.

D'un mouvement souple, il la fit glisser sous lui, et s'enfonça en elle. Elle l'accueillit dans un râle de bonheur, le dos cambré, le regard brûlant de passion entre ses paupières mi-closes. Il songea alors que jamais aucune femme ne lui serait plus précieuse. Lui prenant le visage entre les mains, il fit pleuvoir des baisers fiévreux sur son front, ses joues, sa bouche, avant d'entamer l'immémorial va-et-vient de l'amour.

Il ne leur fallut que quelques secondes pour atteindre le paradis.

Foudroyé par la jouissance, Damien retomba sur le corps frêle d'Alissande. Dans un suprême effort de volonté, il roula sur le côté pour ne pas l'écraser, mais ses jambes demeurèrent mêlées aux siennes, la couverture les retenant captifs.

Il se sentait prodigieusement bien.

Au bout d'un moment, il se risqua à regarder Alissande dont le visage n'était qu'à quelques centimètres du sien. Elle avait les yeux fermés, et arborait une expression repue qu'il trouva follement sensuelle. Mais, alors qu'il la contemplait, sa bouche se retroussa en un sourire mutin et il comprit qu'elle savait pertinemment qu'il était en train de l'observer.

— Petite coquine, murmura-t-il en souriant à son tour.

Les cils d'Alisande papillonnèrent sur ses joues pâles. D'un geste tendre, il repoussa une boucle brune égarée sur sa tempe, puis, cherchant son regard, déclara faussement sérieux :

— Méfiez-vous, madame, je sais désormais comment mater votre nature rebelle, et je ne m'en priverai pas. Une petite caresse ici... une autre là... et si vraiment vous vous montrez récalcitrante...

Sa main glissa vers l'entrecuisse d'Alissande qui, avec un petit cri ravi, se tortilla pour lui échapper.

— Vous voyez ? Vous êtes déjà en mon pouvoir, la taquina-t-il en retenant un rire.

Mais, alors qu'il parlait, elle lui saisit la main pour la porter à ses lèvres et déposer un baiser d'une infinie douceur sur ses doigts.

Une vague d'émotion l'assaillit, le réduisant au silence.

— Je vous aime, Damien.

Sa voix était un murmure, ses beaux yeux expressifs d'une sincérité absolue.

Le désir de lui révéler enfin ses sentiments enfla en Damien jusqu'à ce qu'il ne puisse plus le contenir. Que le monde et le destin semblent s'être ligués contre eux ne signifiait pas qu'il dût garder pour lui ce qu'il ressentait, ce que la douceur de son amour avait provoqué en lui...

— Alissande, je dois vous dire quelque chose...

— Messire Damien !

La voix masculine qui venait de retentir dans les bois, tout près, leur arracha un sursaut.

— Je vous prie de m'excuser, messire Damien, mais je dois vous parler !

C'était Thomas, son jeune écuyer. Quelque chose dans son ton alerta Damien qui se dressa aussitôt sur son séant. D'une voix sonore, il ordonna au garçon de l'attendre, puis entreprit de passer à la hâte les vêtements de rechange qui se trouvaient dans le panier.

De son côté, Alissande enfila sa chemise et sa robe sans un mot.

Après avoir récupéré ses bottes, qu'il était allé chercher sur la berge du lac, et vérifié que sa compagne était décente, il cria à Thomas de les rejoindre dans la clairière.

L'écuyer apparut en compagnie de Reginald, qui semblait fort agité.

— Que se passe-t-il ? lui demanda Damien.

— Mille pardons, messire. Je viens vous chercher à la demande pressante d'un visiteur qui vient de se présenter à Odiham Castle.

— Un visiteur ? Qui est-ce donc ?

— Un homme d'apparence robuste – un chevalier, presque aussi grand et large d'épaules que vous, messire. Il est venu me trouver dans les écuries en expliquant qu'il ne souhaitait pas se faire remarquer. Bien qu'il m'ait posé plusieurs questions à votre sujet, il a refusé de me révéler son nom. À la place, il m'a donné ce sac en me priant de vous le remettre au plus vite. Il affirme que vous le recevrez une fois que vous aurez vu ce qu'il contient.

Reginald tendit à Damien une poche de cuir fermée par un lacet. Sa vue provoqua chez ce dernier une vague réminiscence, mais il n'aurait su dire pourquoi. S'étant emparé du sac, il dénoua le lacet et fit glisser le contenu dans sa main. Il s'agissait d'un simple morceau de tissu blanc plié avec soin. Il le déploya sans attendre, et son cœur manqua un battement à la vue de l'emblème qui ornait l'étoffe apparemment découpée dans un vêtement.

Il glissa un coup d'œil à Alissande qui fixait le tissu d'un air horrifié. Serrant les mâchoires, il reporta son attention sur Reginald et lui ordonna de retourner au château pour demander au visiteur de les retrouver sous leur tente sans délai.

Reginald et Thomas obtempérèrent sans broncher. Resté seul avec Alissande, Damien baissa de nouveau les yeux sur le carré de tissu qu'il tenait encore dans son poing. La brise se leva tout à coup, soulevant l'étoffe qui flotta un instant telle une bannière de sinistre mémoire.

Sur le lin blanc apparaissait un symbole que Damien connaissait bien. Un symbole qui, durant une certaine période de sa vie, lui avait été aussi familier que ses propres mains : une croix pattée rouge.

L'emblème de l'ordre du Temple.

La croix écarlate d'un Templier.

19

Alissande attendait au côté de Damien que le mystérieux visiteur les rejoigne dans leur tente. Dans le silence tendu qui régnait, elle s'efforçait de ne pas céder à ses émotions. Après avoir changé de robe, elle s'était assise tranquillement, offrant une apparence de calme et de sérénité qu'elle était loin de ressentir.

De temps à autre, le souvenir de l'étreinte fiévreuse à laquelle elle venait de s'abandonner lui revenait en mémoire, lui empourprant les joues.

Fermant brièvement les yeux, elle revécut ces instants magiques... Reginald et Thomas les avaient interrompus au pire moment, celui où Damien s'apprêtait à lui dire quelque chose d'important. Quelque chose qui concernait leur relation, elle en avait la conviction. Comment aurait-il pu en être autrement alors que leur union avait été si bouleversante qu'elle en avait eu les larmes aux yeux ?

Que Dieu lui vienne en aide, elle lui avait avoué qu'elle l'aimait !

Il n'avait pas dit que lui l'aimait aussi. Non. Mais les ombres du passé avaient de nouveau assombri son regard, nouant la gorge d'Alissande. Quoiqu'il ait été sur le point de lui avouer, il lui faudrait attendre pour le savoir qu'ils aient réglé la crise qui s'annonçait.

Elle n'ignorait pas quel danger Damien courait. En effet, huit mois plus tôt, le roi Edouard avait fait arrêter tous les Templiers d'Angleterre. Il avait beau avoir agi à contrecœur, sous la pression de son beau-père, le roi de France Philippe le Bel, ainsi qu'à la demande du pape, le décret n'en était pas moins officiel.

Il stipulait que tout templier trouvé sur le sol anglais devait être arrêté et jeté en prison pour y subir la question. À en croire la rumeur, les interrogatoires étaient réputés moins brutaux que ceux de l'Inquisition française, néanmoins la détention des prisonniers pouvait durer des années.

Si le visiteur était bel et bien un templier et s'il voyageait librement, il devait être en possession d'un de ces rares actes d'absolution semblables à celui que Michel avait contrefait pour Damien. Sinon, il risquait d'être capturé et emprisonné à tout moment.

Comme en réponse à ses suppositions, un bruit de voix leur parvint. Damien se leva et Alissande l'imita machinalement. Le pan qui masquait l'entrée de la tente se souleva, et un homme pénétra à l'intérieur, tête baissée.

Comme il se redressait, Damien s'exclama, stupéfait :

— Richard !

L'étranger parut tout aussi stupéfait, puis un vif soulagement se peignit sur ses traits burinés. Il était bien tel que Reginald l'avait décrit : grand, brun, robuste. Sans doute avait-il quelques années de plus que Damien, mais on devinait en lui un guerrier puissant, habitué aux champs de bataille.

En deux pas, il franchit la distance qui le séparait de Damien et lui donna une accolade virile.

— Par Dieu, c'est bien vous, mon ami ? fit-il d'une voix empreinte d'émotion. Je vous croyais mort !

— Richard, Dieu du ciel... Je n'arrive pas à le croire ! Après cette nuit horrible, en France... Les inquisiteurs m'avaient dit...

Damien s'interrompit, le temps de se ressaisir.

— Moi aussi, j'étais persuadé que vous étiez mort ! Que faites-vous en Angleterre ? Comment se fait-il que vous puissiez circuler librement ? Et comment diable avez-vous réussi à me retrouver ?

— J'ai tellement de choses à vous raconter... Je ne sais par où commencer. J'ai obtenu l'absolution à l'issue d'un procès, l'an passé. J'ai franchi la Manche en homme libre et je suis rentré chez moi. Avant-hier, je voyageais dans la région quand, dans une taverne, j'ai eu vent du tournoi d'Odiham. Des hérauts parcouraient le pays pour citer la liste des participants. Votre nom a été prononcé, on vous présentait comme le principal rival du champion du roi. Au début, j'ai cru à une confusion, puis j'ai décidé de venir vérifier par moi-même. J'étais tellement convaincu qu'il s'agissait d'une erreur. Par tous les saints, c'est tellement inattendu de vous retrouver sain et sauf que j'ai encore du mal à en croire mes yeux ! avoua l'ancien templier. Par deux fois je suis retourné en France en compagnie de Jean pour tenter de vous localiser et...

— Jean a survécu, lui aussi ? l'interrompit Damien, incrédule.

— Certes. Cette nuit-là, on l'a emmené du côté de Montivilliers, mais il a réussi à s'échapper avant d'être livré aux inquisiteurs.

Damien secoua la tête. Un muscle s'était mis à palpiter sur sa joue. D'un geste, il invita Richard à s'asseoir à la petite table à laquelle ils prenaient d'ordinaire leurs repas. Ce faisant, il parut se rendre compte qu'il n'avait pas encore présenté Alissande à son ami. À son entrée dans la tente, Richard avait noté la présence de la jeune femme qu'il avait saluée d'un signe de tête respectueux, reconnaissant à sa mise élégante une dame de qualité.

— Veuillez me pardonner, madame, dit Damien en invitant Alissande à s'approcher. Je veux vous présenter messire Richard de Cantor, qui a été l'un de mes plus proches camarades au sein de la confrérie de l'ordre du Temple. Lui, mon frère Alexandre, messire Jean de Clifton et moi-même avons pris la fuite ensemble la nuit où ont été ordonnées ces arrestations massives.

Pivotant légèrement vers Richard, il reprit :

— Richard, voici lady Alissande de Surrey. C'est grâce à notre mariage par procuration que j'ai pu être arraché à ma geôle et retrouver la santé il y a quelques mois.

— Vous êtes *marié* ?

C'était à présent au tour de Richard d'afficher une expression incrédule. Se reprenant rapidement, il adressa un regard d'excuse à Alissande.

— Mille pardons, madame. Loin de moi l'idée de vous manquer de respect. C'est juste que cette nouvelle m'a pris de court.

— Je comprends, messire Richard. Cela fait beaucoup de chocs en bien peu de temps, répondit Alissande.

Avec dignité, elle prit place à table, priant pour apparaître plus sereine qu'elle ne l'était en réalité.

— En effet. À ce propos, je dois vous faire part d'une bien triste nouvelle, Damien, fit Richard. Ma chère femme Aliéonor, dont je vous avais tant parlé, a rejoint notre Seigneur l'an passé.

— Je suis sincèrement désolé, Richard. Je sais que vous espériez son rétablissement malgré la maladie qui l'avait frappée.

Richard hocha la tête et, à son regard soudain embrumé, Alissande devina que ces souvenirs lui étaient encore très douloureux. C'est alors que, risquant un faible sourire, il reprit :

— Mais, par la grâce de Dieu, j'ai retrouvé la joie de vivre auprès d'une femme merveilleuse que j'ai épousée. J'aurais beaucoup à vous raconter, Damien, mais pour l'heure il vous suffit de savoir que Meg et moi nous sommes mariés au tout début de cette année. Elle vit à Hawksley Manor et attend la naissance de notre premier enfant.

— Comment ? fit Damien en agrippant le bras de son ami. Mais Richard, c'est magnifique ! Félicitations !

Un grand sourire aux lèvres, il lui asséna une claque amicale sur l'épaule.

— C'est vraiment une excellente nouvelle, ajouta-t-il.

— La vie nous réserve parfois d'étranges surprises, n'est-ce pas ?

— En effet, confirma Damien, dont le regard se posa sur Alissande. qui sentit son cœur bondir dans sa poitrine. Il s'est passé tant d'événements dans nos vies respectives qu'une seule journée ne suffira pas à les relater, je le crains, enchaîna-t-il. S'il vous est possible de différer votre retour à Hawksley Manor, je serais heureux de jouir de votre compagnie quelques jours supplémentaires. D'ici deux semaines, nous devrons nous rendre au château de Guildford, car sur ordre du roi aura lieu un autre tournoi où j'aurai pour adversaire un comte qui a triché au cours de la joute qui nous a opposés. Là encore, c'est une longue histoire, conclut-il en secouant la tête.

Richard ne répondit pas tout de suite, mais quelque chose dans son regard alarma Alissande.

— J'aimerais pouvoir accepter, Damien, dit-il finalement d'une voix grave, mais je crains d'être porteur d'une autre nouvelle qui risque de bouleverser vos projets pour les jours à venir.

— De quoi s'agit-il ?

— Cela concerne Alexandre.

Damien se crispa visiblement, et Alissande en fut toute retournée. Bien qu'elle ne vît que son profil, elle savait que son regard devait être assombri par le chagrin qui le submergeait dès qu'il songeait à son frère.

— Rien ne vous oblige à m'en parler, Richard. J'en ai appris plus que je ne le souhaitais par les suppôts du diable qui m'ont torturé. Il n'y a rien à ajouter.

Richard fronça les sourcils, l'air déconcerté.

— Je sais que vous en vouliez à Alexandre pour avoir trahi ses vœux, Damien. Pour autant, je ne puis croire que vous n'ayez pas envie de savoir où il se trouve.

— Que voulez-vous dire ? Personne ne sait où les bourreaux de l'Inquisition enterrent les corps mutilés des victimes de leur cruauté. Et quand bien même vous m'indiqueriez le lieu du charnier, je ne vois pas comment je pourrais identifier la dépouille de mon frère parmi tant de cadavres.

La bouche de Richard s'ouvrit, mais aucun son n'en sortit. Sur ses traits, Alissande lut tour à tour de la confusion, de l'incrédulité, puis de la stupeur.

— Des cadavres ? répéta-t-il enfin, interloqué. Mais... mais... j'ignore ce que vous ont raconté ces diables de Français, mais je puis vous assurer qu'Alexandre n'est pas mort entre leurs sales pattes !

— *Quoi ?*

Damien s'était dressé si violemment qu'il heurta la table.

— Alexandre est en vie, Damien, articula Richard, le regard intense. À l'heure où je vous parle, il se trouve ici même, en Angleterre, à moins de trois jours de cheval d'Odiham Castle.

Terrassé par le choc, Damien n'était pas sûr de pouvoir inspirer la prochaine goulée d'air nécessaire à sa survie. Ses poumons, ses muscles, son cerveau même, tout semblait figé dans la glace. Une seule pensée, inouïe, incroyable persistait dans son esprit : Alexandre était *en vie* !

Cela paraissait impossible, et pourtant, Richard venait de le lui affirmer.

— C'est la vérité, Damien, insista ce dernier. Jean et moi-même avons retrouvé Alexandre en France, il y a un mois. Nous avons graissé la patte de ses gardiens en puisant dans une partie du trésor des Templiers dont nous avions la garde, et nous avons pu le ramener avec nous en Angleterre.

Du coin de l'œil, Damien vit qu'Alissande avait la main pressée contre sa bouche. Lui-même avait l'impression d'avoir été changé en statue. Il était incapable du moindre mouvement, n'était même pas sûr que son cœur battait encore au creux de sa poitrine.

Avec effort, il parvint enfin à articuler :

— Mon Dieu, je ne parviens pas à y croire. Depuis tout ce temps… Alexandre serait vivant ?

— Il était en vie quand je l'ai quitté il y a une semaine, en le laissant aux bons soins de Jean, assura Richard.

Grommelant un juron, Damien se rassit lourdement, l'air déconcerté.

— Il faut que j'aille le voir, lâcha-t-il.

Il tourna le regard vers Alissande. Ses yeux étaient embués de larmes ; ces mêmes larmes qu'il s'efforçait de retenir. Elle hocha la tête en silence, lui prit la main et la pressa en un geste de réconfort.

— Certes, et le plus tôt sera le mieux, je ne vous le cache pas, acquiesça Richard.

Damien se rembrunit, une boule d'anxiété se forma au creux de son ventre.

— Voulez-vous dire qu'il est dans un état grave ?

— Ma foi… on peut le dire, oui.

Damien détourna la tête en fermant les yeux. Dieu savait ce que son frère avait dû endurer ! Il ne se rappelait que trop les sévices épouvantables auxquels lui-même avait été soumis, et comment la mort l'avait frôlé de son aile funeste presque cinq mois plus tôt. La pensée que son frère ait traversé des moments aussi terribles lui était proprement intolérable.

— Je vais partir dès que possible, murmura-t-il, plus pour lui-même que pour ses compagnons.

— Ce serait sage, approuva Richard. Hélas, je crains de ne pouvoir vous accompagner là-bas ! J'ai quitté Meg depuis trop longtemps, et dans son état... Mais ne vous inquiétez pas, je vais vous indiquer très précisément comment rejoindre l'endroit où Alexandre se cache avec Jean. Vos hommes et vous le trouverez sans difficultés. Quand votre frère aura repris un peu de forces et sera en mesure de voyager, vous n'aurez qu'à l'amener chez moi, à Hawksley Manor, où il pourra poursuivre sa convalescence si Dieu le veut.

— Jean a-t-il lui aussi bénéficié d'un acte d'absolution ? voulut savoir Damien.

— Non, malheureusement. Et c'est pourquoi il est obligé de se cacher avec votre frère. Mais vous, Damien ? Vous êtes de toute évidence libre de vos mouvements, vous pouvez circuler à travers le pays sans être inquiété, et sous votre propre identité. Comment avez-vous fait pour en obtenir un ?

Damien eut une hésitation. Il sentit les doigts d'Alissande se crisper sur sa main. Ce fut elle qui répondit :

— Mon cousin Michel est prêtre. C'est lui qui s'est procuré les documents nécessaires à notre mariage par procuration, avant la libération de Damien. Parmi ces papiers, il y avait également celui qui établissait le pardon de l'Église... mais je crains qu'il ne soit pas aussi valide que le vôtre, messire Richard.

— Ah. Je vois. Dans ce cas, Damien, vous devrez redoubler de prudence durant votre voyage. Après quoi, il vous faudra envisager de rejoindre le royaume d'Écosse. Depuis que le roi Robert Bruce a été excommunié par le pape pour avoir assassiné Comyn le Rouge[1] dans un lieu saint à Dumfries, il éprouve de la sympathie pour ceux qui se trouvent dans la même situation que lui. Et tant qu'il continuera d'ouvrir ses frontières aux Templiers, l'Écosse demeurera le refuge le plus sûr pour ceux qui n'ont pas bénéficié de l'absolution de l'Église.

— J'ai bien l'intention d'aller là-bas au bout du compte, Richard. Mais je n'en ai pas encore terminé ici.

— Je comprends. À la vérité, une poignée d'entre nous est restée par choix sur le sol anglais. Ils œuvrent à faire libérer ceux de nos frères qui sont interrogés par l'Inquisition de ce côté-ci de la Manche. Jusqu'à présent, je suis le seul à pouvoir aller et venir à ma guise.

Damien avait froncé les sourcils.

— Vous dites que l'Inquisition *française* vient jusqu'ici, en Angleterre, pour soumettre les Templiers à la question ?

— Oui. À l'insu du roi Edouard, bien sûr. Nous avons entendu parler de plusieurs lieux où l'on a fait venir dans le plus grand secret des inquisiteurs français. Leurs méthodes sont plus efficaces pour délier les langues et atteindre le but recherché, c'est-à-dire détruire ce qui reste de notre confrérie. Je n'ai pas besoin de vous expliquer pourquoi, conclut Richard, la mine sombre.

Damien hocha la tête avec brusquerie. Se décidant enfin à intervenir, Alissande demanda d'une voix douce :

---

1. John III Comyn, prétendant au trône d'Écosse et rival de Robert Bruce. *(N.d.T.)*

— Vous accompagnerai-je lorsque vous irez retrouver votre frère, Damien ?

Il se tourna pour la dévisager, et fut une fois de plus frappé par son incroyable beauté qui semblait littéralement rayonner de l'intérieur. De toute évidence, elle s'inquiétait pour lui. Pourtant, c'est elle qui serait en danger si jamais elle venait avec lui. Il y avait non seulement les risques inhérents à tout voyage – les bandits de grand chemin, les accidents, si nombreux sur les routes –, mais surtout il allait se mettre en quête de deux hommes, deux fugitifs considérés comme des hérétiques et menacés de torture.

— Non, madame, répondit-il. Je n'emmènerai que mon écuyer, ainsi qu'un autre homme, s'ils sont d'accord, afin d'avancer le plus vite possible. De votre côté, escortée du reste de la troupe, vous rentrerez à Glenheim où je vous retrouverai dès que j'en aurai terminé.

Elle afficha un air désemparé, puis parut surmonter sa déception. Son ravissant visage prit alors une expression résignée. Comme elle hochait la tête en baissant les yeux, Damien éprouva un coup au cœur. Mais le moment était mal choisi pour lui dire ce qu'il ressentait. Il devrait attendre que cette crise soit passée et qu'il l'ait rejointe à Glenheim.

— Comme vous voudrez, dit-elle enfin. J'espère de tout cœur que votre frère ira mieux lorsque vous le retrouverez et que vous me reviendrez sous peu.

— Merci madame, pour cela et bien plus encore.

Il avait pris la main de la jeune femme et la porta à ses lèvres pour y déposer un baiser, avant d'ajouter à mi-voix, le regard plongé dans le sien :

— Nous nous reverrons d'ici une semaine, je vous en fais la promesse.

Accompagné de Thomas et de Bernard, Damien quitta sans attendre le château d'Odiham. Les trois hommes chevauchèrent à un train soutenu des heures durant avant que Damien n'ordonne finalement une pause afin d'abreuver les montures à l'eau d'un petit ruisseau qui longeait la route.

Cela faisait un bien fou de se dégourdir les jambes, mais, hélas, ils ne pouvaient s'attarder. Dès que Thomas, qui s'était éloigné dans les bois afin de soulager une envie pressante, serait de retour, il faudrait reprendre la route et galoper à bride abattue. S'ils parvenaient à ne s'arrêter qu'une fois au cours de la nuit, Damien espérait bien avoir rejoint Alexandre et Jean le lendemain, juste avant la tombée du jour.

— Messire Damien, des cavaliers approchent.

Damien, qui était en train d'ajuster la sous-ventrière de son cheval, suivit la direction du regard de Bernard.

Sur le chemin, là où ils s'étaient trouvés un peu plus tôt, chevauchait un groupe d'hommes. À en juger par l'important nuage de poussière que les sabots de leurs chevaux soulevaient dans leur sillage, ils étaient nombreux – au moins une douzaine. Des malfrats ne se seraient pas déplacés ainsi, au vu et su de tout le monde, raisonna Damien. Il s'agissait plus vraisemblablement d'un noble seigneur qui venait de quitter Odiham en compagnie d'une partie de son entourage et rentrait chez lui maintenant que le tournoi était terminé.

— Devons-nous remonter en selle pour leur faire face ? s'enquit Bernard qui avait apparemment dénombré la troupe lui aussi et ne semblait pas très à l'aise.

Damien acquiesça d'un signe de tête et, dans la foulée, grimpa sur sa monture. Bien sûr, si ces cavaliers leur cherchaient querelle, l'inégalité des chances demeurerait, qu'ils soient à cheval ou à pied. À cette pensée, il ne put s'empêcher d'être reconnaissant à Bernard et à Thomas qui, sans hésitation aucune, avaient accepté de le suivre dans son périple improvisé. Aucun d'entre eux n'ignorait que le voyage pouvait se révéler dangereux à bien des égards, et cependant, ils s'étaient tous deux affirmés prêts à affronter les embûches à venir. Malheureusement, la première semblait déjà se présenter...

Damien plissa les yeux pour tenter de mieux distinguer la première rangée de cavaliers qui se rapprochait. Et comprit que le problème était bien réel lorsqu'il reconnut sur leurs tuniques les couleurs du comte de Harwick... qui se trouvait en personne au sein de la troupe.

Mentalement, Damien se félicita d'avoir renvoyé Alissande à Glenheim escortée par un nombre conséquent d'hommes d'armes. Hugues s'apprêtait à être déçu, mais cela ne signifiait pas qu'il s'en tiendrait là.

Cela dit, mis à part peut-être un peu d'action, qu'avait-il à gagner à provoquer une échauffourée ? Mais même Hugues n'était pas stupide au point de tenter de tuer de sa main l'homme que le roi Edouard avait désigné comme son adversaire attitré lors de la joute qui se déroulerait au château de Guildford, d'ici deux semaines. En agissant ainsi, il s'attirerait à coup sûr les foudres de son souverain. Et prendrait le risque de perdre ses titres, ses terres et son honneur.

Non, c'était décidément bien improbable.

À moins que cette rencontre – qui n'avait rien de fortuit, Damien en était certain – n'ait une tout autre raison ?

— Tiens-toi prêt, lança-t-il à Bernard tout en dégainant son épée.

Il jeta un regard en direction des arbres derrière lesquels Thomas avait disparu un moment plus tôt. Puis, se penchant, il asséna une claque sur la croupe du cheval de son écuyer pour l'envoyer à couvert, dans les profondeurs de la forêt.

Où diable était passé le jeune garçon ?

Bien que tout son être se rebellât à cette idée, Damien savait qu'en prenant la fuite sur-le-champ, Bernard et lui pourraient sans doute échapper à Hugues et à ses hommes. Mais il ne voulait prendre le risque de laisser Thomas leur faire face seul.

Il espérait cependant ne pas en être réduit à une telle extrémité. Heureusement, il avait déjà prévenu ses deux compagnons de voyage que, s'ils étaient d'aventure séparés, en raison d'un accident ou d'une attaque, ceux-ci devraient aller directement chez Richard de Cantor, à Hawksley Manor. Ce dernier ne verrait aucun inconvénient à ramener Alissande chez lui, et trouverait sans nul doute le moyen de la protéger si lui, Damien, était arrêté de nouveau… ou pire.

De nouveau, il porta le regard à la troupe qui approchait. Les cavaliers avaient pris de la vitesse et arrivaient maintenant au galop. Plusieurs avaient dégainé leur épée.

— Reste sur mon flanc, intima-t-il à Bernard sans quitter des yeux la silhouette de Hugues. Ce n'est pas à toi qu'ils s'intéressent, et, avec un peu de chance, Thomas sera assez malin pour rester tapi dans les buissons jusqu'à ce que le danger soit passé.

À sa grande surprise, les cavaliers changèrent brusquement de direction au dernier moment, évitant ainsi un assaut frontal. Ils se déployèrent autour de Bernard et de lui si bien qu'ils se retrouvèrent cernés de toutes parts. L'épée au clair, Damien fit pivoter sa monture sur elle-même. Harwick avait-il l'intention de l'affronter de nouveau en face-à-face, dans un combat où seules la sournoiserie et la ruse seraient de règle ?

Il n'eut pas à attendre longtemps pour le savoir.

— Ashby, quelle coïncidence ! railla Hugues avec un sourire méprisant.

Il fit avancer sa monture de quelques pas, en prenant soin toutefois de demeurer hors d'atteinte de l'épée de Damien.

— Mais assez de bavardages, enchaîna-t-il avec une soudaine hargne. Si tu tiens à la vie de ton compagnon, tu vas lui ordonner de rengainer son arme, et tu en feras autant. Tout de suite.

Jetant un coup d'œil à Bernard, Hugues ajouta :

— Je dois t'avertir qu'un de mes meilleurs archers tient son arc bandé et dirige sa flèche en cet instant même sur le cœur de cet homme. Je vais compter jusqu'à dix.

Levant la main, il porta les yeux sur un point au loin, et commença à compter :

— Un, deux…

Damien suivit son regard. Ce salaud ne bluffait pas. Le soleil faisait étinceler la pointe de la flèche que l'archer avait encochée et se tenait prêt à lâcher sur l'ordre de son maître. À son côté, Bernard avait pâli. Il se tenait raide sur sa selle, comme s'il s'attendait à tout moment à recevoir le projectile en pleine poitrine.

Adressant un regard assassin à Hugues, Damien ravala un grondement et remit son épée dans son fourreau. Un raclement métallique tout proche lui indiqua que Bernard venait de l'imiter.

Avec un sourire mauvais, Hugues reprit :

— À présent, lance ton fourreau et ton ceinturon à terre. Cinq, six…

Damien n'eut d'autre choix que de déboucler fébrilement son ceinturon, ce qui n'empêcha pas Hugues de continuer son sinistre décompte avant de daigner enfin y mettre fin.

L'ordure !

Tout le monde parut respirer plus librement.

— Je suis certes grandement impressionné par ce déploiement de force et de bravoure, *messire*, commenta Damien d'un ton sarcastique qui faisait écho à celui employé par Hugues un instant plus tôt. Ne pouvez-vous toutefois simplement me dire ce que vous voulez sans avoir à me faire d'abord encercler par une douzaine d'hommes en armes ?

Hugues pâlit sous l'insulte. Il rapprocha sa monture de celle de Damien, mais l'hostilité et la tension qui émanaient de lui devaient être telles que la bête renâcla.

— Tu feras moins le fier quand j'en aurai fini avec toi, Ashby ! gronda-t-il. Alors, tu me supplieras de t'accorder ma pitié, et tes gémissements de pleutre sonneront à mes oreilles comme une douce musique… enfin, si je ne suis pas trop occupé à baiser Alissande pour t'entendre, acheva-t-il, une expression malfaisante lui tordant les traits.

Il n'en fallut pas plus.

Damien sauta à terre et, se précipitant sur Hugues, l'empoigna et le jeta à bas de sa monture avant même qu'il ait le temps de brandir son épée. Le comte de Harwick se retrouva affalé sur le sol, à deux pas des sabots de son cheval qui, effrayé, se mit à piaffer.

Les hommes d'armes réagirent aussitôt, mais Damien eut le temps de bourrer le visage arrogant de son rival de trois bons coups de poing avant que les gardes les plus proches ne le ceinturent.

Hugues se releva en titubant. D'un revers de main, il essuya le sang qui coulait de sa bouche et de son nez, puis, le regard brûlant de haine, se jeta en grognant sur Damien, que deux gardes maintenaient encore, et lui envoya son poing dans l'abdomen.

La douleur se répercuta dans la côte cassée de Damien et irradia dans tout son corps. Plié en deux, le souffle coupé, il se serait sûrement effondré sur le sol si les gardes ne l'avaient solidement maintenu par les bras.

Toussant à fendre l'âme, il fit appel à toute sa volonté pour se redresser. Du diable s'il courbait l'échine devant un Hugues de Valles !

— Tu n'as plus autant envie de plaisanter maintenant, pas vrai Ashby ? ricana Hugues avant d'ordonner à l'un de ses hommes de lui apporter un linge pour s'essuyer le visage.

Damien ne daigna même pas lui répondre. Il employa le court répit qui lui était accordé à récupérer son souffle et en profita également pour scruter les alentours. Comme son regard glissait le long de la route, il remarqua un mouvement furtif du côté des arbres. Puis un visage blême sortit un instant de derrière un tronc.

Thomas.

Le jeune écuyer semblait sur le point de jaillir à découvert, dans l'espoir, sans doute, de tenter de les libérer, Bernard et lui. Cela ne surprit nullement Damien qui connaissait le cœur vaillant de son écuyer et son goût pour les actions d'éclat. Il était cependant trop jeune pour faire la différence entre courage et vaine témérité. S'il sortait maintenant d'entre les bois, il tomberait raide mort avant d'avoir fait cinq pas.

Le cœur battant, Damien s'efforça d'attirer discrètement l'attention de Thomas tout en feignant d'être victime d'une nouvelle quinte de toux. Dès que le regard de son écuyer se fixa sur lui, il secoua la tête, sourcils froncés.

Il ne restait plus qu'à prier pour que Thomas ait compris le message car, l'instant d'après, Hugues se plantait devant Damien, cachant le jeune garçon à sa vue.

— Et maintenant, venons-en au fait, grinça le comte. Tu t'es approprié quelque chose qui m'appartenait. J'adorerais te passer au fil de mon épée, mais, après réflexion, il m'est apparu qu'il existait d'autres méthodes bien plus divertissantes pour me débarrasser de toi.

D'un ton calme, Damien répliqua :

— C'est là un air connu, il me semble, Harwick, et que je suis fatigué d'entendre. Mais si cela te fait plaisir de le chanter, je t'en prie, continue.

— Inutile de jouer les innocents, Ashby, siffla Hugues. Ton petit secret est éventé. Le mariage par procuration avec ma chère cousine ? L'acte d'absolution que l'Inquisition t'aurait dispensé ? Du vent, de la poudre aux yeux ! Ils ne sont pas plus solides que le parchemin sur lequel ils ont été écrits.

Damien conserva le silence en dépit de la peur qui commençait à sourdre en lui à l'idée que Harwick ait *vraiment* découvert la vérité. Ce n'était certes pas pour lui qu'il avait peur mais pour Alissande.

Il avait dû échouer à dissimuler l'anxiété qui s'était emparée de lui, car Hugues reprit en jubilant :

— Ah, enfin j'obtiens l'ombre d'une réaction chez l'impavide Damien de Ashby ! Tu ne me demandes pas comment il se fait que je sois au courant de ta pauvre et stupide duperie ? N'es-tu pas curieux de savoir de qui je tiens ces précieuses informations et ce que je compte en faire ?

Damien planta le regard dans celui de son rival et eut la satisfaction de le voir esquisser un mouvement de recul.

— Je n'ai nul besoin de demander quoi que ce soit, Harwick. Les hommes de ton espèce ne peuvent s'empêcher de parler, qu'on les interroge ou pas. Alors pourquoi ne pas continuer ?

— Au vrai, peu importe. Tu es de toute façon un homme mort. Vois-tu, mon cher frère Michel s'est montré très bavard au sujet de ton mariage et de l'acte d'absolution qui l'accompagnait. Il a avoué toute la vérité, après y avoir été encouragé grâce à des mesures... incitatives, bien sûr.

Damien ravala un juron. De découvrir jusqu'à quelles extrémités Hugues était prêt à aller le révulsait. De nouveau, il fut saisi de terreur à l'idée qu'Alissande puisse tomber entre ses mains.

— J'ignorais, je l'avoue, que le doux Michel possédait une telle force d'âme, reprit le comte en feignant d'être impressionné. Je me suis laissé dire qu'il lui restait à peine un souffle de vie quand mes hommes en ont eu terminé avec lui. Mais tout homme a ses limites, pas vrai Ashby ? Toi-même, tu n'avais pas atteint les tiennes, semble-t-il, quand Alissande t'a extirpé de ton cachot français. Dieu merci, nous aurons tout le temps de remédier à cela... Et peut-être apprendrons-nous aussi ce qu'il en est de la résistance d'Alissande, la pauvre chérie. Mais cela dépendra bien sûr du choix que tu feras très proch...

— Laisse-la en dehors de cela ! gronda Damien qui, prenant au dépourvu les deux hommes qui le ceinturaient, se jeta sur Hugues.

Il n'eut, hélas, pas le loisir de le saisir à la gorge, comme il en mourait d'envie, car déjà les gardes l'empoignaient et l'immobilisaient devant Hugues qui le considéra d'un air goguenard, les bras croisés sur la poitrine.

S'approchant de quelques pas, le comte fit claquer sa langue d'un air désapprobateur.

— Un peu de maîtrise, Ashby ! Qu'est-il arrivé à ce légendaire contrôle de soi qu'on m'avait tant vanté ? Me voilà très déçu.

Son sourire narquois disparut soudain tandis que son regard se faisait de glace.

— Quant à laisser Alissande en dehors de cela, j'en serais bien en peine, pauvre imbécile ! Elle est au *cœur* de cette histoire. J'ai fait plus, pour la posséder, que ta cervelle de paysan attardé ne l'imaginera jamais, et je suis capable de bien pire encore. Songes-y très sérieusement lorsque viendra le moment de choisir entre les deux offres que je m'apprête à te faire.

— Vide ton sac, qu'on en finisse ! cracha Damien.

Hugues s'autorisa un sourire froid.

— Je te propose de signer un document par lequel tu déclares avoir contracté un faux mariage avec ma cousine. Après quoi, tu te laisseras enfermer de ton plein gré dans le donjon de mon château de Grantley Hall, à quelques kilomètres d'ici, où t'attendent quelques amis français. Ils seront, je n'en doute pas, ravis de remettre la main sur un templier évadé et de reprendre leur interrogatoire là où ils l'avaient interrompu il y a quelques mois…

Hugues marqua une pause, obligeant Damien à demander d'un ton sec :

— Quelle est l'alternative ?

— Tu peux choisir de ne pas signer ce parchemin. La différence, c'est que tu seras non seulement jeté en prison et livré aux bourreaux, mais qu'Alissande sera elle aussi arrêtée et accusée d'avoir aidé un hérétique. Pour ce crime, elle sera également soumise à la question, ainsi que toute sa maisonnée d'ailleurs. Et quand on sait ce qui attend les nobles dames en de telles circonstances… Mais j'aime autant ne pas entrer dans les détails, soupira Hugues en affichant un air faussement désolé.

— Espèce d'ordure ! siffla Damien.

Que Harwick puisse ne serait-ce *qu'envisager* de livrer Alissande aux inquisiteurs lui était intolérable. Il n'y avait pas de mots pour exprimer ce qu'il ressentait en cet instant.

— Rappelle-toi juste que le choix t'appartient, Ashby. Signe ce document et je veillerai à ce qu'il n'arrive rien à Alissande.

— Rien d'autre que de se retrouver à ta merci, tu veux dire !

Cette pensée suffisait à faire frémir Damien d'horreur. Cependant, imaginer sa douce Alissande jetée dans un cachot humide, puis torturée, humiliée, souillée, lui semblait encore pire.

Les lèvres de Hugues s'étirèrent en un sourire lubrique tandis qu'il haussait les épaules.

— Le repos du guerrier, rien de plus.

Son sourire s'effaça promptement, remplacé par un regard menaçant.

— Fais ton choix, Ashby ! ordonna-t-il, et son expression disait plus clairement que des mots qu'il ne souffrirait pas d'attendre.

20

Glenheim Castle, cinq jours plus tard.

Alissande arpentait ses appartements d'un pas nerveux, en proie à une inquiétude sans nom. En effet, non seulement elle n'avait toujours aucune nouvelle de Damien, mais elle ignorait ce qu'il était advenu de son cousin Michel.

À son arrivée au château, on lui avait appris que ce dernier avait disparu. Dame Blanche avait été la dernière à le voir, juste avant son départ pour le prieuré de Chertsey où il devait livrer le stock de parchemins qu'Alissande avait promis aux scribes.

Michel n'étant pas rentré à Glenheim le jour prévu, un messager avait été dépêché chez les moines du prieuré. Il en avait ramené la nouvelle suivante : Michel n'était jamais parvenu à son lieu de destination.

Craignant qu'il ne soit tombé malade en route, Ben s'était lancé à sa recherche. Il avait visité diverses congrégations religieuses des environs, parlé à des moines et à des prêtres dans l'espoir que l'un d'eux puisse le renseigner. Mais jusqu'à présent, cette disparition demeurait un mystère.

— Alissande, essaie de manger un peu, la pressa doucement dame Blanche, assise à la table qu'elles avaient placée devant la cheminée afin de profiter de la chaleur du feu.

— Je suis incapable d'avaler quoi que ce soit, mère. Mais je vous en prie, ne m'attendez pas. Je ferais une tentative ce soir, au dîner, je vous le promets.

Sa mère l'enveloppa d'un regard soucieux, puis soupira :

— Je n'ai pas très faim non plus, je te l'avoue, ma chérie. Cette attente sans la moindre nouvelle, c'est insupportable, n'est-ce pas ?

Alissande hocha la tête. Depuis son retour à Glenheim, sa mère et elle avaient pris l'habitude de prendre leurs repas dans ses appartements. Elles préféraient en effet la tranquillité qui y régnait aux rassemblements bruyants de la salle commune. Cela dit, la jeune femme savait qu'elle ne retrouverait pas l'appétit tant que Damien et Michel n'auraient pas reparu sains et saufs.

Un remue-ménage monta soudain de la cour. Aussitôt en alerte, Alissande s'approcha du vitrail afin de voir ce qu'il en était. Il y avait de toute évidence un problème, constata-t-elle tandis que son cœur se mettait à battre la chamade. Les hommes d'armes jaillissaient par petits groupes du corps de garde. Ils couraient et s'apostrophaient tout en prenant position sur les remparts et devant la herse.

« Était-ce Damien la cause de cette agitation ? s'interrogea-t-elle. Était-il de retour ? À moins que ce ne soit Michel ? »

Assaillie de pensées confuses, Alissande appela sa mère qui la rejoignit près de la fenêtre. Puis, d'un commun accord, toutes deux décidèrent de regagner la salle commune. Elles venaient d'y pénétrer quand Reginald fit irruption par une porte latérale, le visage sombre. Il tenait en main un parchemin scellé.

Parvenu devant Alissande, il s'immobilisa et inclina la tête avant de le lui tendre.

— Madame, ce message vient de nous parvenir. Je dois vous le remettre en mains propres. Lord Harwick attend de l'autre côté des remparts. Il est accompagné d'une troupe d'une centaine d'hommes.

Alissande retint le cri qui lui montait dans la gorge. D'une main tremblante, elle s'empara du parchemin et brisa le sceau de cire où figuraient les armoiries de la maison de Valles. La tête lui tournait, son cœur battait à tout rompre. Elle parcourut la lettre rapidement, puis agrippa la main de sa mère comme pour résister au flot de terreur qui menaçait de la submerger.

— Hugues exige de pénétrer dans l'enceinte du château afin de s'entretenir en privé avec moi, articula-t-elle d'une voix blanche.

Dame Blanche porta la main à sa gorge, tandis que Reginald, le visage fermé, déclarait tout de go :

— Qu'il essaie d'entrer s'il le peut ! Madame, messire Damien est peut-être absent, mais mes hommes sont bien entraînés. Nous saurons repousser une attaque ; messire Harwick et sa troupe s'enfuiront telle une bande de rats, croyez-moi !

Muette d'horreur, Alissande se contenta de secouer la tête. S'efforçant de se ressaisir, elle murmura enfin :

— Non, Reginald, nous ne pouvons pas le combattre.

— Et pourquoi cela ? intervint dame Blanche, sidérée. Hugues doit avoir perdu l'esprit pour essayer de t'intimider de la sorte. La validité de ton mariage a été reconnue par le roi lui-même. Il vaudrait au contraire beaucoup mieux résister à ce coup de force en attendant que messire Damien vienne à la rescousse.

— Je crains que nous ne puissions nous le permettre, mère. Et à la lecture de ce parchemin, je ne sais si Damien pourra jamais nous venir en aide…

La voix d'Alissande s'était brisée. Ravalant un sanglot, elle pressa les doigts contre ses lèvres, et ajouta dans un souffle :

— Hugues déclare ouvertement qu'il retient Michel prisonnier et que ce dernier est à l'article de la mort. Il m'a aussi promis que son frère ne verrait pas l'aurore si nous ne lui ouvrons pas sur l'heure les grilles de Glenheim.

Comme si elle se trouvait à des lieues de là, Alissande regardait la bouche de Hugues remuer, elle voyait son sourire détestable et s'entendait lui donner des réponses dépourvues d'émotion.

Finalement, il se détourna et quitta la pièce. La porte se referma derrière lui et elle se retrouva seule.

Lentement, elle se laissa glisser sur le sol.

La détermination farouche qui lui avait permis de se tenir debout face à son ignoble cousin semblait s'échapper par tous ses pores, ne laissant en elle qu'un vide glacial. Et un immense chagrin qui se mit à déferler sur elle avec une telle violence qu'elle finit par se recroqueviller sur elle-même, les bras repliés sur le ventre, terrassée par la douleur.

Il lui semblait que son être entier était à vif. Elle avait tellement mal qu'elle n'arrivait pas à pleurer.

Damien était mort. L'homme qu'elle aimait n'était plus.

Il ne pouvait en être autrement, même si Hugues lui avait affirmé le contraire et qu'elle avait fait semblant de le croire. Oui, elle avait feint de croire à ses mensonges dans l'espoir de sauver Michel. Le pauvre Michel qui avait été supplicié par les hommes de Hugues, jusqu'à ce que, à bout de résistance, il avoue que son mariage avec Damien n'avait été sanctifié par aucune déclaration publique. Et n'était donc pas valide. Pire, sous la torture, Michel avait aussi révélé que l'acte d'absolution censé protéger Damien de l'Inquisition française était un faux, rédigé de sa main.

Mais, en dépit de ce qu'il avait enduré, Michel était en vie. Aussi, afin de gagner du temps, Alissande avait-elle prétendu accepter la version des faits de Hugues. Elle avait acquiescé quand il l'avait sommée de devenir sa femme, comme si elle n'avait plus la force de lui résister. Et, à sa grande surprise, il s'était contenté de cet accord verbal, de ce « oui » murmuré du bout des lèvres. La mine satisfaite, il l'avait quittée pour s'occuper dès à présent de l'organisation de la cérémonie qui aurait lieu le surlendemain.

C'était une bien pauvre victoire qu'elle avait remportée là, Alissande le savait.

Les mensonges de Hugues résonnaient encore à ses oreilles, chaque mot lui écorchant le cœur. À l'en croire, Damien s'était vu offrir le choix entre signer un document dans lequel il reconnaissait que leur mariage ne l'était que de nom ou retourner dans les geôles de l'Inquisition. Sans hésiter, il avait choisi la première solution et, sa confession signée, s'était enfui en Écosse.

Hugues avait eu le front d'assurer qu'il n'avait agi ainsi que pour la protéger d'un scandale qui, rendu public, pourrait la mettre en danger. En entendant ces mots, Alissande avait eu la nausée, et elle aurait certainement rendu son déjeuner à ses pieds si son estomac n'avait été vide. Oui, elle aurait pu vomir la haine que Hugues lui inspirait !

Chaque syllabe de chaque parole qu'il avait prononcée était un mensonge éhonté, elle en avait eu la certitude. Même lorsqu'il lui avait montré le parchemin signé de la main de Damien, elle ne l'avait pas cru. En vérité, la vision de ce paraphe maladroit n'avait fait que confirmer ses pires craintes. Car elle savait mieux que personne que jamais Damien n'aurait trahi un serment, même au péril de sa vie.

Or il avait juré de la protéger contre Hugues.

S'il n'était plus en mesure de tenir sa promesse, ce n'était pas, comme l'affirmait Hugues, parce qu'il s'était enfui en Écosse, mais bel et bien parce qu'il était mort.

Il ne restait donc plus à Alissande que sa peine et sa détermination à empêcher Hugues de nuire davantage, par tous les moyens possibles. C'est pour cette raison qu'elle avait trouvé la force de le regarder droit dans les yeux et de déclarer qu'elle acceptait de l'épouser comme le lui dictaient la raison et la prudence.

Oui, elle avait promis de se tenir à ses côtés dans la chapelle et d'unir son destin au sien.

Et c'est ce qu'elle ferait.

Mais ensuite, après le banquet, quand ils se retireraient dans la chambre nuptiale pour consommer leur union, elle sortirait la dague qu'elle aurait au préalable cachée dans sa manche pour la plonger dans ce cœur à l'insondable noirceur !

Si elle parvenait à ses fins, elle serait arrêtée, jugée et sans aucun doute pendue pour son forfait, car une femme – même de haute noblesse – ne pouvait commettre un tel crime à l'encontre d'un homme titré et prétendre à la moindre clémence. Elle ne pouvait non plus exclure l'éventualité d'un échec. Si elle manquait sa cible, ou si Hugues la désarmait – ce qui n'aurait rien d'étonnant fut sa force –, il n'était pas impossible que ce soit dans son cœur à elle que la dague s'enfonce...

Mais cela n'avait aucune importance. Quelle que soit l'issue de cette nuit, elle trouverait la mort, et serait enfin soulagée du fardeau de cette existence devenue trop douloureux à porter.

Sa détermination. C'était tout ce qui lui restait, et Alissande décida de s'y cramponner, de la nourrir de son amertume et de son chagrin jusqu'à ce que le poison de la haine corrompe son corps tout entier et lui donne la force de plonger la lame mortelle dans la poitrine de son cousin.

Mettant ainsi définitivement fin à ses tourments.

Cachots de Grantley Hall, le même jour.

Ç'avait été comme un retour en enfer.

Dès que Damien avait été jeté dans ce repaire diabolique, tout lui était revenu d'un coup : les visions d'horreur, les hurlements des suppliciés, leurs sanglots quand ils imploraient leurs bourreaux, leurs râles quand ils agonisaient... Et les odeurs... Seigneur, les odeurs ! Celles de la pourriture, des déjections, de la chair calcinée... Elles l'avaient pris à la gorge, le faisant suffoquer.

La pensée de ce qui l'attendait avait presque suffi à le rendre fou. Ses bourreaux n'avaient toutefois pas vraiment entamé leur travail. Ils étaient persuadés de réussir à le délivrer de Satan grâce à leur horrible rituel de purification par la douleur, leur objectif n'était donc pas de le tuer au plus vite.

Ils voulaient faire durer le plaisir...

Mais Damien était bien décidé à ne pas les laisser faire.

Le dos collé au mur humide de sa cellule fétide, il concentra son attention sur le mince rai de lumière visible sous la porte, quand bien même il entendait les bruits extérieurs, frottements, cliquetis, raclements qui indiquaient que le premier groupe de Templiers était de retour dans les cachots voisins.

Épuisés, hébétés par la souffrance, ils allaient être remplacés par de la chair neuve, pour le plus grand plaisir de leurs tortionnaires.

D'ici quelques minutes, la porte de la cellule de Damien s'ouvrirait. Deux gardes feraient leur entrée. Ils l'arracheraient à l'obscurité de sa geôle pour l'emmener jusqu'à l'une des diverses salles d'interrogatoire.

La séance commencerait peu après, dès qu'ils l'auraient ligoté à la table, ou sur une chaise, ou peut-être au chevalet, comme ils avaient menacé de la faire s'il s'obstinait à ne pas vouloir coopérer.

À cette pensée, son estomac se tordit. Dans un suprême effort de volonté, il ralentit la course folle de ses pensées et refoula la panique qui menaçait de le submerger. Il lui fallait garder son sang-froid s'il voulait retourner la situation à son avantage.

Car tout n'était pas perdu.

Il s'en était rendu compte avec stupeur, alors même que pesait sur lui la menace de revivre l'insupportable. Alors que son destin semblait scellé, un espoir timide se refusait à mourir en lui. Dans sa misère, il entrevoyait une lumière au-dessus du gouffre qui paraissait vouloir l'engloutir.

Son amour pour Alissande.

Seigneur, comme il l'aimait ! Et le plus miraculeux, c'était qu'elle l'aimait aussi ! Elle le lui avait dit. Elle avait prononcé ces paroles incroyables dans la clairière où ils venaient de faire l'amour.

Il ne lui avait pas répondu. Submergé par la peur de l'avenir, il n'avait pas su trouver les mots.

Mais l'avenir était arrivé. Il en vivait toute l'horreur en ce moment même, et cela n'avait rien changé aux sentiments qu'il éprouvait pour elle.

Il devait à tout prix s'échapper d'ici et courir la retrouver pour lui avouer la vérité. Sans compter qu'il avait aussi promis de la protéger de Hugues de Valles.

C'est ainsi que, en dépit des tourments et de la peur qui l'avaient accompagné quotidiennement ces derniers jours, il était parvenu à échafauder un plan d'évasion. Il y avait été aidé par une force inconnue qui avait peu à peu germé en lui. Oui, à l'instant où il avait admis son amour pour Alissande, sa rancœur et son amertume s'étaient envolées. Son cœur gonflé d'espoir avait comblé ce grand vide si douloureux en lui. Contre toute attente, la vie lui avait offert une autre chance d'aimer Alissande et de se faire aimer d'elle. Et tout à coup, il lui était apparu avec une limpidité cristalline que Dieu ne pouvait l'abandonner dans ces moments terribles, alors que l'existence lui avait accordé un tel trésor.

Il n'était pas seul dans ce cachot humide. Non, pas plus qu'il ne l'avait été en France. C'était lui qui avait tourné le dos à son Créateur, lui qui avait refusé de Le voir. Mais, à présent qu'il avait recouvré la vue, aucun obstacle ne l'empêcherait de rejoindre Alissande.

Aujourd'hui, il allait mettre en œuvre le plan qu'il avait élaboré avec soin avec ses amis Templiers durant les quelques heures où on les avait laissés ensemble.

Aujourd'hui, ils allaient enfin recouvrer la liberté.

Toujours adossé au mur, il tapa légèrement contre la pierre et attendit. On l'avait mis à l'isolement en raison de sa force physique, mais il ne lui avait pas fallu longtemps pour trouver comment communiquer avec ses frères d'infortune. Bientôt, un grattement retentit de l'autre côté de la paroi.

Damien savait que celui qui lui avait répondu allait transmettre le signal aux autres prisonniers. Ainsi, ceux qui en avaient encore la force se dresseraient contre leurs geôliers le moment venu.

Le cœur battant, il entendit un bruit de pas dans le couloir : ses bourreaux approchaient de sa cellule. Surmontant son dégoût, il s'étendit sur la paille humide infestée de vermine et se figea pour faire croire qu'il était tombé sans connaissance. Peu importait la raison, il suffisait qu'il apparaisse incapable de parler, de se tenir debout, en un mot, parfaitement inoffensif.

La porte pivota sur ses gonds dans un grincement de charnières rouillées. Derrière ses paupières closes, Damien perçut la lumière qui envahissait le cachot.

À la vue du prisonnier inerte, les deux gardes laissèrent échapper des jurons.

— Ce salaud est tombé dans les pommes alors qu'on l'a même pas encore chatouillé ! grogna le premier.

Il se pencha pour saisir Damien par un bras et se mit à tirer dessus.

— Eh, viens donc me donner un coup de main, Eustache ! beugla-t-il à l'adresse de son compagnon. C'est qu'il est lourd, l'animal !

Ledit Eustache s'approcha et lui attrapa l'autre bras. Se contraignant à demeurer immobile, Damien s'efforça de peser de tout son poids tandis que les gardes le traînaient vers le couloir qui longeait les cellules.

Les salles d'interrogatoire étaient situées à peu de distance, et Damien savait qu'il n'aurait guère de temps pour retourner la situation, prendre Eustache et son acolyte par surprise, les neutraliser, puis ouvrir les portes des autres cachots.

Il allait tenter le tout pour le tout. Pour le reste…

Eustache ahanait comme un bœuf. Il grommela qu'il avait besoin de faire une pause, et s'immobilisa.

C'est l'instant que choisit Damien pour passer à l'attaque.

Dans une brusque décharge d'énergie, il bondit sur ses pieds en écartant les bras. Pris au dépourvu, Eustache tomba à la renverse et se cogna la tête contre le mur. Un cri sourd lui échappa et il retomba pesamment, étourdi par le choc.

Mais déjà l'autre garde ouvrait la bouche pour appeler à l'aide. Vif comme l'éclair, Damien referma la main sur sa gorge et serra de toutes ses forces. Dans les yeux exorbités de l'homme se lisait une terreur sans nom. Damien n'avait pas l'intention de le tuer, même s'il le méritait. Non, cela lui aurait pris trop de temps. De son poing gauche, il lui envoya un coup bien placé à la tempe. L'autre s'effondra à terre, inerte.

Un coup de poing d'une force similaire mit Eustache dans le même état. Après quoi, respirant bruyamment, Damien se rua sur la barre métallique qui fermait la porte de la cellule la plus proche. Il la souleva et, sans attendre, se précipita devant la porte voisine, et ainsi de suite, jusqu'à avoir ouvert les quatre cachots contigus.

À son grand soulagement, Bernard émergea de l'un d'eux. Damien lui pressa les bras en signe de solidarité, avant de s'occuper des cachots qui se trouvaient de l'autre côté du couloir. Les malheureux qui venaient de rentrer après une séance de torture n'auraient pas la force d'aller bien loin, mais il ne se voyait pas leur refuser cette chance de se rebeller.

Un beau tumulte s'ensuivit quand trois hommes d'armes et deux inquisiteurs firent irruption dans le couloir. Damien et Bernard leur firent face avec les seules armes qu'ils avaient à leur disposition : leurs poings.

Le combat s'engagea, sauvage. Très vite, deux prisonniers, trop faibles pour se défendre, s'effondrèrent, sans vie. Mais l'un des gardes et un inquisiteur restèrent également à terre. Les autres, submergés par le nombre, furent finalement enfermés dans les cachots puants destinés à leurs victimes.

— Nous sommes libres, mes frères ! cria un homme barbu et hirsute qui était sorti de la cellule voisine de celle de Damien.

Levant son visage buriné vers le plafond, il s'appuya lourdement contre le mur et répéta d'une voix rauque :

— Dieu soit loué, nous sommes libres !

Son sentiment de gratitude trouva un écho immédiat chez ses camarades qui avaient survécu. Certains pleuraient, d'autres faisaient entendre des rires incrédules entrecoupés de quintes de toux. Ils étaient en tout six, en plus de Bernard et de Damien. Aucun d'eux n'avait appartenu à l'ordre du Temple. Ce n'étaient que de pauvres bougres arrêtés sous Dieu sait quel prétexte, des fermiers, des moines peut-être. Les quatre plus âgés semblaient avoir survécu à l'apocalypse tant leur séjour à Grantley Hall les avait éprouvés : décharnés, sales, puants, ils étaient aussi couverts de plaies et d'ecchymoses.

Damien leur fit signe de se regrouper, puis, d'une voix ferme déclara :

— Ce n'est pas fini, mes frères. Nous devons maintenant trouver la sortie de ce lieu maudit sans nous faire repérer par les hommes d'armes ou les domestiques de Harwick.

Ses compagnons échangèrent des regards anxieux. Le barbu pointa un doigt osseux vers l'extrémité du couloir et expliqua :

— Juste après les salles d'interrogatoire, il y a une resserre. Je les ai entendus parler, un jour où on me torturait dans la pièce d'à côté. Ils entraient et sortaient par là.

— Très bien, suivez-moi, leur intima Damien. Cette resserre est peut-être la porte qui, ce soir, s'ouvrira sur notre salut.

Obéissante, l'étrange cohorte d'éclopés se mit en marche à la suite de Damien. Ils découvrirent en effet un couloir qui débouchait dans une remise où l'on entreposait des sacs de farine et de légumineuses. L'unique porte donnait vraisemblablement dans les cuisines. Sur le mur opposé, un trou assez large avait été grossièrement creusé.

Damien s'en approcha et se pencha. Il faisait noir là-dedans, et l'on ne distinguait pas grand-chose, mais l'odeur qui s'en dégageait ne laissait planer aucun doute sur son utilité : il s'agissait là d'une sorte de court tunnel en pente creusé à travers la muraille et par lequel les marmitons venaient déverser leurs bassines de déchets.

Sans hésiter, Damien s'engagea dans l'ouverture et rampa jusqu'à ce qu'il sente la fraîcheur du vent sur son visage. Le jour n'était pas complètement tombé, ce qui lui permit de distinguer une masse noire, trois ou quatre mètres plus bas : une fosse ouverte, au pied du mur d'enceinte, qui servait de réceptacle aux ordures.

L'arrivée sur la terre ferme promettait d'être désagréable, mais cela n'en restait pas moins une issue vers la liberté.

— Suivez-moi ! lança-t-il à ses compagnons.

Il voulait être le premier à passer, au cas où des sentinelles auraient été postées dehors. De ce côté du manoir, c'était peu probable mais, après tous les risques qu'ils avaient pris, pas question de laisser quoi que ce soit au hasard.

Il sauta.

Et rebondit sur une montagne de détritus malodorants. Par chance, il n'y avait personne dans les parages. Il se releva le plus rapidement possible et, s'efforçant de ne pas respirer par le nez, il s'extirpa de la fosse afin de dégager la place.

Un à un, ses camarades le rejoignirent. Tandis qu'il les aidait à quitter la fosse, Damien observa les environs. Il se rendit vite compte qu'il n'y avait qu'une seule issue : un petit bois situé à une centaine de mètres, au-delà d'une zone herbeuse ponctuée çà et là de quelques buissons.

Si tous empestaient déjà après leur séjour en cellule, à présent, des relents de poissons morts et d'oignons pourris accompagnaient chacun de leurs mouvements.

— Mieux vaut ne pas traîner dans le coin, leur enjoignit-il à voix basse.

Courbés en deux, les fuyards filèrent en direction de la forêt. Lorsqu'ils eurent enfin gagné le couvert des arbres, Damien laissa échapper un soupir de soulagement. Il s'autorisa à savourer la fraîcheur de la brise nocturne sur son visage, sensation qu'il croyait ne plus jamais éprouver.

Ils marchèrent un bon moment à travers bois. Damien était sur le point de se retourner pour chuchoter une instruction à ses camarades lorsqu'il perçut un craquement non loin. La lune s'était levée durant leur progression et, à sa faible lueur, il distingua les silhouettes de plusieurs cavaliers qui avançaient dans leur direction.

Ces derniers se déplaçaient sans précautions particulières et, aussi près de Grantley, il ne pouvait s'agir que d'hommes d'armes appartenant à la garde de Hugues, supposa Damien en ravalant un juron.

Tournant la tête de tous côtés, il chercha quelque chose, n'importe quoi, susceptible de lui servir d'arme et de l'aider à désarçonner l'un des cavaliers.

Il réfléchissait à toute allure. S'il parvenait à attirer l'attention sur lui, au moins l'un des hommes le chargerait certainement. Et s'il réussissait à lui confisquer son épée… Une fois armé, il aurait une chance, certes mince, mais une chance tout de même, de repousser les autres, permettant ainsi à Bernard et à leurs compagnons de s'enfuir.

Il murmura :

— Écartez-vous sans bruit, séparez-vous, et sauvez-vous dès que j'aurai attiré leur attention.

— L'attention de *qui* ? souffla le vieux barbu qui se trouvait juste derrière lui.

— De ces cavaliers…

Damien désigna d'un geste les silhouettes qui se devinaient entre les arbres et ne se trouvaient plus maintenant qu'à une trentaine de pas.

Il sut à quel moment précis ses camarades les repérèrent car, derrière lui, l'air se mit à vibrer d'une sorte de tension presque palpable qui trahissait la peur. Une peur tout à fait légitime, ses malheureux compagnons, maigres et affaiblis, n'ayant quasiment aucune chance de semer des hommes d'armes aguerris et en bonne santé.

Et que dire d'un homme assez stupide pour vouloir les combattre seul ?

Mieux valait ne pas s'attarder sur cette pensée, décida Damien.

Il ramassa une grosse branche qui gisait à terre, l'empoigna fermement, puis attendit, tapi dans les fourrés, le temps que ses compagnons se dispersent.

Enfin il se dressa de toute sa hauteur, bien campé sur ses jambes écartées, et cria d'une voix pleine de morgue :

— Alors, lequel parmi vous osera venir m'affronter le premier ?

Le cliquetis des lames arrachées à leurs fourreaux résonna dans la forêt. Il lui sembla qu'une douzaine d'hommes au moins venaient de dégainer leur épée d'un geste simultané. Damien marmotta une courte prière et, dents serrées, attendit le premier assaut.

Mais rien ne se passa.

Après un court silence, l'un des cavaliers fit avancer sa monture de quelques pas, puis une voix s'éleva dans l'ombre :

— Damien ? C'est vous, bougre d'imbécile ?

La stupeur cloua Damien sur place. Puis la branche lui tomba des mains. Les nuages qui cachaient la lune depuis quelques minutes s'effilochèrent et il reconnut, à la tête des cavaliers, son ami Richard de Cantor.

Il crut que son cœur allait exploser de gratitude.

— Richard, Dieu merci, c'est vous !

Sautant à bas de son cheval, Richard accourut vers lui.

— Comment diable avez-vous su que j'étais ici ? reprit Damien.

— Votre écuyer, Thomas. Il est venu me trouver et m'a raconté par le menu votre rencontre avec Harwick. Si je puis me permettre, vous semblez tout droit sorti de l'enfer, Damien. Et cette odeur… Par le Ciel, vous puez comme un bouc !

— Ma foi, un petit séjour dans les geôles de Harwick, suivi d'une dégringolade dans les ordures, cela vous change un homme ! plaisanta Damien, désireux de ne pas s'appesantir sur les épreuves qu'il avait traversées ces jours derniers.

Richard parut deviner ce que son ami éprouvait.

— Je suis désolé d'avoir mis si longtemps à vous rejoindre, dit-il. Nous n'avons ralenti notre course qu'aux abords de Grantley Hall, sachant que nous risquions de tomber sur les troupes de Harwick. Nous avons préféré nous montrer prudents de crainte d'échouer dans notre mission. Je suis tellement heureux que vous soyez en vie ! ajouta-t-il, serrant avec émotion les bras de Damien. Et, apparemment, vous n'avez pas eu besoin de moi pour vous évader.

Il eut un rire étouffé, puis enchaîna :

— Il me faut vous dire que, pendant que vous étiez détenu ici, j'ai reçu de bonnes nouvelles de Jean. Alexandre est encore mal en point, mais ses jours ne sont plus en danger. Contre toute attente, il va se rétablir.

— Merci, mon Dieu, souffla Damien.

La joie qu'il éprouvait était toutefois tempérée par l'inquiétude qui le rongeait au sujet de la femme qu'il aimait.

— Il reste Alissande, Richard. Elle est en danger. Avez-vous eu de ses nouvelles ?

Avant de répondre, Richard ordonna à ses hommes d'offrir à boire aux compagnons de Damien. Puis il attira ce dernier à l'écart.

— Je sais seulement qu'elle a atteint Glenheim à la tombée de la nuit, le lendemain de notre départ d'Odiham.

— Hugues veut la contraindre à l'épouser, expliqua Damien. Il va se rendre à Glenheim, si ce n'est déjà fait. Je dois la rejoindre, Richard. J'ai promis de la protéger et, par Dieu, je le ferai ! Fût-ce au prix de ma vie...

— Je me doutais que vous réagiriez ainsi, mon ami. Mais sachez que mes hommes et moi sommes prêts à vous accompagner et à nous battre à vos côtés.

Damien écarquilla les yeux, stupéfait.

— Mais Richard... votre femme ? Et vos hommes ? Ont-ils mesuré le danger auquel ils s'exposaient en me suivant ?

— Ils ne l'ignorent pas, Damien. Je ne vais pas prétendre que Meg ne s'inquiète pas pour moi, mais elle a été la première à me presser de voler à votre secours après avoir entendu le récit de votre écuyer.

Submergé de reconnaissance, Damien pressa l'épaule de Richard, puis tous deux pivotèrent pour retourner auprès de leurs compagnons.

— Glenheim se trouve à trois jours, trois jours et demi de chevauchée, calcula Damien. Si nous nous hâtons, nous pouvons parcourir cette distance en deux jours. Nous ne nous arrêterons que le temps de manger un morceau, peut-être de prendre un bain dans le premier ruisseau que nous apercevrons, et de me trouver une épée et une monture.

— En attendant, vous chevaucherez avec moi... et tant pis pour l'odeur !

Reprenant, son sérieux, Richard croisa le regard de Damien et murmura :

— Ne craignez rien, ami. Comme toujours, nous ferons face à l'adversité ensemble. Et advienne que pourra.

— Oui, advienne que pourra, répéta Damien en écho.

Il se rendit compte qu'il pouvait prononcer la maxime des Templiers sans plus ressentir un déferlement d'amertume. Au contraire, il y puisait une force insoupçonnée qu'il sentait maintenant courir dans ses veines et nourrir ses muscles d'une énergie qui paraissait irradier dans tout son être.

— Je vous en fais le serment, Richard. Quelles que soient les épreuves qui nous attendent... je suis prêt à les affronter.

21

Chapelle de Glenheim Castle, deux jours plus tard.

C'était presque fini.

La voix du prêtre bourdonnait aux oreilles d'Alissande, alors qu'il prononçait les mots qui sanctifieraient cette union aux yeux de l'Église. C'était la première fois qu'elle voyait cet homme. Hugues l'avait amené avec lui et lui avait donné l'ordre d'expédier la cérémonie, en évitant toute digression sentimentale qui n'aurait servi à rien d'autre qu'à leur faire perdre leur temps.

Mais cela n'avait aucune importance. Plus rien ne comptait pour Alissande que d'arriver à tenir jusqu'au terme de cette journée.

Debout près de l'autel, au côté de Hugues, elle regardait sans les voir les villageois et les habitants du château assis sur les bancs de bois, ainsi que la vingtaine d'hommes en armes qui avaient été postés sur les côtés.

Hugues avait justifié leur présence en prétendant qu'il fallait des témoins puisque ses gens ne pouvaient assister à la cérémonie. Mais personne n'était dupe. Les gardes étaient là pour protéger le comte, et montrer de quelle puissance il disposait contre ceux qui seraient tentés de défendre Alissande, au cas où celle-ci aurait l'impudence de se rétracter et de refuser ce mariage au dernier moment.

Seul un fou aurait eu l'audace de braver Hugues en cet instant. À la connaissance d'Alissande, un seul homme en aurait été capable. Un homme d'une témérité et d'une détermination à toute épreuve.

Damien.

Mais Damien était mort. De la main de Hugues ou de ses sbires, cela revenait au même. Il avait péri, et le gouffre que sa mort avait creusé en elle l'avait rendue comme insensible, ce qui en l'occurrence était plutôt une bénédiction.

Elle priait pour que cet état d'hébétude persiste jusqu'au soir, et pour que Dieu ait pitié de son âme lorsqu'elle commettrait le pire des péchés : prendre la vie d'un être humain.

— Allons, Alissande, il est temps.

La voix onctueuse de Hugues la tira de ses pensées. Elle pivota vers lui, le dévisagea sans réagir.

— Le prêtre a terminé, madame. L'heure est venue de prononcer nos vœux, insista-t-il.

Elle continua de le fixer, impavide. Un instant, son regard dévia vers l'assistance, à la recherche du visage de sa mère. Celle-ci avait les yeux rougis de larmes. Ses mains étaient croisées si serrées qu'Alissande eut la pensée incongrue que ses doigts fins risquaient de se briser si elle ne les desserrait pas.

— Alissande ! répéta Hugues d'une voix où perçait l'irritation.

Elle reporta son attention sur lui. Ses traits étaient crispés, comme chaque fois que quelqu'un tentait de contrecarrer ses plans. Il lui secoua le bras avec rudesse.

— Soyez un peu attentive, madame. Il est temps de prononcer…

— Par Dieu, Harwick, j'aurais cru que même un vaurien de ton espèce saurait faire la différence entre un saint sacrement et le blasphème !

La voix profonde résonna dans la petite chapelle, se répercutant contre les murs de pierre. Celui qui avait parlé se trouvait dans l'ombre, près de la porte. Un murmure étouffé parcourut l'assemblée et de nombreuses têtes se tournèrent dans sa direction.

Alissande eut l'impression que son cœur explosait dans sa poitrine. Sa vision se brouilla de larmes et son sang se mit à bouillonner d'émotion dans ses veines tandis qu'elle pivotait pour faire face au guerrier puissant qui s'était avancé dans la travée. Tel un archange vengeur venu rendre justice et réclamer le sang de ceux qui les avaient fait souffrir, ses frères et lui, il se dressait de toute sa taille, ses yeux bleus lançant des éclairs.

Les hommes d'armes du comte avaient tiré leurs épées, mais ne bougeaient pas. Hugues lui-même semblait médusé. Il fixait Damien comme s'il s'agissait de quelque esprit revenu d'entre les morts.

— Tu ne peux épouser Alissande, reprit Damien d'une voix de stentor avant de poser enfin les yeux sur la jeune femme.

Elle lut dans son regard un tel amour qu'elle en eut le souffle coupé et faillit éclater en sanglots.

— C'est contre les lois de Dieu et des hommes que d'épouser quelqu'un qui est déjà marié, Harwick. Et je me tiens ici devant toi pour clamer que, sans le moindre doute, Alissande est *ma femme* !

Damien ne parvenait pas à détacher les yeux d'Alissande. Il était tellement soulagé qu'il pouvait à peine faire un geste. Dieu merci, elle était saine et sauve ! Il était arrivé à temps, avant que Hugues ne puisse la déshonorer. Elle était pâle, et de grands cernes sombres soulignaient ses yeux violets qui reflétaient une grande angoisse mais, hormis cela, elle avait l'air en parfaite santé.

Son magnifique regard brillait d'amour – pour lui, par tous les saints ! –, et il songea une fois encore qu'il n'avait jamais vu femme plus belle.

La voix haineuse de Hugues fit voler en éclats la petite bulle de félicité qui gonflait dans son cœur :

— Ta femme ? Alissande n'est pas ta femme, Ashby ! Pas pour de vrai. Le parchemin que tu as signé il y a une semaine atteste que ton mariage par procuration n'était depuis le début qu'une mascarade organisée par mon imbécile de frère qui, dans sa volonté pathétique d'empêcher Alissande de m'épouser, a voulu faire croire qu'elle était mariée à un templier hérétique !

Des murmures choqués s'élevèrent dans la chapelle. Les gens se démanchaient le cou pour tenter de voir Hugues qui fulminait près de l'autel, puis Damien, debout à l'extrémité de la nef.

Le prêtre, quant à lui, paraissait changé en statue, et Damien se demanda ce que Hugues lui avait au juste raconté de toute cette histoire.

Le regard dur, il toisa ce dernier et répondit d'une voix glaciale :

— Pour autant que je sache, les lois régissant le mariage par procuration n'ont pas changé, Harwick ! Et les trois conditions ont été remplies en ce qui nous concerne : un, il existe un document officiel ; deux, l'union a été consommée…

À ce stade, Damien marqua une pause délibérée que, par pure provocation, il ponctua d'un insolent haussement de sourcils. Outré, Hugues vira au rouge brique tandis que les chuchotements reprenaient de plus belle parmi l'assemblée.

— … et trois, reprit Damien, une cérémonie religieuse a eu lieu, au cours de laquelle des vœux ont été prononcés. Si c'est une déclaration publique qui vous manque…

Il posa un regard plein de chaleur sur Alissande et lui demanda d'une voix douce :

— Madame, me reconnaissez-vous aujourd'hui comme votre légitime époux devant tous ces témoins ?

Les yeux brillants, Alissande répondit haut et fort :

— Oui, messire Damien de Ashby, je vous reconnais comme mon légitime époux.

— En ce cas, le mariage est valide et irréfutable, et nous sommes mari et femme ! conclut-il.

Une émotion singulière l'envahit. Il se rendait compte qu'il venait enfin de proclamer devant tous l'amour qui le liait à Alissande, et que, ce faisant, il venait d'être délivré d'un poids immense.

Il était heureux, immensément heureux.

Sentant peut-être qu'il était sur le point de perdre la bataille, Hugues égrena une série de jurons, puis bondit brusquement derrière Alissande pour la ceinturer. Un bras passé autour de sa taille, l'autre plaqué contre sa gorge, il la maintint devant lui, comme pour se faire un bouclier de son corps.

Indigné, le prêtre se mit à protester et, dans la chapelle, la foule laissa échapper des cris et des exclamations, y compris lorsque Damien dégaina d'un même mouvement sa longue épée et sa dague.

Puis, soudain, les mouvements cessèrent. Dans cette atmosphère de danger imminent, chacun parut retenir son souffle. Terrifiée, Alissande regardait Damien d'un air suppliant. Les hommes d'armes de Hugues avaient sorti leur épée et attendaient, prêts à attaquer.

Le silence s'étira, vrillant les nerfs.

Les yeux fixés sur l'homme qui retenait si brutalement la femme qu'il aimait, Damien articula :

— Tu as monté un plan pour te débarrasser de moi, Harwick, mais tu as échoué. Tu ne peux réfuter la validité de notre mariage. Je t'ordonne de lâcher immédiatement Alissande et de t'écarter d'elle, sans quoi je serai obligé de t'y contraindre à ma façon.

— Essaie donc, Ashby, j'aimerais beaucoup voir cela ! railla Hugues. Enfin, si tu ne tiens pas à la vie de ma chère cousine...

— Comme tu l'as rappelé il y a peu, j'ai été chevalier de l'ordre du Temple. J'ai fait partie du cercle intérieur et j'ai reçu la formation des guerriers d'élite capables d'arracher la victoire en n'importe quelles circonstances. Te cacher derrière une femme ne te protégera pas, Harwick. Je gagnerai quoi qu'il arrive, contre toi ou quiconque se dressera en travers de mon chemin, et sans qu'aucun mal soit fait à Alissande.

Ne pas céder à l'anxiété. Ne pas regarder Alissande. Se concentrer sur Hugues. La moindre erreur, la moindre faiblesse, et celle qu'il aimait le paierait de sa vie.

— Tu n'imagines pas combien je suis impatient d'en arriver là, acheva-t-il d'une voix si vibrante de menace que beaucoup dans l'assemblée frissonnèrent.

À ces paroles, les hommes d'armes commencèrent à s'agiter et à échanger des regards inquiets. Bien qu'ils aient leur épée à la main, beaucoup considéraient Damien avec crainte et nervosité.

Hugues se permit un rire bref qui ressemblait à un jappement. Mais, au lieu de libérer Alissande, il resserra son étreinte et lança un regard furieux au capitaine de ses gardes.

— Qu'est-ce que vous attendez, bande d'imbéciles ? Vous êtes vingt, il est seul ! Je vous ordonne de le mettre aux fers, immédiatement ! Il sera sous peu remis entre les mains des inquisiteurs et soumis à la question comme doit l'être tout templier arrêté sur le territoire anglais, avec la bénédiction de notre roi.

— À votre place, je réfléchirais avant d'obéir, capitaine, intervint Damien avec calme.

À ces mots, un brouhaha se fit entendre derrière lui. Richard et sa troupe de Templiers, qui attendaient devant la porte de la chapelle, firent leur entrée dans un cliquetis d'armes impressionnant.

— Comme vous pouvez le constater, je ne suis pas le seul templier présent aujourd'hui, poursuivit Damien, qui avait reporté son attention sur le capitaine des gardes. Et si vous choisissez d'obéir à l'ordre de votre maître, vous devrez nous arrêter *tous*.

Sans avoir à se retourner, il sut que ses camarades s'étaient déployés en ligne de défense, formant un mur infranchissable de guerriers parmi les plus farouches et les plus habiles que le monde ait jamais connus. Ils offraient, il le devinait, une vision qui inspirait un respect mêlé de crainte. Forts d'un entraînement d'exception, d'une détermination à toute épreuve et d'une discipline immuable, ils étaient prêts à rendre justice et le faisaient savoir. Même s'il s'agissait de fugitifs, même s'ils avaient été pourchassés, les persécutions dont ils avaient fait l'objet ne les avaient pas brisés.

Les hommes de Hugues s'en étaient rendu compte et, déjà, sur leurs visages, la peur avait remplacé l'indécision. La formidable puissance qui émanait des Templiers, pourtant moitié moins nombreux qu'eux, avait fait son œuvre. Quant au prêtre, plus désemparé que jamais, il avait reculé de quelques pas, comme s'il craignait qu'en demeurant près de Hugues, il ne soit contaminé par ses péchés.

Alissande tentait bien de se débattre, mais n'était pas de taille à lutter contre un homme du gabarit de Hugues. D'autant que ce dernier n'était pas prêt à abandonner la partie.

— Vous n'irez nulle part avant que je ne vous y autorise, ma belle, lui gronda-t-il à l'oreille.

D'un mouvement vif, il abaissa soudain le bras pour saisir quelque chose qui pendait à sa ceinture. La seconde d'après, il appliquait la lame scintillante d'une courte dague contre le cou de la jeune femme.

Aussitôt, et avec un bel ensemble, les Templiers tirèrent leur épée au clair, provoquant un tumulte dans la petite chapelle. La foule s'affola, les gens ne sachant s'ils devaient se réfugier près de l'autel, ou dans la travée, ou encore près de la porte, car de tous côtés se dressaient des hommes armés.

Après ce second éclat, le prêtre se décida à intervenir auprès de Hugues :

— Messire Harwick, nous nous trouvons dans la maison de Dieu ! Votre comportement est non seulement inhumain, mais hérétique. Vous risquez l'excommunication !

— Eh bien, qu'il en soit ainsi, vieux fou ! Car je ne renoncerai pas à elle, cracha Hugues. Le roi me soutiendra et renverra ce templier impie dans les geôles de l'Inquisition !

Une lueur démente dans les yeux, Hugues devenait fébrile. Le fil de la lame s'enfonça imperceptiblement dans la chair d'Alissande qui laissa échapper un gémissement.

— Venez, très chère, chuchota-t-il d'une voix râpeuse, nous n'avons pas de temps à perdre !

Se tournant vers ses hommes, il leur hurla de couvrir sa fuite avant d'entraîner tant bien que mal sa captive vers la porte qui donnait sur la sacristie.

Richard et sa troupe se ruèrent en avant, mais Damien les arrêta d'un geste de la main. Il ne voulait pas que ses amis interviennent et gênent la réalisation de ce qui allait bientôt se produire… du moins l'espérait-il.

S'exhortant au calme, il chercha à capter le regard d'Alissande. Comme elle tournait vers lui ses yeux brillants d'effroi, il hocha la tête et leva sa dague, en priant pour qu'elle comprenne ce message muet par lequel il l'encourageait à passer à l'action. Sans cela, jamais il ne parviendrait à la sauver des griffes de cette ordure de Harwick...

Le temps parut ralentir, tandis qu'il tentait de faire passer tout son amour dans son regard.

Alissande inspira profondément, soudain galvanisée par la force affichée par Damien et la puissance des sentiments qui se lisait dans ses yeux. Hugues continuait de l'entraîner vers la porte de la sacristie, et elle sentait sur son cou la brûlure de la lame. Malgré tout, elle s'efforça de rassembler ses esprits et de se concentrer sur ce qu'elle avait appris. Puis, serrant le poing, elle décocha un vigoureux coup de coude dans le ventre de Hugues, en y mettant toute son énergie. Dans la foulée, comme le lui avait enseigné Damien, elle agrippa l'auriculaire de la main qui tenait la dague et le tordit violemment.

Un éclair éblouissant parut déchirer l'air. La vision d'Alissande se brouilla. Elle ne distinguait plus le visage de Damien ni rien de ce qui l'entourait. Elle sentit un liquide chaud et poisseux ruisseler sur elle. Du sang, sans le moindre doute. Seigneur, elle avait échoué ! Elle allait mourir...

Au moment où elle s'abandonnait à cette pensée horrible, Hugues relâcha son étreinte et elle se retrouva libre. Le monde flou qui l'entourait se mit à tournoyer. Quelque chose de dur la heurta. Elle était tombée, semblait-il... Non, elle ne pouvait être au Ciel... Tout cela était bien trop réel... Tout comme le sol froid et rugueux sous ses mains. Elle n'était pas morte. Pas encore.

Totalement désorientée, elle tenta de parler, mais aucun son ne franchit ses lèvres.

— Alissande... Oh, Seigneur, Alissande, ouvrez les yeux ! Répondez-moi !

La voix grave et profonde pénétra son cerveau, répandant un calme absolu dans tout son être. C'était celle de Damien, et l'amour vibrait dans chacun des mots qu'il prononçait. Elle sourit, ouvrit les yeux, et le vit, penché sur elle. Il la prit dans ses bras et, avec un mélange d'anxiété et de soulagement, riant et fronçant les sourcils en même temps, lui caressa tendrement la joue.

— On dirait... que je ne suis pas... morte, balbutia-t-elle.

— Non, Dieu merci ! confirma-t-il d'une voix enrouée d'émotion. La lame a à peine entamé la chair. Vous n'aurez même pas besoin d'être recousue.

Du pouce, il suivit le tracé de l'estafilade qui barrait la gorge de la jeune femme. Puis il inclina la tête et s'empara de sa bouche avec une infinie douceur. Alissande eut alors la certitude qu'elle ne pouvait être morte, car les sensations qui l'emplissaient n'auraient pu être aussi intenses si son âme avait été séparée de son enveloppe charnelle. Émerveillée, son corps entier réagissant à ce baiser et réclamant plus encore, elle pressa les mains de chaque côté du visage de Damien pour mieux le retenir et prolonger cet instant magique.

Quand ils s'écartèrent enfin, elle était à bout de souffle.

Mais avant qu'ils puissent échanger un mot, dame Blanche se précipita vers eux. Le visage baigné de larmes, elle embrassa sa fille – qu'elle avait été bien près de perdre – avec effusion. Un peu étourdie, Alissande se laissait faire. Damien voulut s'écarter pour laisser la place à dame Blanche, mais celle-ci le retint et l'inclut dans son étreinte, bredouillant des mots de gratitude.

La seconde d'après, elle examinait, le front plissé, la plaie infligée par la dague de Hugues sur le cou de sa fille, puis se redressa et s'en alla aussi vite qu'elle était arrivée pour se mettre en quête de son nécessaire de soins.

— Seigneur, ma mère est devenue un vrai tourbillon ! Elle me donne le vertige…

Encore sous le choc de ce qui venait de se passer, Alissande s'appuya contre l'épaule de Damien qui l'enlaça et la tint serrée contre lui tandis qu'elle revenait lentement dans le présent. Autour d'elle, la petite chapelle bourdonnait de bruit. Les voix et les mouvements de ces gens – ils étaient si nombreux ! – qui allaient et venaient, et commentaient ce qui venait de se produire finirent par percer la brume dont son cerveau semblait être enveloppé. Elle aperçut Richard qui, à l'aide d'amis Templiers, tenait en respect les hommes d'armes de Hugues tout en exhortant les villageois au calme. Le vieux prêtre, dont le visage avait pris la couleur de la cendre, s'était agenouillé devant la croix pour prier. Sans doute remerciait-il Dieu d'être encore en vie après cet épisode sanglant.

Puis elle le vit.

Se raidissant, elle agrippa le bras de Damien, incapable de détourner le regard de la forme inerte affalée sur le sol, une dizaine de mètres plus loin, à côté de l'autel. Hugues était étendu sur le dos, les yeux grands ouverts, la bouche béant comme pour laisser échapper un ultime cri. De sa poitrine ensanglantée sortait la dague de Damien, enfoncée jusqu'à la garde.

— Ainsi… vous l'avez tué, articula-t-elle d'une voix frémissante.

— Oui. Je suis désolé, Alissande. Je sais que c'était votre cousin, mais je n'avais pas le choix. Quand je l'ai vu saisir cette dague et la poser contre votre gorge…

Il s'interrompit. Puis, comme Alissande parvenait enfin à détourner les yeux du corps sans vie de Hugues pour les lever sur lui, il acheva d'une voix rauque :

— J'aurais fait n'importe quoi pour vous sauver, madame. N'importe quoi.

— Pourquoi ? demanda-t-elle doucement, en proie à une émotion semblable à celle qui l'avait assaillie lorsque Damien avait fait irruption dans l'église.

Mais après ce qui venait d'arriver, elle n'allait pas s'en contenter. Elle voulait entendre les mots de sa bouche, pour qu'enfin ils deviennent réels.

Il lui sourit, lui caressa tendrement la joue, mais le regard qu'il avait plongé dans le sien était d'une intensité telle qu'elle en frissonna.

— Je ferais n'importe quoi pour vous, dame Alissande de Surrey, parce que je vous aime. Plus qu'un homme n'a le droit d'aimer une femme, peut-être, mais c'est ainsi. Et je n'en peux plus de lutter contre mes sentiments.

Les larmes montèrent aux yeux d'Alissande. Après toutes les épreuves qu'ils avaient traversées ensemble, la réalité de son amour lui apparaissait encore plus éclatante et merveilleuse.

— Je vous aime tout autant, Damien. Je vous aimerai toujours, comme je vous ai aimé dans le secret de mon cœur durant toutes ces années où nous avons été séparés.

Il lui sourit de nouveau, pourtant, quelque chose semblait le troubler encore. Le sentant confusément, elle effleura du bout des doigts son front plissé de rides soucieuses.

— Qu'y a-t-il ? s'enquit-elle calmement.

Le regard assombrit par l'incertitude, il répondit :

— Alissande, très bientôt, il faudra que je rejoigne l'Écosse et m'y installe pour un temps, ou peut-être définitivement. M'aimerez-vous toujours sachant cela ?

Réprimant des larmes de bonheur, Alissande parvint à lui sourire, puis déposa un baiser sur ses lèvres.

— Mon doux Damien, souffla-t-elle, ignorez-vous que je vous suivrais au bout du monde s'il le fallait ?

Qu'importe où nous irons vivre, du moment que je suis à vos côtés. Vous seul pourrez me rendre heureuse. Et moi aussi, je veux vous rendre heureux.

— Vraiment, Alissande ?

— Oui, Damien, vraiment. De tout mon cœur et de toute mon âme, je vous le jure.

Elle l'entendit laisser échapper un soupir de soulagement. Il demeura un moment la tête inclinée, mais lorsqu'il la releva, une petite flamme espiègle brillait dans son regard.

— Savez-vous que lorsqu'on prononce un tel vœu, il devient un devoir sacré ? demanda-t-il.

— Certes, toutefois, la dernière promesse que vous m'avez faite a bien failli ne jamais être honorée, lui rappela Alissande.

— Quoi ? s'écria-t-il, feignant d'être consterné. Je vous avais promis de vous retrouver au bout d'une semaine, non ? Eh bien, si je ne m'abuse, j'ai tenu parole… Presque à l'heure près ! ajouta-t-il après avoir fait semblant de calculer. Je suis arrivé à temps, ma douce.

— Mais il s'en est fallu de peu !

Encore tremblante, elle se pressa contre lui, glissa les bras autour de son cou et lui chuchota à l'oreille :

— Je vous en supplie, mon amour, ne me faites plus jamais une peur pareille. Car rien ne pourrait me faire davantage souffrir que d'être de nouveau séparée de vous.

— Vous n'avez rien à craindre, ma belle Alissande. Quoi qu'il arrive, je trouverai toujours le chemin qui mène jusqu'à vous afin de vous aimer et de vous chérir jusqu'à la fin des temps.

— Mais comment en être sûrs, Damien ? Il y a tant de noirceur à l'œuvre autour de nous, tant de périls que…

Il la réduisit au silence d'un doigt posé sur ses lèvres, puis prit son visage entre ses paumes et murmura avec gravité :

— Je le sais, Alissande, parce que je vous l'ai promis.

Puis il l'embrassa avec passion.

Épilogue

Musselburgh, Écosse, mai 1309.

L'heure venue, tout s'était passé très vite.

Marjorie Jeanne de Ashby avait fait son entrée dans le monde en émettant un vigoureux vagissement qui avait fait tressaillir son père. Celui-ci avait fait irruption dans la chambre où sa femme était en travail, persuadé que quelque chose de grave était arrivé.

Alissande avait versé des larmes de joie en recevant sur son sein ce petit être dont les cris perçants résonnaient à ses oreilles comme une musique céleste.

Un véritable miracle.

À dire vrai, les miracles s'étaient enchaînés depuis qu'ils avaient réussi à quitter le royaume d'Angleterre. Le plus prodigieux de tous ayant été la venue au monde de cet enfant qui leur ressemblait à part égale, à Damien et à elle.

— Puis-je prendre la petite, maintenant ? s'enquit dame Blanche qui venait d'entrer dans la chambre. Michel a hâte de voir à qui elle ressemble quand elle ne pleure pas.

Alissande acquiesça, et sa mère s'empara avec délicatesse du petit corps emmailloté qu'elle cala au creux de son bras.

— Elle vient de boire, mère... encore, avoua Alissande en s'adossant à son traversin avec un soupir de soulagement. Si tout va bien, elle devrait nous accorder au moins deux heures de répit. Mais si jamais elle se remet à pleurer, ramenez-la-moi ; je ne me lasse pas de contempler sa jolie frimousse si minuscule... même quand elle hurle parce que son estomac crie famine !

Un sourire aux lèvres, dame Blanche se dirigea vers la porte avec son précieux fardeau. Juste avant de franchir le seuil de la chambre, elle lança par-dessus son épaule :

— Ah, j'ai failli oublier ! Votre époux vous fait savoir qu'il vient de rentrer.

— Oh ! Que ne me le disiez-vous plus tôt, mère ? s'écria-t-elle, quelque peu agacée que dame Blanche n'ait pas deviné qu'elle attendait cette nouvelle avec impatience.

Elle n'eut pas le temps de lui adresser une remarque que déjà Damien pénétrait dans la chambre à grands pas, échevelé, les traits tirés, et cependant beau comme un dieu. À sa vue, le cœur d'Alissande se gonfla d'amour. Elle lui tendit les bras alors qu'il s'approchait du lit.

— Dieu que vous m'avez manqué, mon Alissande, avoua-t-il en l'enlaçant.

Il déposa une pluie de baisers sur son visage avant de capturer ses lèvres en un baiser avide.

— Comment vous portez-vous ? s'enquit-il en s'arrachant à regret à sa bouche. Et comment va notre charmante petite fille ?

— Vous n'êtes parti que depuis trois jours, Damien, s'esclaffa-t-elle. À vous entendre, on dirait que vous avez été absent trois mois.

— Ces trois jours ont passé comme autant d'années, je vous assure.

Son expression fit sourire Alissande, qui se nicha contre lui, et l'invita à s'étendre sur le lit, près d'elle. Il ne se fit pas prier, et elle poussa un soupir de contentement. Elle aurait pu s'endormir dans l'instant. Mais avant, elle voulait savoir ce qu'avait donné son voyage.

— Alors, avez-vous eu des nouvelles d'Alexandre à Édimbourg ? s'enquit-elle. Vous a-t-on confirmé qu'il se trouvait seulement en Écosse ?

Damien secoua la tête.

— Connaissant mon frère, il pourrait être n'importe où, en train de faire à peu près n'importe quoi. Les fantômes du passé le tourmentent encore bien trop pour qu'il soit capable de rester longtemps au même endroit, je pense. Quand au trésor des Templiers qu'il a emporté dans sa fuite... je ne peux que prier pour qu'il le protège et qu'il ne lui vienne pas à l'idée de le vendre.

— Vous croyez qu'il pourrait céder un bien aussi précieux contre de l'argent ? s'étonna-t-elle.

— Je ne saurais dire. Alexandre n'a jamais été très respectueux des règles et des traditions. Espérons qu'il finira par trouver enfin la paix de l'esprit et qu'il nous rejoindra un jour de son plein gré. Quant à moi, je sais que jamais je ne renoncerai à le chercher.

Alissande hocha la tête en silence. Puis elle ferma les yeux et se serra davantage contre son époux.

Son époux. C'était si merveilleux de savoir que Damien était désormais son mari légitime et que rien au monde ne pouvait changer cela.

— Je vous aime, Alissande, murmura-t-il tout contre ses lèvres. Je veux vous le dire et vous le répéter, pour que vous n'en doutiez jamais plus.

— Moi aussi, je vous aime, mon mari. Et je serai reconnaissante à Dieu de tous les moments qu'il nous sera accordé de partager, chaque jour de ma vie, jusqu'à la mort.

— Non, madame, bien plus longtemps que cela, la taquina-t-il.

Le sourire aux lèvres, Alissande se laissa glisser doucement dans le sommeil.

— Combien de temps, alors ? parvint-elle tout de même à articuler.

Bercée par les battements du cœur de Damien, elle sourit de plus belle lorsqu'il répondit dans un souffle :

— Pour toujours, Alissande… Pour toujours.

Note de l'auteur

Même si j'ai très envie d'évoquer certaines anecdotes historiques concernant les événements et personnages dépeints dans les pages de ce livre, je crois qu'il vaut mieux commencer par l'aspect que, personnellement, j'ai trouvé le plus difficile à rendre de manière réaliste tout en restant fidèle aux conventions du genre littéraire qu'est le roman sentimental : la description des tortures subies par Damien aux mains de l'Inquisition française.

En vérité, durant les années qui ont suivi les arrestations massives en France, peu d'hommes, Templiers ou non, sont parvenus à échapper aux inquisiteurs – sinon par le biais d'une mort salvatrice.

Les supplices infligés aux prisonniers étaient d'une telle barbarie que jamais je n'aurais pu les décrire dans ce roman. Plutôt que de livrer des détails choquants, je préfère recommander à ceux qui le souhaitent la lecture de plusieurs ouvrages qui non seulement explorent les aspects les plus sombres de l'Inquisition, mais analysent également l'ascension et la chute des Templiers à travers, entre autres, la retranscription de divers procès ayant eu lieu dans différents pays. Citons ainsi : *Les chevaliers du Temple en Grande-Bretagne*, d'Evelyn Lord, *Les Templiers*, de

Piers Paul Read et *Le procès des Templiers*, de Malcolm Barber.

Ces travaux m'ont été d'une aide précieuse durant mes recherches pour ce livre en particulier ainsi que pour toute la série romanesque des *Chevaliers de l'ordre du Temple*.

La scène finale – où les amis Templiers de Damien envahissent la petite église de Glenheim – m'a été inspirée par un fait réel décrit dans l'ouvrage de Barber.

En 1310, alors qu'avait lieu en Rhénanie un conseil, présidé par l'archevêque de Mayence, et dont l'objectif était de réfléchir au cas des Templiers, une vingtaine de Templiers armés firent irruption dans la salle. À leur tête se trouvait Hugues de Salm, commandeur de Grumbach. Les chevaliers nièrent les charges retenues contre l'ordre du Temple et usèrent de leur étonnante prestance militaire pour intimider les membres du conseil qui mirent un terme à leur réunion.

Partant de cette anecdote, j'ai imaginé un parallèle entre la réaction des hommes d'armes de Hugues, impressionnés face à ce véritable « mur humain » de guerriers implacables, et celle du conseil de Rhénanie.

Puisque nous parlons de talents militaires, les scènes où Damien enseigne à Alissande des techniques de défense sont également fondées sur la réalité historique.

En effet, au cours de mes recherches, j'ai découvert que, sur le site de Beni Hasan, en Égypte, se trouvent quatre tombeaux distincts ornés de peintures murales. Ces dessins datant de 700 avant J.-C. décrivent une forme ancestrale de lutte à mains nues. Ainsi, imaginant la curiosité qu'ils avaient dû susciter chez les voyageurs étrangers qui traversaient cette contrée, je me suis autorisée à intégrer ce détail à mon histoire.

J'aimerais maintenant aborder la relation entre Damien et Alissande, telle qu'elle est racontée dans ce livre.

J'ai pris beaucoup de plaisir à rédiger la scène du tournoi d'Odiham. La première version du manuscrit comportait encore plus de détails sur les spectateurs et les diverses animations qui avaient lieu avant l'entrée en scène des combattants. Au Moyen Âge, les tournois faisaient partie de la vie, ils permettaient aux plus humbles d'acquérir un certain respect. Ce qui est le cas pour Damien, qui est roturier et ne peut s'appuyer que sur ses talents guerriers pour se hisser dans l'échelle sociale.

À l'époque où se déroule l'action du livre, les mariages n'étaient que rarement célébrés dans les églises. Cette tradition s'est développée au cours du siècle suivant. La plupart du temps, il suffisait que l'homme et la femme déclarent publiquement leur engagement et qu'ils consomment leur union pour que la société les considère comme des conjoints légitimes.

Bien sûr, une femme qui, comme Alissande, apportait en dot de la terre et/ou une fortune, faisait en général un mariage arrangé. Elle était en tout cas surveillée de près par ceux qui souhaitaient la voir contracter une alliance profitable, comme par exemple les membres de la famille royale. C'est la situation que je décris dans ce livre.

Pour conclure, je dois dire que Damien et Alissande forment l'un des couples qui m'ont donné le plus de satisfaction dans mon travail de romancière.

C'est sans doute le plaisir de réunir ces amants séparés qui m'a surtout plu, mais j'ai également beaucoup apprécié leurs personnalités respectives.

Le personnage de Damien m'est venu dès que j'ai envisagé d'écrire une série sur les Templiers, et je me suis délectée à raconter l'histoire de ce guerrier aux airs d'archange vengeur, tourmenté par son passé, brûlé par l'amour, qui devait retrouver la foi et se faire de nouveau accepter socialement avant de reconquérir ce qu'il avait perdu.

Avec Alissande, j'ai essayé de créer un personnage à la hauteur de Damien ; une femme de caractère, sensuelle, passionnée et généreuse, en proie elle aussi à des tourments secrets qui viennent pimenter leurs retrouvailles.

J'espère de tout cœur vous avoir diverti par ce récit (au moins un peu !) et, comme toujours, je vous remercie de m'avoir accompagnée jusqu'au bout du voyage...

Mary REED MCCALL

AVENTURES & PASSIONS

2 septembre

Caroline Linden

Scandales - 3 - Une femme à tout prix

Inédit

Penelope Weston déteste Benedict Lennox. Elle ne lui a jamais pardonné d'avoir abandonné son meilleur ami et courtisé sa soeur, Abigail. Elle ne l'épouserait pour rien au monde. Mais c'était avant qu'un scandale, dans lequel elle s'est compromise, ne la pousse à se marier avec lui.

✦

Mary Balogh

Le club des survivants - 3 - L'échappée belle

Inédit

Rescapé des guerres napoléoniennes, sir Benedict Harper se bat pour panser ses blessures physiques et psychologiques et reconstruire sa vie. Jamais il n'a imaginé que pour lui l'espoir prendrait l'apparence d'une splendide jeune femme qui, elle aussi, a connu son lot de souffrances.

✦

Mary Reed McCall

Les chevaliers de l'ordre du Temple - Le Templier déchu

Ancien Templier, Alexandre de Ashby maudit le sort qui a voulu qu'il ressemble à feu Robert Kincaid, fidèle à la cause écossaise. Les Anglais qui l'ont fait prisonnier lui proposent un marché : s'il veut avoir la vie sauve, il doit usurper l'identité de Kincaid. Pour cela, il doit duper les habitants de Dunleavy et surtout sa veuve.

Leda Swann

Les sœurs Clemens - 3 - De mon plein gré

Inédit

Lors d'un séjour à Naples, Khair Bey rencontre Louisa Clemens. Entre le séduisant Berbère et la jolie nurse anglaise, une idylle s'esquisse. Mais, lorsqu'il commence à parler mariage, soucieuse de ne pas finir dans un harem, elle choisit la fuite. Or Khair Bey n'a pas oublié qu'il était le descendant d'une longue lignée de pirates. Il prend à l'abordage le cargo à bord duquel voyage Louisa et la kidnappe.

16 septembre

Brenda Joyce

Une enquête de Francesca Cahill - 7 - Lundi mortel

Inédit

Un tueur en série terrorise les Irlandaises du quartier de Manhattan. Francesca craint que son amie, Maggie Kennedy, ne soit menacée. Elle va donc enquêter avec Rick Bragg, ce qui n'est pas du goût de Calder Hart, son fiancé. Prête à risquer sa vie, Francesca doit également affronter ses émotions.

✦

Sarah MacLean

Le cercle des canailles - 4 - Discrétion assurée

Inédit

Duncan West est fort intrigué par la très belle lady Georgiana. Pourquoi son destin est-il lié au cercle de jeu *L'Ange déchu* ? Il sait qu'elle n'est pas ce qu'elle semble être et fait le serment de découvrir tous ses secrets, quitte à mettre en danger son coeur.

✦

Danelle Harmon

La saga des Montforte - 4 - Le diabolique

Lucien de Montforte se croirait-il tout-puissant ? N'a-t-il pas manœuvré afin de marier tour à tour ses frères ? Dans leur intérêt, bien sûr. Pourtant, une femme va oser défier son autorité, Eva de la Mourière.

Passion intense

2 septembre

Cari Quinn

Juste de l'amour - 2 - Avec ou sans mots doux...

Inédit

Victoria, une architecte d'intérieur belle et sexy, a le béguin pour son collègue Cory. Après une nuit passionnée passée ensemble, celui-ci lui propose de se faire passer pour sa petite amie durant un mois, afin que ses parents arrêtent de le harceler. Évidemment, malgré les apparences, ils ne nourriront aucun sentiment l'un pour l'autre. Vraiment ? Victoria compte pourtant bien mettre ce temps à profit pour prendre dans ses filets le séduisant Cory...

16 septembre

Abbi Glines

Désir fatal - 2 - De tout mon corps

Inédit

Le jour où Blair a découvert le secret de Rush, son monde s'est effondré. Même si elle ne peut s'empêcher de l'aimer, elle ne lui pardonnera toutefois jamais. Aussi décide-t-elle de retourner en Alabama, là d'où elle vient, pour repartir de zéro. Mais un événement inattendu survient, et son univers s'ébranle de nouveau et elle a désespérément besoin de Rush pour y faire face. Arrivera-t-elle à lui faire de nouveau confiance ?

PROMESSES

2 septembre

Lisa Kleypas

La saga des Travis - 3 - La peur d'aimer

Quelle n'est pas la surprise de Jack Travis lorsqu'il découvre dans l'enceinte de ses bureaux une jeune femme avec dans ses bras, un bébé. Ella Varner s'est donné pour mission de retrouver le père de Luc, l'enfant de quelques jours que sa soeur Tara vient de lui abandonner. Le beau, l'irrésistible Jack Travis aurait-il joué un rôle dans la venue au monde de ce bébé ? C'est en tout cas ce dont est persuadée Ella...

Romantic Suspense

16 septembre

Julie Ann Walker

Forces d'élite - 4 - À vive allure

Inédit

Vanessa Cordova vient d'intégrer l'équipe des Black Knights. Son point fort : elle sait très bien cerner les gens. Et pour elle, il est évident que Rock Babineaux n'est pas un meurtrier. Mais alors que ce dernier est pourchassé et que les membres des Black Knights doutent de lui, Vanessa est prête à tout pour le tirer d'affaire. Car s'il y a bien une seule et unique personne qu'elle souhaite avoir à son côté, c'est le séduisant Rock...

CRÉPUSCULE

16 septembre

Sherrilyn Kenyon

Dark-Hunters - 17 - La prophétie des songes

Inédit

Kateri Avani, aux origines mayas, fait depuis toujours des rêves étranges se déroulant dans des lieux qu'elle n'a jamais vus, et dans lesquels un ténébreux inconnu lui apparaît. Pour trouver une réponse aux questions qui l'obsèdent, Kateri se rend à Las Vegas. Mais quelle n'est pas sa surprise de se retrouver face à Ren, le guerrier tout-puissant de ses songes ! Une terrible prophétie maya est sur le point de s'accomplir et, pour la déjouer, Kateri devra s'unir à lui...

8894

Composition
FACOMPO
Achevé d'imprimer en Italie
par GRAFICA VENETA
le 27 juillet 2015.

Dépôt légal : juillet 2015.
EAN 9782290116036
OTP L21EPSN001401N001
1er dépôt légal dans la collection : février 2009

ÉDITIONS J'AI LU
87, quai Panhard-et-Levassor, 75013 Paris

Diffusion France et étranger : Flammarion